KB195955

제임스 앨런의 생각의 지혜
2

제임스 앨런의 생각의 지혜
2

제임스 앨런 지음 | 고명선 옮김

도서출판 물푸레

옮긴이

고명선은 서울대학교 심리학과를 졸업하고, 동 대학원에서 종교학 석사 학위를 받았으며, 종교학 박사 과정을 수료했다. 명상요가회 동아리에서 활동하면서부터 명상에 관심을 갖게 된 이후 지금까지 동서양의 명상 전통을 폭넓게 공부해 왔다. 역서로는 존 카밧-진의 《당신이 어디를 가든 거기엔 당신이 있다》가 있다.

제임스 앨런의 생각의 지혜 2

지은이 | 제임스 앨런
옮긴이 | 고명선
그림 | 김미식
펴낸이 | 우문식
펴낸곳 | 도서출판 물푸레

초판 인쇄 | 2008년 12월 20일
개정판 발행 | 2024년 11월 11일
등록번호 | 제 1072-25호
등록일자 |1994년 11월 11일

경기도 의왕시 위인로 15, 101동 1101호
TEL | (031)453-3211 FAX | (031)458-0097
e-mail | ceo@kppsi.com
homepage | www.kppsi.com

정가 21,800원
ISBN 978-89-8110-349-1 04180
ISBN 978-89-8110-345-3 (세트)

우리 각자는 자신의 행위를 스스로 선택하며,
따라서 자신의 성격을 스스로 만들어 간다.
그리고 행위와 성격을 결정하는 장본인으로서
우리 각자는 자신의 운명을 형성한다.
우리는 자신의 행위를 수정하고 변경할 수 있는 힘을 가지고 있으며,
행위하는 순간마다 사실상 자신의 성격을 수정하고 있다.
그리고 자신의 성격을 좋게 혹은 나쁘게 수정함으로써,
우리는 자신의 새로운 운명을 미리 결정하고 있다.

제임스 앨런에 대하여

제임스 앨런(1864~1912)은 20세기 '신비의 문인'으로 불린다. 그의 베스트셀러인 고전 《생각하는 그대로As a Man Thinketh》를 비롯한 저서들은 전 세계 1억 명 넘는 독자가 읽었지만, 정작 저자인 앨런에 대해서는 별로 알려진 바가 없다.

앨런은 1864년 영국 레스터에서 태어났으며, 어릴 때 아버지를 따라 미국으로 건너갔다. 그의 아버지는 유복한 사업가였지만 좋지 않은 경제 상황 탓에 1878년 파산했고, 그다음 해 비참하게 살해당했다. 이러한 가정환경 때문에 앨런은 열다섯 살 때부터 가족의 생계를 위해 생활 전선에 뛰어들 수밖에 없었다. 이후 앨런은 결혼해 가정을 꾸렸고, 영국 거대 기업에서 행정을 다루는 개인 서기관으로 일했다.

서른여덟 살 때 앨런은 인생 갈림길에 서게 되었다. 톨스토이의 저작들을 읽으며 영향을 받은 그는 돈을 벌고 소비하는 데 모든 것을 바치는 경박한 행위가 삶을 의미 없게 만든다는 사실을 깨달았다. 이후 직장을 그만둔 그는 묵상의 삶을 살고자 영국 남서부 연안에 있는 작은 시골집으로 이사했다. 그곳 해안 골짜기에서 자신의 스승이던 톨스토이의 교훈대로 자발적 빈곤, 영적인 자기 훈련, 그리고 검소한 삶을 통해 꿈을 수행해나갔다.

앨런은 성경 말씀 속 빛나는 지혜들을 마음 깊이 새겼을 뿐 아니라, 동양 고전에서도 많은 깨달음을 얻었다. 매일 글쓰기와 명상을 하고, 소일거리로 정원 가꾸는 일을 하면서 정신적인 삶을 영위하는 데 필요한 토양을 마련했다.

당시 앨런은 아침 일찍 일어나 한 시간 넘게 명상을 하기 위해 바다가 내려다보이는 절벽을 산책하는 것이 일상이었다. 명상을 통해 그는 눈에 띄지 않는 거미집처럼 영적인 비전이 고양되었고, 스스로 알려고 하지 않아도 우주의 비밀이 눈앞에 펼쳐졌다. 그리고 이러한 고요한 감동들은 오롯이 그의 내부에 각인되었다. 그는 산책을 마치고 집에 돌아와서는 종이에 자신이 느낀 단상들을 기록했다. 그리고 오후에는 정원을 가꾸는 일에 매진했으며, 저녁에는 고상한 철학적 주제에 대해 논쟁하길 원하는 마을 사람들과 친교를 다졌다.

10년 동안 앨런은 묵상과 사색을 하며 하루하루를 지냈고, 자신의 저서들에서 나오는 적은 로열티로 생활했다. 그러다 마흔여덟 살이 되었을 때 갑작스레 우리 곁을 떠났다.

앨런은 참으로 미지의 사람이었고, 명성으로 인해 폄훼되지 않았으며, 운명에 휩쓸리지 않은 채 자신이 원하던 삶의 방식대로 살다가 죽었다. 그의 저서들은 후에 문학 분야에서 천재적이고 영적인 걸작으로 인정받았다. 또한 수많은 철학자, 신학자, 정치가, 심리학자는 물론, 데일 카네기Dale Carnegie부터 나폴리언 힐Napoleon Hill, 스티븐 커비Stephen Covey, 잭 캔필드 Jack Canfield에 이르기까지 수많은 자기 계발 구루의 삶에 영향을 미쳤으며 그들의 저서에도 인용되고 있다.

이는 살아생전 알려지지 않았던 영국 신비주의자가 원하는 길이기도 했다. 앨런이 죽은 후 그의 영적인 통찰력은 세계로 전파되었다.

《생각하는 그대로》에서 앨런은 "고결하고 숭고한 인격은 신의 은혜를 입거나 운이 좋아서 생긴 것이 아니다. 올바른 생각을 하려고 끊임없이 노력하고, 신과 같은 숭고한 생각을 소중하게 품어온 대가다"라고 언급했다.

앨런은 또한 "인간은 자신의 정신으로부터 분리될 수 없다"는 원칙을 깨달았는데, 실로 인간의 삶은 자기 정신과 생각으로부터 분리될 수 없다. 마치 빛, 광채, 색상을 따로 떼어놓을 수 없듯이, 정신과 생각도 인간의 삶과 떨어질 수 없는 관계다. 따라서 생각이 변하면 사람도 변할 수 있다는 결론이 나온다.

이와 같은 명상(영성) 문학의 원조로 알려져 있다. 앨런이 남긴 저서들을 연도별로 살펴보면 다음과 같다.

《번영의 길The Path to Prosperity》(1901), 《마음의 평화에 이르는 길The Way of Peace》(1901), 《생각하는 그대로As A Man Thinketh》(1903), 《거룩한 삶Heavenly Life》(1903), 《천국 들어가기Entering Kingdom》(1903), 《마음속 깊은 곳에서부터 Out From The Heat》(1904), 《축복의 샛길Byways of Blessedness》(1904), 《평화의 시 Poems of Peace》(1907), 《승리하는 삶The Life Triumphant》(1907), 《아침 · 저녁의 사색Morning And Evening Thoughts》(1908), 《선의 문을 통해Through the Gate of Good》(1908), 《운명의 지배The Mastery of Destiny》(1909), 《삶의 혼란을 넘어 Above Life's Turmoil》(1910), 《격정에서 평화까지From Passion to Peace》(1910), 《인 간: 마음 · 몸 · 환경의 왕Man: King of Mind, Body & Circumstance》(1911), 《번영의 여덟 가지 기둥Eight Pillars of Prosperity》(1911), 《인생의 어려움을 밝히는 빛 Light on Life's Difficulties》(1912), 《행복과 성공을 위한 주춧돌Foundation Stone to Happiness and Success》(1913), 《제임스 앨런의 365일 명상James Allen's Book of Meditation for Everyday in The Year》(1913), 《인간과 체제Man and System》(1914), 《빛 나는 문The Shining Gateway》(1915), 《신성한 동반자The Divine Companion》(1919).

이 책들은 모두 물푸레 출판사에서 완역해《제임스 앨런의 생각의 지혜》 1~5권, 개별 낱권과 e북으로 출간했다.

우리 시대 최고의 신비주의자 제임스 앨런

대다수 사람이 인생에서 얻고 싶어 하는 것은 경제적 성공과 진실한 사랑 이 아닐까? 학문적 성취나 예술 활동을 최고 가치로 삼는 사람도 물론 있을 것이다. 반면 정신적 성공을 인생 목표로 삼는 이는 사실상 드물다. 즉 영 감靈感이 넘치는 인생, 우주의 영원한 질서와 하나가 된 삶, 지속적으로 인식을 확장하는 삶을 추구하는 사람은 드물다고 할 수 있다. 왜 그럴까? 그런 삶이 인간에게 가능하다고 차마 믿을 수가 없기 때문이다. 인간이란 그저 경제적 성공과 정서적 안정만 누려도 잘 산다고 할 수 있으며, 거기에 더해 학문과 예술까지 즐기면서 살아가는 행복이 인간이 지닌 한계라고 생각하는 것이다.

그런데 앨런은 이렇게 말한다. 먼저 정신적 성공을 최고 가치로 추구하면 경제적 성공과 정서적 안정, 진실한 사랑까지 성취할 수 있을 뿐 아니라, 정신적 성공은 인간이 꼭 이루어야 할 운명이라고, 또한 인간의 가장 근본적 열망은 높은 곳에 대한 사랑이며, 자신의 모든 잠재력을 불러일으키는 길은 가장 높은 곳을 향해 걸어가는 것이라고 말이다.

앨런의 책을 읽다 보면 그가 말하는 성공의 길이 주로 두 차원에서 이뤄진다는 것을 알 수 있다. 즉 수직적 차원에서는 저속한 생각과 격정passion을 극복하고 고귀한 방향으로 나아가는 길이요, 수평적 차원에서는 이기적인 생각과 자아를 극복하고 세계 전체로 시야를 확대하는 길이 그것이다. 결국에는 저속한 생각과 이기적인 생각을 완전히 없애고, 수직으로나 수평으로나 한없이 마음과 정신을 넓힘으로써 수직적 차원에서는 신神과 합일하고, 수평적 차원에서는 인류 전체와 우주 전체를 껴안는 것이 마지막 평화, 마지막 행복, 마지막 성공이라고 앨런은 강조한다.

이런 지고지순한 행복과 성공은 사실 동서양 고대 철학자들이 이미 인생 목적이라고 말했던 것으로, 앨런은 성경과 동양 고전에서 얻은 깨달음을 쉽고 간결한 언어로 현대인에게 전달하고자 했다. 그런데 앨런이 말하는 내용의 특이점 중 하나는 가장 불교적인 방법으로 가장 기독교적인 목적을 달성하라고 권고한다는 사실이다. 정신적 우주에도 엄격한 질서가 있음을 이해하고 그 질서에 맞추어 생각의 힘을 잘 이용해 자기 마음을 다스리는 것은 불교적인 방법인데, 바로 이 방법을 통해 기독교적인 구원을 이루라고 강조하고 있는 것이다. 앨런이 왜 그렇게 말하게 되었는지는 이 책을 읽다 보면 누구나 충분히 알 수 있다. 그 이유를 파악하는 것은 앨런이 말하는 성공의 열쇠를 손에 쥐는 것과 같다.

다만 앨런의 책을 읽으면서 주의해야 할 부분이 하나 있다. 그것은 'passion'이라는 영어 단어의 뜻 문제다. 영어 passion은 한국어로 정열, 열정, 격정 등으로 번역되며 철학 용어로 쓰일 때는 '정념情念'으로 번역되기도 한다. 그런데 문제가 발생하는 이유는 한국어에서 '정열'이 '무기력'의 반대말로 자주 쓰이는 반면, 영어에서는 '이성理性'의 반대말로 많이 쓰이기 때문이다. 격정의 반대말로 온유함을 쓰기도 한다. 앨런은 '무기력'의 반대말로 '열망aspiration'이라는 단어를 쓰고 있으며, '정열'은 맹목적 감정이라는 뜻으로 사용한다. 따라서 책에 나오는 '정열'이라는 단어를 어디까지나 '이성'의 반대 뜻으로 이해하길 바란다.

행복과 번영은 누구나 원하는 바이지만, 소위 성공했다고 일컬어지는 사람 중에서도 자기가 행복과 번영을 누리며 살아간다고 자신 있게 말하는 이는 드물다. 그들 역시 자신의 상황이 앞으로 어떻게 바뀔지 모르고 또 마음속에 불안이 남아 있음을 스스로 느끼기 때문이다. 그렇다면 진정한 행복과 번영은 도대체 무엇이고, 어떻게 해야 그것들을 누릴 수 있을까? 앨런의 책은 이 문제를 집중적으로 다루고 있으며, 모든 인간사를 관통하는 이치를 설명함으로써 자연스럽게 결론을 유도한다.

앨런이 모든 인간사를 관통하는 이치로서 제시하는 핵심 개념은 '생각의 힘'과 '영원한 법칙의 힘', 그리고 '섭리의 힘'이다. '생각의 힘'은 사람의 성격과 환경, 운명이 모두 생각이라는 씨앗에서 자라난 열매라는 의미다. 앨런에 따르면 원인과 결과의 관계는 자연 현상에서와 마찬가지로 정신세계에서도 필연적이며, 생각이 원인이 되어 성격과 환경, 운명이라는 결과를 만들어낸다. 그래서 사람은 자신의 환경과 운명을 직접 선택하는 것이 불가능하고 자기 성격도 뜻대로 변화시킬 수 없지만, 자신의 생각을 선택하는 것은 가능하며, 따라서 간접적이지만 확실하게 자기가 원하는 환경과 운명, 성격을 만들어낼 수 있다. 사람들은 흔히 돈의 중요성을 잘 알면서도 시간의 중요성은 잘 깨닫지 못하고, 생각의 중요성은 더욱 간과한다. 그래서 돈을 손해 보면 크게 화내는 사람이 시간을 낭비하는 것은 대수롭지 않게 생각하고, 나쁜 생각이 마음속에 자리 잡은 것에 대해서는 그 심각성을 아예 느끼지 못하는 경우가 많다. 그러나 진정한 행복과 번성을 원하는 사람은 돈보다는 생각을 더 중요하게 관리할 필요가 있다. 앨런에 따르면 나쁘고 불순한 생각은 설령 실천에 옮기지 않더라도 신경계를 약화할뿐더러, 나쁘고 불순한 상황을 끌어당긴다. 더군다나 그것을 실천에 옮기면 나쁜 습관으로 구체화되고 마침내 나쁜 환경으로 굳어진다. 이에 반해 좋은 생각은 그 자체로 건강과 힘을 증진하며 유익한 상황을 끌어당기고, 실천에 옮기면 좋은 습관으로 구체화되어 마침내 좋은 환경으로 굳어진다.

'영원한 법칙의 힘'은 자연계와 정신세계를 포함한 우주 전체 질서를 유지하는 영원한 법칙의 절대성을 의미한다. 동양에서는 이 법칙을 '도道', '다르마'라는 이름으로 불러왔고, 서양 기독교 전통에서는 '로고스(말씀)'라고 하는데, 이 법칙은 물리적인 자연 현상에서뿐 아니라 도덕 영역에서도 "각자가 뿌린 대로 거두는" 질서를 유지한다. 인간은 자유 의지를 가지고 있지만 그 자유란 자신의 생각과 행위를 선택할 수 있는 자유일 뿐, 생각과 행위의 결과는 오직 '영원한 법칙의 힘'에 의해 규정된다. 운명은 인간의 생각과 행위라는 원인에 대한 우주적 법칙의 반작용이며, 사람은 사실상 매순간마다 생각과 말, 행위를 통해 자기 운명을 만들고 있다. 따라서 이미 저지른 결과를 순순히 받아들이고 원인을 새롭게 선택하는 것이 운명을 지배하는 첫걸음이 되며, 그 순간 비로소 진지한 인생이 시작된다.

영원한 법칙의 힘을 깨닫는 것은 나쁜 생각을 몰아내는 지름길이기도 하다. 나쁜 생각들은 우주의 질서를 믿지 못하는 공포심 속에서만 번성할 수 있다. 영원한 법칙의 힘을 신뢰하면 자신의 생각을 관리함으로써 성격과 환경, 운명도 스스로 관리할 수 있다는 자신감이 생기고, 자신에게 닥치는 모든 상황을 불평 없이 긍정할 수 있다. 무너지지 않는 번영은 생각의 힘과 영원한 법칙의 힘을 이해하고 신뢰할 때 가능하다.

마지막으로 '섭리의 힘'이란 인간이 합리적 이성으로 파악할 수 없는 질서와 초자연적 존재의 작용을 의미한다. 앨런이 제시하는 우주관은 자연과학자들이 설명하는 우주관과는 조금 다르다는 점에 주의해야 한다. 앨런에 따르면 우주는 그저 시계처럼 정확히 기계적으로 움직이는 시스템이 아니라, 신성한 사랑의 완전한 실현을 향해 나아가는 하나의 정신적 생명체다. 이러한 우주의 목적과 반대되는 목표나 가치관을 가진 개인은 남에게 피해를 주지 않았는데도 본의 아니게 불행에 처하게 된다. 즉 인간에게는 자기 자신과 공동체의 좀 더 나은 삶, 좀 더 나은 완성을 실현하고자 계속해서 노력하는 태도가 요구된다. 생존 문제를 해결하는 데 너무 신경 쓴 나머지 자신도 모르게 공동의 가치를 훼손하는 일은 그것에 상응하는 반작용을 낳기에 고생의 길을 자초하는 셈이다. 이와 반대로 공동의 목표를 위해 봉사하는 사람에게는 우주가 그것에 상응하는 보답을 주며, 그 보답 안에는 경제적 문제 해결도 포함된다. 전체를 위해 사심 없이 봉사하면서 생존의 문제를 잊는 것, 이것이 변치 않는 행복이다. 따라서 성공을 꿈꾸는 사람은 경제적 문제 해결이나 개인적 명예를 위해서가 아니라, 전체 이익을 위해 봉사하려는 마음으로 성공을 꿈꾸는 편이 더 낫다. 이와 같은 앨런의 주장은 성공과 종교적 수행을 결코 분리하지 않는다. 물론 그가 말하는 성공은 상식적 의미에 국한하는 것이 아니라, 올바른 생각과 정서적으로 큰 기쁨이 늘 함께하는 것을 가리킨다.

앨런은 인생의 궁극적 목적은 신과 합일하고 자아를 완전히 초월해 영원한 생명을 얻는 것이라는 기독교 교리를 자주 강조한다. 그러면서 행복과 번영의 완성이 바로 영원한 생명이요, 신과의 합일이라고 주장한다. 그런데 이 책을 읽다 보면 앨런이 석가모니를 무척 존경하고, 석가모니의 말과 가르침을 자주 인용한다는 사실을 알게 된다. 그가 어쩌면 기독교의 '영원한 생명'과 불교의 '열반'을 동일시하는 것이 아닌가라는 생각이 들 정도다. 이 문제는 우리나라의 종교 상황에서 다소 민감한 측면이 있으니 판단은 독자의 몫으로 남겨두도록 하겠다.

　다음은 앨런의 저서 22권을 완역해《제임스 앨런의 생각의 지혜》5권으로 묶은 내용이다.《제임스 앨런의 생각의 지혜 1》과《제임스 앨런의 생각의 지혜 2》는 2008년, 2015년에 출간된《제임스 앨런의 생각의 지혜》에 내용을 추가하고 수정해 2권으로 나눈 것이다. 독자의 가독성을 위해 편집했지만 집필 순서대로 읽기를 원한다면 출판 연도에 따라 읽어도 무방하다.

제임스 앨런의 생각의 지혜 1

- 생각하는 그대로 As A Man Thinketh(1903)
- 번영의 길 The Path to Prosperity(1901)
- 마음의 평화에 이르는 길 The Way of Peace(1901)
- 마음속 깊은 곳에서부터 Out From The Heart(1904)
- 격정에서 평화까지 From Passion to Peace(1910)

제임스 앨런의 생각의 지혜 2

- 운명의 지배 The Mastery of Destiny(1909)
- 거룩한 삶 The Heavenly Life(1903)
- 천국 들어가기 Entering Kingdom(1903)
- 인간: 마음 · 몸 · 환경의 왕 Man: King of Mind, Body & Circumstance(1911)
- 아침 · 저녁의 사색 Morning And Evening Thoughts(1908)

제임스 앨런의 생각의 지혜 3

- 축복의 샛길 Byways of Blessedness(1904)
- 행복과 성공을 위한 주춧돌 Foundation Stone to Happiness and Success(1913)

- 인생의 어려움을 밝히는 빛 Light on Life's Difficulties(1912)
- 삶의 혼란을 넘어 Above Life's Turmoil(1910)
- 선의 문을 통해 Through the Gate of Good(1908)

제임스 앨런의 생각의 지혜 4

- 승리하는 삶 The Life Triumphant(1907)
- 번영의 여덟 가지 기둥 Eight Pillars of Prosperity(1911)
- 인간과 체제 Man and System(1914)
- 빛나는 문 The Shining Gateway(1915)
- 평화의 시 Poems of Peace(1907)

제임스 앨런의 생각의 지혜 5

- 제임스 앨런의 365일 명상 James Allen's Book of Meditation for Everyday in The Year(1913)
- 신성한 동반자 The Divine Companion(1919)
- 제임스 앨런 회고록 James Allen: A Memoir

마지막 《제임스 앨런 회고록》은 그의 아내 릴리 앨런이 썼다. 제임스 앨런의 소년 시절부터 성장 시기, 왕성한 활동 시기, 마지막 임종까지 남편이 아닌 신비주의자의 삶을 서술했다. 릴리는 "세월이 흘러도 그는 변함없이 곧은길을 나아갔으며 한 번도 뒤돌아보거나 신성한 길에서 벗어나지 않았다"고 회고했다.

릴리는 이 회고록을 앨런을 사랑하는 사람들, 온유한 마음과 눈물 어린 눈으로 이 글을 읽을 독자들을 위해 썼다고 한다. 제임스 앨런이 고요하고 평화롭고 조용하게 우리 곁을 떠난 1912년 1월 12일부터 1월 24일 수요일 새벽까지 순간을 덤덤하게, 하지만 슬픔이 가득한 마음으로 서술한 릴리의 글을 읽노라면 그 행간에 가득 담긴 사랑과 상실감, 또 다른 희망과 시린 아픔을 느낄 수 있을 것이다. 그리고 신비주의 작가 제임스 앨런의 주옥같은 글들에서 하나뿐인 삶을 살아가는 곧은길을 찾게 될 것이다. 마음과 머리에서 무거운 안개가 걷히는 듯한 느낌을 받으면서 말이다.

.

차 례

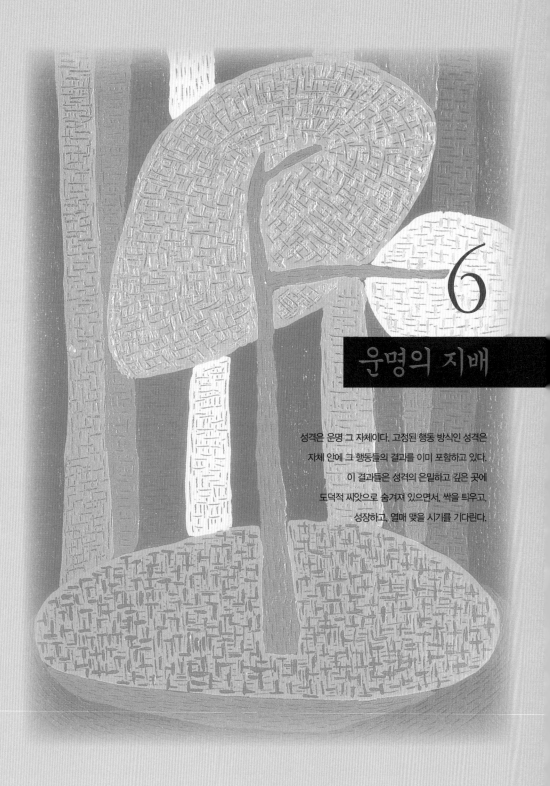

6

운명의 지배

성격은 운명 그 자체이다. 고정된 행동 방식인 성격은
자체 안에 그 행동들의 결과를 이미 포함하고 있다.
이 결과들은 성격의 은밀하고 깊은 곳에
도덕적 씨앗으로 숨겨져 있으면서, 싹을 틔우고,
성장하고, 열매 맺을 시기를 기다린다.

서문

물질 세계에서 진화의 법칙을 발견해낸 일은 인간에게 정신세계에서의 원인과 결과의 법칙을 알 수 있도록 만들었다. 생각은 생각을 구체적으로 나타내는 유형의 형태만큼 정연하거나 진보적이지 않다. 그리고 세포와 원자뿐 아니라 사고와 행동도 점증적이고 선택적인 에너지로 채워져 있다.

사고와 행동의 영역에서는 선한 것이 살아남는다. 왜냐하면 그것이 가장 "적합"하기 때문이다. 악한 것은 결국 소멸하게 된다. 인과관계의 "완벽한 법칙"이 물질세계는 물론 정신세계에서도 모두 적용된다는 사실을 알고 있다면 개인과 인류의 궁극적 운명에 관한 모든 걱정으로부터 벗어날 수 있게 된다.

왜냐하면 인간은 자신의 운명의 시종이자 주인이기 때문이다.

그리고 자연 법칙에 대한 지식을 정복하려는 인간의 의지는 정신 법칙에 대한 지식을 정복할 것이다. 이러한 인간의 의지는 무지한 상태에서는 악을 선택하는데, 지혜가 생겨나고 발달되면 선을 선택하게 된다.

법칙의 세계에서는 인류에 의해 악을 최종적으로 지배하게 되는 것이 확실하다. 이별과 슬픔, 패배와 죽음의 운명은 단지 위대한 승리의 운명으로 이끌어주기 위한 징벌의 단계에 불과하다. 우리들 각자는 상처입은 손과 일에 지친 모습이기는 하지만 영원한 평화의 안식처를 마련해줄 영광의 신전을 의식하지 못한 채 짓고 있는 셈이다.

당신은 더 이상 가혹하지 않다, 아, 운명이여!
당신은 더 이상 음울하지도, 어둡지도, 두렵지도 않다.
잠시동안은 절대적인 왕이자 신이겠지만

당신은 죽은 자 가운데 비극적 상태에 자리 앉아 있으며,
내가 지금 그대를 보고 있는 바 인간에게 우호적이고 공평하며,
빛과 아름다움이 당신의 훌륭한 얼굴을 둘러싸고 있다.

— 제임스 앨런

운명 대 자유 의지

모순으로 보일 수도 있지만, 우리 사회에는 자유로운 행위자로서 인간의 책임에 대한 믿음도 마찬가지로 널리 퍼져 있다. 모든 도덕 교훈은 인간이 자신의 진로를 선택하고 운명을 만들어 나가는 자유를 긍정하고 있다. 목표 달성을 위한 인간의 불굴의 노력과 인내는 스스로의 자유와 힘을 의식하고 있다는 선언이기도 하다. 운명과 자유에 대한 이러한 이중적 경험은 운명론을 믿는 자들과 자유 의지를 지지하는 자들 간에 결론이 안 나는 지루한 논쟁을 불러일으켰고, 이 논쟁은 최근에 '결정론 대 자유 의지'라는 이름 아래 다시 유행했다.

외관상 서로 상반되는 두 극단 사이에는, 두 극단을 모두 포함하면서도 어느 한쪽에 치우치지 않고 둘을 조화시키는 균형과 정의의 중도가 항상 있다. 이러한 중도는 두 극단 사이의 접점이기도 하다.

진리는 당파성을 가질 수 없으며, 본질적으로 양극단의 조정자이다. 그러므로 우리가 고려 중인 문제에 있어서도, 운명과 자유 의지를 밀접하게 연관시키는 '중용'이 있다. 실로 중용의 관점에서 보면, 운명과 자유 의지라는 두 가지 명백한 현실은 단일한 중심 법칙의 두 측면에 불과하다. 그 중심 법칙은 모든 것을 통합시키고 포괄하는 하나의 원리, 즉 도덕적인 면에서의 인과율이다.

도덕적 인과 관계는 운명과 자유 의지, 개인의 책임과 숙명을 모두 필요로 한다. 원인의 법칙은 또한 결과의 법칙이어야 하고, 원인과 결과는 항상 대등해야 하기 때문이다. 인과 관계의 연속은 물질계와 정신계 양쪽 모두에서 영원히 균형을 유지하고 있으며, 따라서 영원히 공정하고 영원히 완벽하다. 그리하여 모든 결과는 예정되어 있다고 말할 수 있지만, 예정하는 힘은 원인이지 어떤 독단적 의지의 명령이 아니다.

우리 각자는 일련의 인과 관계 속에 연루되어 있는 스스로를 발견한다. 우리의 삶은 원인과 결과로 이루어져 있다. 이를테면, 인생은 씨를 뿌리고 거둬들이는 것과 같다. 우리의 모든 행위는 그것의 결과에 의해 균형을 맞춰야 하는 원인이다. 우리는 원인(자유 의지)을 선택하지만, 결과(운명)를 선택하거나 변경하거나 피할 수는 없다. 그러므로 자유 의지는 원인을 일으키는 힘을 나타내며, 운명은 결과에 말려드는 것을 말한다.

모든 인간이 각자 일정한 결말에 이미 운명지어져 있는 것은 사실이다. 그러나 그렇게 되도록 명령을 내린 장본인은 우리 자신이다(사람들이 그 사실을 모른다 해도). 우리 자신의 행위로 우리 각자가 저지른 선한 일과 악한 일이 바로 그 명령이며, 이미 행한 선과 악으로부터 벗어날 수는 없다.

인간은 자신의 행위에 대해 책임이 없다는 주장이 제기될 수도 있다. 그런 주장을 하는 사람들에 의하면, 인간의 행위는 성격의 결과이고, 인간의 성격은 태어날 때 주어진 것이며, 인간은 자기 성격이 좋든 나쁘든 성격에 대해 책임이 없다. 만약 성격이 태어날 때 '주어진' 것이라면, 그 주장은 옳을 것이다. 그리고 도덕적 법칙이나 도덕 교훈은 더 이상 필요 없을 것이다. 그러나 성격이란 고정된 형태로 주어지는 것이 아니라 변화 발전하는 것이다. 성격은 실로 도덕 법칙 그 자체의 산물이자 결과이며, 즉 말하자면, 행위의 산물이다.

성격은 헤아릴 수 없이 많은 행위의 복합적인 결과이다. 사실, 성격은 그 개인이 엄청나게 긴 시간 동안 무수한 윤회의 삶을 통해, 질서 정연한 발전의 느린 과정 속에서 쌓아올린 행위의 축적이다. 사람들은 자신의 복합적인 성격과 인간으로 태어난 운명이 자신의 선택과는 무관하게 정해진 것이라고 생각하지만, 그것은 전생에서 자신이 행한 행위에 의해 결정된 것이다.

우리 각자는 자신의 행위를 스스로 선택하며 따라서 자신의 성격을 스스로 만들어 간다. 그리고 행위와 성격을 결정하는 장본인으로서 우리 각자는 자신의 운명을 형성한다. 우리는 자신의 행위를 수정하고 변경할 수 있는 힘을 가지고 있으며, 행위하는 순간마다 사실상 자신의 성격을 수정하고 있다. 그리고 자신의 성격을 좋게 혹은 나쁘게 수정함으로써, 우리는 자신의 새로운 운명 (우리의 행위의 성질에 따라 불행한 운명 또는 자애로운 운명)을 미리 결정하고 있다.

성격은 운명 그 자체이다. 고정된 행동 방식인 성격은 자체 안에 그 행동들의 결과를 이미 포함하고 있다. 이 결과들은 성격의 은밀하고 깊은 곳에 도덕적 씨앗으로 숨겨져 있으면서, 싹을 틔우고, 성장하고, 열매 맺을 시기를 기다린다.

운명은 완벽한
정의이다

　　어떤 사람에게 일어나는 일은 그 사람 자신을
반영하는 것이다. 각 개인을 따라 다니는 운명은 그들 자신의 잘못된 행위
에 대한 원상 회복을 요구하고 강요하는 무자비한 귀신이며, 인위적인 노
력이나 기도로는 그것을 피할 수 없다. 초대하지 않았는데도 각자에게 찾
아오는 축복과 저주는 그들 자신이 내보낸 소리가 되돌아와 울려 퍼지는
메아리와 같다.

　선한 사람이 적을 사랑하고, 모든 증오와 원한, 불평을 초월할 수 있는
이유는 바로 모든 것을 통해 모든 것을 다스리며 작용하는 완벽한 법칙에
대한 이해 때문이다. 즉, 자신의 몫만 자신에게 올 수 있다는 것, 그리고 자
신이 박해자들에게 둘러싸여 있다 해도 자신의 적들은 오류 없는 인과응보
의 단순한 도구일 뿐이라는 것을 알기 때문이다. 그러므로 선한 자는 적을
비난하지 않는다. 다만 자신의 몫을 조용히 받아들이고, 끈기 있게 도덕적
채무를 갚아 나갈 따름이다.

　물론, 그것이 전부는 아니다. 선한 자는 자신의 빚을 갚을 뿐만 아니라,
더 이상의 빚을 지지 않기 위해 세심하게 주의를 기울인다. 그는 스스로를

지켜보면서 행위에 잘못이 없게 만든다. 그는 악의 빚을 청산하는 동시에 선의 예금을 저축한다. 그는 자신의 그릇된 생각과 행위들을 제거함으로써, 악과 고통을 소멸시키고 있다.

이제 행위와 성격을 통해 운명을 극복하는 특별한 경우에 법칙이 어떻게 작용하는지 고찰해 보자. 우선 현재의 삶을 살펴보는 게 중요하다. 현재는 모든 과거의 종합이기 때문이다. 어떤 사람이 지금까지 생각하고 행위했던 모든 것의 최종 결과는 그 사람 안에 내포되어 있다.

우리는 종종 선한 자가 실패하고 사악한 자가 번영하는 경우를 보게 된다. 정직이 좋은 결과를 낳을 거라는 모든 도덕 격언에 대해 이의를 제기하는 듯한 그런 경우들로 인해, 많은 사람들은 인간사에 정의로운 법칙이 작용한다는 사실을 부정하며, 심지어 번영하는 자는 대개 정의롭지 못한 자라고 단언하기도 한다. 그러나 도덕 법칙은 실제로 존재하며, 그런 천박한 결론으로 인해 변경되거나 폐기되지 않는다.

모든 인간은 변화하는, 발전하는 존재라는 사실을 항상 기억하라. 선한 자가 과거에도 언제나 선했던 것은 아니며, 악한 자가 과거에도 언제나 악했던 것은 아니다. 지금의 생애에서도(전생까지 거론할 필요 없이), 지금 올바른 자가 과거에는 올바르지 않았고, 지금 친절한 사람이 과거에는 잔인했으며, 지금 순수한 사람이 과거에는 불순했던 경우를 우리 주변에서 아주 많이 찾아볼 수 있다.

반대로, 지금 올바르지 않은 자가 과거에는 올바랐고, 지금 잔인한 사람이 과거에는 친절했으며, 지금 불순한 사람이 과거에는 순수했던 경우도 많이 찾아볼 수 있다.

그러므로 착한 사람이 현재 불행에 처해 있다면, 그는 과거에 악의 씨앗을 뿌린 결과를 거둬들이고 있는 것이다. 멀지 않은 장래에 그들은 지금 뿌리고 있는 좋은 씨앗의 행복한 결실을 거둬들일 것이다. 또 나쁜 사람이 현재 번영을 누리고 있다면, 그는 이전에 뿌린 좋은 씨앗의 결과를 지금 거둬들이고 있는 것이다. 머지않아 그는 현재 뿌리고 있는 나쁜 씨앗의 결과를 거두게 될 것이다.

그러나 현생의 과거와 현재를 통해서도 그 정확한 원인을 분석해 낼 수 없다면, 전생에 그 원인이 있다. 실로 수많은 탄생과 죽음, 그리고 영원히 확장되는 운명 속에서 성장하는 어떤 존재의 발전 과정 전체는, 무수한 원인과 결과가 중단 없이 일렬로 길게 이어진 선과도 같다. 그것은 영원히 성장하고 영원히 변화하면서 상승하는 불멸의 한 생명이다.

인간의 성격은 틀에 박힌 정신적 습관이며, 행위의 결과이다. 아주 많이 반복된 행동은 결국 무의식적이고 자동적인 행위가 된다. 즉, 그 때에는 행위자의 노력이 전혀 없이도 저절로 그 행동이 반복되는 것처럼 보인다. 마침내 그 행동을 하지 않기가 행위자 자신에게 거의 불가능하게 여겨질 때, 그것은 바로 그의 정신적 특성으로 굳어진 것이다.

그러므로 어떤 사람의 타고난 천성이란 그가 전생에 스스로의 생각과 행위로 확립한 습관의 복합체이며, 그가 현생에서 어떤 노력을 기울이는가에 따라 그의 성격은 장차 선하게 혹은 나쁘게 변화될 것이다.

여기 일자리가 없는 가난한 한 남자가 있다. 그는 정직하며, 게으름뱅이도 아니다. 그는 일하길 원하지만 일을 얻지 못하고 있다. 열심히 노력하는데도 실패만 거듭할 뿐이다. 그의 운명은 공정한 것인가?

과거에 이 남자는 할 일이 많던 때가 있었다. 그는 일이 많다는 것에 부담을 느꼈고, 그래서 일을 게을리하였으며, 편한 생활을 애타게 바랐다. 그때, 그는 일거리가 없다면 얼마나 좋을까 하고 생각했다. 그는 일할 수 있는 운명이라는 행운에 감사해하지 않았다. 이제 그의 바람대로 일도 없고 편한 삶이 주어졌다. 그런데 그가 아주 즐거울 거라고 생각하여 간절히 원했던 안일한 생활은 막상 겪어 보니 환멸과 쓰라림으로 변했다.

그는 바라던 대로 아무 할 일도 없는 상태에 도달했다. 이제 그는 자신이 배워야 할 교훈을 철저히 깨달을 때까지 그 상태에서 벗어나지 못할 것이다. 습관적인 안일은 불명예스러운 일이고, 할 일이 없다는 것은 비참한 상태이며, 일이란 고귀한 축복이라는 사실을 그는 확실히 배우고 있다.

과거의 욕구와 행위가 그의 현재 상태를 초래했다. 따라서 일에 대한 그의 현재의 욕구, 일에 대한 그의 끊임없는 추구와 요구는 틀림없이 유익한 결과를 가져올 것이다. 더 이상은 나태한 생활을 원하지 않기 때문에, 그의 현재 상태는 곧 사라질 것이며 그는 일자리를 얻게 될 것이다. 현재 상태를 초래한 원인이 더 이상 지속되지 않기 때문에 그 결과로 현재 상태가 사라지는 것이다.

그가 온 마음을 일에 기울이고 다른 무엇보다도 일을 원한다면, 당황스러울 만큼 많은 일이 사방에서 몰려올 것이며, 그는 자신의 분야에서 일가를 이루게 될 것이다. 그 때가 되어서도, 여전히 그가 인생을 관통하는 인과의 법칙을 이해하지 못한다면 다시 의문이 생길 것이다. 일을 구하지도 않는 자신에게는 일이 들어오는데, 열심히 일을 구하는 다른 사람들은 왜 일을 얻지 못할까 하고.

모든 일에는 원인이 있다. 그림자가 있는 곳에는 사물도 있는 법이다. 인간의 삶은 스스로의 행동이 빚어 낸 결과이다. 의욕적으로 즐겁게 하는 사업은 더 큰 사업과 번영으로 이어지지만, 게으름을 부리거나 불만을 누르고 억지로 일하는 경우에는 일의 성취도도 낮아지고 사업이 축소되듯이, 삶의 다양한 온갖 상태는 행위의 결과이며 각 개인의 생각과 행위에 의해 만들어진 운명이다.

각양각색의 성격이 존재하는 이유도 마찬가지이다. 성격은 행위의 씨앗이 뿌려져, 성장한 결과이다. 이러한 씨뿌리기는 눈에 보이는 현재의 인생에만 한정된 것이 아니라, 무수한 탄생과 죽음의 문을 왕래하는 윤회의 삶을 통해 과거로 한없이 거슬러 올라간다. 마찬가지로 끝없는 미래까지 씨뿌리기는 계속될 것이며, 인간은 자신의 행위가 빚어 낸 달콤한 열매와 쓴 열매를 먹으면서, 뿌린 대로 거두어들이는 과정을 영원히 계속할 것이다.

그러므로 사람이 죽으면 그 생전에 한 행위에 따라 "천국이나 지옥에 간다"는 말은 글자 그대로 사실이다. 그러나 천국과 지옥은 멀리 있는 게 아니다. 바로 이 세상에 존재한다.

자신의 부를 남용하거나, 속임수나 강압적인 방법으로 부를 획득한 사람은 가난하고 치욕적인 환경에 다시 태어난다. 자신의 작은 재산이나마 이타적으로 현명하게 사용한 사람은 풍요롭고 명예로운 환경에 다시 태어난다. 잔인하고 부정한 사람은 가혹하고 불행한 환경 속에 다시 태어나며, 친절하고 정의로운 사람은 친절한 마음씨와 부드러운 손으로 자신을 돌봐 줄 가정에서 다시 태어난다. 이와 같이, 인간은 자신의 미덕과 악덕에 따라 제각기 자신의 몫을 받는다. 각자 자신의 운명을 스스로 선고하는 것이다.

재생(再生)을 믿지 않는 사람들조차, 현생에서도 인간은 거의 언제나 "뿌린 대로 거둔다"는 사실을 발견할 것이다. 따라서 사회적, 정치적 개혁가들이 당파적 쟁점을 찾는 것보다 국민들의 인격 발달에 더 많은 관심을 기울이는 시기가 꼭 올 것이다.

뿌린 대로 거두는 것은, 개인이나 개인들의 공동체인 국가나 다 마찬가지이다. 국가는 지도자들이 올바른 사람일 때 번영하며, 올바른 지도자들이 사라질 때 국가도 몰락한다. 사회의 지도층 인사들은 국민 전체에게, 좋은 쪽이든 나쁜 쪽이든, 본보기가 된다. 국가의 번영은 국민 각자의 근면, 성실, 고결함을 통해서만 이룩될 수 있다는 것을 알기에, 스스로 먼저 고상한 인격을 닦고 나서 국가의 에너지를 도덕적인 문화와 국민들의 인격 발달을 촉진하는 방향으로 이끄는 정치가들이 계속해서 생겨날 때, 그 나라의 평화와 번영은 탁월할 것이다.

더욱이, 위대한 법칙은 인간들에게 그들 각자가 손수 짠 직물인 일시적 운명을, 눈물로 얼룩진 운명이든 미소짓는 운명이든 간에, 오류 없는 정의로 냉정하게 할당하고 있다.

인생이야말로 성격과 품성의 발달을 위한 위대한 도장道場이다. 모든 악덕과 덕, 성공과 실패는 투쟁과 노력을 통해 지혜의 교훈을 천천히 그리고 확실히 배우는 과정이다.

자제의 과학

바야흐로 우리는 과학의 시대를 살고 있다. 오늘날 과학자들은 무수히 많다. 그들은 새로운 사실을 발견하고 지식을 증진시키기 위해 끊임없이 탐구하고, 분석하고, 실험한다. 공립이든 사립이든 우리가 드나드는 도서관의 서가에는 과학적 주제를 담은 훌륭한 책들로 가득 차 있다. 가정과 거리, 시골과 도시, 바다와 육지 어디서나 현대 과학의 놀라운 업적을 쉽게 발견할 수 있다. 특히 현대에 와서는 보다 편리하고, 빠르며, 노동력을 절감할 수 있는 놀라운 과학 장치들이 속속 개발되고 있다.

그런데 우리의 과학 지식이 점점 방대해지고 놀라운 발견과 발명이 줄을 잇는 이 시대에, 사람들의 뇌리에서 거의 잊혀졌을 만큼 쇠퇴한 과학 분야가 하나 있다. 그 분야는 어떤 면에서 다른 모든 과학을 합친 것보다 훨씬 중요하며, 그것이 없다면 현대의 과학은 인류를 이기심과 파멸의 길로 점점 몰아 가게 될 것이다. 그것은 바로 자제의 과학이다.

현대 과학자들은 물질계의 요소와 힘을 제어하고 이용하기 위해 외부 세계에 대해 연구한다. 반면에 고대인들은 인간 내부의 구성 요소와 힘을 제어하고 이용하기 위해 내면의 세계에 대해 연구했다. 그런 과정을 통해 고대인들 중에서 인간의 내면 세계에 대해 깊이 통달한 정신적 지도자들이 나왔고, 지금까지도 그들은 신으로서 존경 받고 있으며, 세상의 다양한 종교 조직은 바로 그들의 업적을 기반으로 하고 있다.

자연의 힘은 놀라운 것이지만, 목적 없이 움직이는 자연의 기계적인 힘을 지배하고 조종하는 인간의 지적인 능력보다는 훨씬 열등하다. 그러므로 격정, 욕구, 의지와 지성이라는 정신적 힘들을 이해하고, 제어하고, 지배하는 것은 개인과 국가의 운명을 손에 쥐는 것과 같은 셈이다.

일반적인 과학의 경우와 마찬가지로 이 정신 과학에도 성취의 단계가 있다. 즉, 자제력이 커질수록 정신에 대한 이해도 더 깊어지고, 인격이 더 향상되며, 세상에 대한 영향력도 더 커진다.

자연의 힘을 이해하고 지배하는 사람은 자연 과학자이고, 정신의 힘을 이해하고 지배하는 사람은 정신 과학자이다. 그리고 자연 현상에 대한 지식을 얻는 과정에서 작용하는 법칙은 정신적 사실에 대한 지식을 얻는 과정에서도 작용한다.

몇 주 혹은 몇 달, 아니 몇 년 동안 노력한다 해도 뛰어난 과학자가 될 수는 없다. 적어도 수년 이상 정성들여 연구한 뒤에야 권위 있게 이야기할 수 있으며, 과학의 거장들 사이에 낄 수 있다. 마찬가지로, 어떤 사람이 자제력을 얻고 또 자제력에서 비롯되는 지혜와 평화의 지식을 소유하려면, 수년 간에 걸친 끈질긴 노력이 필요하다. 이 노력은 침묵 속에 이루어지고 다른 사람들이 알아 주거나 존중해 주지 않기 때문에 그만큼 더 힘들다. 정신 과학을 연구하려는 사람은 홀로 서는 법을 터득해야 하며, 돈이나 명예의 보상이 없이도 부지런히 노력하는 법을 터득해야 한다.

자연 과학 분야에서 과학적 지식을 얻으려면 다음의 5단계를 순차적으로 실천하여야 한다.

1. 관찰: 자연 현상을 면밀하게 지속적으로 관찰한다.

2. 실험: 여러 번 반복하여 관찰한 결과를 토대로 법칙성을 알아 내기 위한 실험에 들어간다. 자신의 관찰 결과와 실험 결과를 엄밀하게 분석하여 쓸모 없는 것과 가치 있는 것을 구분해 낸다. 그러고 나서 전자는 버리고 후자는 계속 간직한다.

3. 분류: 수많은 관찰과 실험을 통해 많은 사실을 모으고 검증한 후에는, 그 사실들을 분류하는 작업을 시작한다. 즉, 그것들을 근본적으로 지배하고 규정하고 하나로 묶는, 어떤 숨겨진 통합 원리로서의 법칙을 발견하기 위해 그것들을 체계적인 그룹으로 분류한다.

4. 추론: 네 번째 단계는 추론이다. 지금까지의 과정에서 얻은 사실과 결과로부터 불변의 작용 방식을 발견하고, 그리하여 보이지 않는 사물의 법칙을 밝혀 낸다.

5. 지식: 어떤 현상 배후의 법칙을 입증해 낸 사람은 그 현상을 안다고 말할 수 있다. 그는 과학자이며 지식인이다.

과학적 지식을 획득하는 것은 대단한 일이지만, 그것이 끝은 아니다. 인간이 지식을 획득하는 것은 자기 혼자만을 위해서가 아니고, 그것을 어두운 상자 속의 아름다운 보석처럼 마음속에 비밀스럽게 간직하기 위해서도 아니다. 과학적 지식의 목적은 인류의 행복과 안락을 증진시키는 데 유익하게 이용되기 위함이다. 그러므로 과학자는 자신의 지식으로 세상을 이롭게 하며, 자기가 노력한 결과를 아무런 사심 없이 인류에게 제공하는 것이다. 이와 같이, 지식의 단계 다음에는 이용이라는 단계가 하나 더 있다. 획득한 지식을 이타적으로 올바르게 이용하고, 공동선을 위한 발명에 지식을 응용하는 단계가 바로 그것이다.

위에 열거한 다섯 단계는 체계적인 순서로 되어 있어서, 그 중 한 단계라도 건너뛰는 사람은 과학자가 될 수 없다. 예를 들어 첫 번째 단계인 체계적인 관찰이 없다면, 자연의 비밀에 대한 지식의 영역에 들어서지도 못할 것이다.

과학적 지식을 탐구하는 사람은 사물들의 세계에 직면하여 처음에는 그것들을 잘 이해하지 못한다. 그것들 중 상당수가 서로 모순되는 것처럼 보이며, 이는 분명히 혼돈스러운 현상으로 여겨진다. 그러나 다섯 단계의 연구 과정을 끈기 있게 열심히 수행함으로써, 사물의 질서와 특성, 본질을 발견하고 각 사물들을 조화로운 관계 속에 통합시키는 중심 법칙을 파악하여 혼돈과 무지 상태에 종지부를 찍게 된다.

정신 과학자의 경우도 마찬가지다. 그가 자기 인식과 자제력을 획득하기 위해서는 자연 과학자와 같은 헌신적인 노력으로 다섯 가지 단계를 점진적으로 밟아야 한다. 그 다섯 단계는 자연 과학자의 경우와 마찬가지이지만, 그 과정은 반대쪽 방향으로 이루어진다. 즉 외부 사물에 주의를 기울이는 것이 아니라 자신의 정신 자체에 주의를 기울이고, 물질 영역이 아닌 (연구자 자신의) 정신 영역 내에서 연구를 수행하는 것이다.

정신에 대한 지식을 추구하는 자는 자신의 모든 행위의 기초이자, 자기 인생의 뿌리이며, 또한 자신의 마음 그 자체로 간주되는 수많은 욕구, 격정, 감정, 이상, 관념에 우선 직면하게 된다. 눈에 보이지 않는 이 강력한 힘들의 결합체인 자신의 심리는 다소 혼란스럽게 보인다. 즉, 그 정신적 힘들 중 일부는 조화를 이룰 가망도 전혀 없이 서로 직접적인 갈등 관계에 놓여 있고, 자신의 정신 전체도 타인의 정신이나 주위 사람들의 인생과 전혀 공정한 관계에 있지 않은 것으로 보인다. 요컨대 자신의 정신 속에는 기꺼이 탈출하고 싶은 고통과 혼란의 상태가 존재한다.

그러므로 정신 과학자는 자신의 무지에 대한 통렬한 자각으로 연구를 시작한다. 별다른 노력이나 연구 없이도 자신이 이미 자연에 대한 지식이나 정신에 대한 지식을 소유하고 있다고 확신하는 사람은, 결코 그 지식을 얻을 수 없을 것이다. 스스로의 무지를 통렬하게 자각하면, 지식에 대한 욕구가 솟아나고 자제심을 지속적으로 향상시키는 길에 들어서게 되는데, 그 길에는 다음의 다섯 단계가 있다.

1. 자기 반성: 이것은 자연 과학자의 관찰 단계에 해당한다. 마음의 눈으로 정신의 구성 요소들을 탐조등처럼 비추며, 끊임없이 미묘하게 변화하는 심리 작용을 주의 깊게 관찰하고 주목한다. 자신의 본성을 이해하려는 목적으로, 스스로의 심리를 관찰하기 위하여 이기적인 욕구 충족으로부터, 세속적인 즐거움과 야망의 흥분으로부터 이렇게 벗어나는 것이 자제의 시작이다. 지금까지는, 사물과 환경의 산물인 자신의 충동에 의해 맹목적으로 무기력하게 이끌려 살아왔지만, 이제는 자신의 충동을 감시하고 억제하며 제어당하는 것이 아니라 제어하기 시작한다.

2. 자기 분석: 정신의 여러 성향을 관찰한 뒤에는, 그것들을 면밀히 검토하고 엄밀하게 분석한다. 고통스러운 결과를 낳는 악의 성향과 평화로운 결과를 낳는 선의 성향을 뚜렷이 구분한다. 그리하여 특정한 행위를 낳는 여러 정신적 성향과 그 행위로부터 변함 없이 생겨나는 일정한 결과를 점차 이해하게 된다. 결국엔 그것들의 신속하고 미묘한 상호 작용과 복잡한 변화 과정도 이해할 수 있게 된다. 이 단계는 시험과 검증의 과정이며, 탐구자 자신이 검사 받고 시험 받는 기간이다.

3. 순응: 2단계를 거치고 나면, 정신 현상을 연구하는 자는 자기 본성의 모든 성향과 측면을, 가장 심오한 정신적 충동과 마음속의 아주 미묘한 동기들까지 명확하게 알게 된다. 자기 분석의 빛으로 조명하지 않은 영역은 더 이상 없다. 이제 그는 자신의 모든 약점과 이기심, 그리고 모든 장점과 덕성을 잘 알고 있다.

지혜로운 사람은 마치 다른 사람의 눈으로 보는 것처럼 자기 자신을 볼 수 있다고 한다. 그러나 자제를 실천하는 사람은 이보다 더 높은 경지에 이른다. 그는 다른 사람의 눈에 비쳐진 자신의 모습뿐만 아니라, 있는 그대로의 자기 자신을 본다.

그리하여 그는 자기 자신과 마주 보고 서서, 어떤 은밀한 결점으로부터도 도피하려 애쓰지 않고, 더 이상은 달콤한 아첨의 말로 스스로를 방어하지 않고, 자신과 자신의 능력을 과소평가하지도 과대평가하지도 않고, 이제는 자만이나 자기 연민으로 괴로워하지도 않는다. 그는 자기 앞에 놓인 극기克己라는 과업의 중요성을 철저히 파악한다. 그는 자제의 높은 경지를 눈앞에 뚜렷이 보고, 거기에 도달하려면 무엇을 해야 하는지 안다.

그는 더 이상 혼돈의 상태에 있지 않다. 그는 이제 사고의 세계에서 작용하는 법칙들을 어렴풋이 감지했고, 자신의 정신을 그 법칙들에 순응시키기 시작한다. 이 단계는 나쁜 생각들을 걸러내고, 제거하고, 고치는 과정이다. 농부가 농작물을 가꾸기 위해 잡초를 뽑고 돌을 골라 내어 땅을 경작할 준비를 하는 것처럼, 정신을 연구하는 사람도 질서 잡힌 삶이라는 수확을 거두기 위해 올바른 행위의 씨앗을 뿌릴 준비 단계로서 악의 잡초를 자기 마음에서 제거하여 마음을 정화한다.

4. 정의: 고통과 기쁨, 불안과 평화, 슬픔과 환희가 일어나는 과정에서 작용하는 법칙들에 자신을 순응시키고 나면, 그 법칙들을 일관하는 하나의 위대한 중심 법칙을 깨닫게 된다. 이 중심 법칙은 자연계에서의 중력의 법칙처럼, 정신 세계에서 최고의 위치를 차지하는 보편적 법칙이다. 모든 생각과 행위는 이 법칙에 종속되며, 이 법칙에 의해 조정되고 적절하게 유지된다. 이 법칙은 바로 정의의 법칙이다. 그는 이제 이 법칙에 따른다.

외부 사물이 감정을 자극하고 흥미를 끌 때, 그는 맹목적으로 생각하고 행동하는 것이 아니라 생각과 행위를 이 중심 원리에 종속시킨다. 그는 더 이상 주관적 판단에 따라 행위하지 않고, 보편적으로 영원히 옳은 행위를 한다. 그는 더 이상 감정과 환경에 복종하는 비굴한 노예가 아니며, 자신의 감정과 환경의 주인이다. 그는 더 이상 마음속의 힘들에 이리저리 끌려 다니지 않는다. 그는 그 힘들을 제어하고 다스려서 자신의 목적을 달성하는 데 이용한다. 이와 같이, 그는 자신의 기질과 성향을 제어하고 다스리면서 정의로운 법칙에 위배되는 생각이나 행동을 하지 않기 때문에, 죄와 슬픔, 무지와 의심의 지배를 벗어나 강하고, 침착하며, 평화롭다.

5. 순수 지식: 바르게 생각하고 바르게 행동함으로써, 그는 정신의 토대를 이루는 신성한 법칙의 존재를 경험으로 증명한다. 이 법칙은 개인과 국가의 모든 인간사를 지배하고 통합시키는 원리이기도 하다. 이와 같이, 그는 자제력을 완성함으로써 신성한 지식을 얻으며, 자연 과학자의 경우와 마찬가지로 정신에 대해 안다고 말할 수 있는 지점에 도달한다.

그는 자제의 과학을 터득하였고, 무지로부터 지식을, 혼돈으로부터 질서를 이끌어 냈다. 그는 모든 인간에 대한 이해를 포함하는 자아에 대한 이해를 획득했다. 또한 모든 삶에 대한 이해를 포함하는 자기 삶에 대한 이해를 획득했다. 모든 정신은 (정도에 있어서만 서로 다를 뿐) 본질적으로는 같으며 동일한 법칙을 기반으로 하고 있어서, 동일한 생각과 동일한 행위는 서로 다른 개인들에 의해 행해진다 해도 동일한 결과를 항상 낳을 것이기 때문이다.

그러나 신성하고 평화를 주는 이 지식은 자연 과학자의 경우처럼 자기 자신만을 위한 것이 아니다. 그것이 자신만을 위한 것이라면 진화의 목적은 좌절될 것이다. 그리고 모든 존재의 본성은 완성과 성취를 지향한다. 그러므로 오로지 자신의 행복만을 위해 이러한 지식을 얻으려고 하는 자는 틀림없이 실패하게 될 것이다.

따라서 지식의 다섯 번째 단계를 넘어서면, 획득한 지식을 올바르게 적용하는 지혜의 단계가 하나 더 있다. 이 단계에서는 자신이 노력한 결과를 아낌없이 그리고 사심 없이 세상에 공개하여, 인류의 진보를 가속화하고 인간성을 고양시킨다.

자기 마음을 제어하고 정화하기 위해 자신의 본성을 깊이 반성해 보지 않은 사람은 선과 악, 옳고 그름을 명확하게 구별하지 못한다고 말할 수 있다. 그런 사람은 단순히 자신에게 기쁨을 줄 것으로 보이는 것들을 추구하며, 자신에게 고통을 야기할 것으로 보이는 것들을 피하고자 한다.

그의 행위의 원천은 자아이며, 그는 주기적으로 심한 고통과 양심의 가책을 체험함으로써만 단편적으로 고통스럽게 정의를 발견할 뿐이다. 그러나 성숙의 다섯 단계이기도 한, 정신 과학의 다섯 과정을 순차적으로 수행하면서 자제를 실천하는 자는 우주를 지탱하는 도덕적 법칙에 대한 지식으로 행동한다. 그는 선과 악, 옳고 그름을 아는 자이며, 그러므로 선과 정의에 순응하여 살아간다. 이제 그는 무엇이 재미 있고 좋은 것인지 또는 무엇이 불쾌하고 싫은 것인지를 고민할 필요가 없으며, 무엇이 옳은 것인지만 고려하면 된다. 그의 본성은 양심과 조화를 이루어 더 이상의 후회는 없다. 그의 정신은 위대한 법칙과 조화를 이루게 되어, 더 이상의 고통과 죄는 없다. 그의 삶에서 악은 끝나고, 오로지 선이 전부가 된다.

행위의 원인과 결과

모든 결과가 제각기 원인을 가지고 있다는 것은 과학자들의 상식이다. 이것을 인간 행동의 영역에 적용하면 정의의 원리가 밝혀진다.

먼지 알갱이에서 가장 큰 항성에 이르기까지, 물질계의 모든 부분들이 완벽하게 조화로운 질서 속에 유지되고 있다는 것은 이제 과학자들뿐 아니라 모든 사람이 다 아는 사실이다. 우주의 모든 곳이 보이지 않는 질서에 의해 절묘하게 조정되고 있다. 우주 공간을 장엄하게 회전하고 있는 수백만 개의 항성들, 각각의 항성 주위를 회전하고 있는 행성들, 광대한 성운, 무수한 운석, 그리고 상상을 초월한 속도로 무한한 공간을 질주하는 거대한 혜성의 무리를 포함하는 별들의 세계에서 모든 운동은 완벽한 질서를 보여 주고 있다. 생명 현상의 여러 측면과 무수히 다양한 형태의 생명체들을 포함하는 자연계에서도, 특정한 법칙들이 명확하게 구분된 한계 내에서 작용하고 있고, 그 법칙들의 작용을 통해 모든 혼란이 방지되고 통일성과 조화가 영구히 유지된다.

이러한 우주적 조화와 균형이 아주 작은 어느 한 부분에서라도 제멋대로 깨질 수 있다면, 질서 있는 우주는 존재할 수 없고 어디에나 혼돈만이 있을 것이다. 보편적 법칙으로 조화가 유지되는 우주에서는 그 법칙을 무시하거나 무효로 할 수 있을 만큼 법칙보다 우월한 어떤 개인적 힘은 존재하지 않는다. 사람이든 제신諸神이든, 모든 존재는 그 법칙의 힘에 의해 존재하기 때문이다. 그러므로 더 높고, 더 우수하고, 더 현명한 존재일수록 가장 완전하고 지혜보다 더 지혜로운 이 보편적 법칙에 더 잘 순응함으로써 자신의 지혜를 나타낼 것이다.

눈에 보이는 존재나 보이지 않는 존재나, 세상의 모든 것은 이 무한하고 영원한 인과의 법칙에 종속된다. 인간의 은밀한 생각과 행동처럼 눈에 보이지 않는 것들도 그 법칙을 피할 수는 없다.

옳은 일을 하면 보상을 받으며,
옳지 못한 일을 하면 그에 맞먹는 응보를 받아야 한다.

완전한 정의가 우주를 지탱한다. 완전한 정의는 인간의 삶과 행위도 규제한다. 오늘날 세상에 일어나는 다양한 삶의 양태는 인간의 행위에 대한 이 법칙의 반작용의 결과이다. 인간은 자신이 어떤 원인을 작동시킬 것인지 선택할 수 있고 또 실제로 선택하고 있지만, 결과의 본질을 바꿀 수는 없다. 인간은 자신의 생각과 행위를 결정할 수는 있지만, 그 생각과 행위의 결과에 대해서는 아무런 작용도 할 수 없다. 결과는 오직 우주를 지배하는 법칙에 의해 규정된다.

인간은 무슨 일이든 행할 수 있는 힘이 있지만, 그 힘의 범위는 행위에 국한돼 있다. 행위의 결과를 임의로 변경하거나 무화無化시키거나 피할 수는 없다. 어느 누구도 그 결과를 돌이킬 수 없다. 악한 생각과 악한 행위는 고통스러운 상태를 낳으며, 선한 생각과 선한 행위는 행복한 상태를 결정한다. 이와 같이 인간의 힘은 자신의 행위에 국한되고, 인간의 행복과 불행은 자신의 행위로 결정된다. 이러한 진리를 알면, 인생이 단순해지고 명료해지며 혼동의 여지가 없어진다. 굽은 길은 곧게 펴지고, 지혜의 높은 경지가 보이며, 악과 고통으로부터의 벗어나게 할 구원의 길을 깨닫게 되어 그 길을 걷게 될 것이다.

인생은 산수 문제의 계산에 비유될 수 있다. 올바른 해법의 핵심을 파악하지 못한 학생에게 산수 문제는 매우 어렵고 복잡한 것이지만, 일단 해법의 핵심을 파악하고 나면 그토록 복잡하게 여겨졌던 문제가 놀랍도록 단순해진다. 인생도 마찬가지다.

다음과 같은 사실을 충분히 실감한다면, 인생의 상대적인 단순성과 복잡성을 어느 정도 이해할 수 있다. 즉, 계산을 잘못하는 방법은 수십, 수백 가지에 달하지만, 올바르게 문제를 해결하는 방법은 오직 하나뿐이다. 그리고 학생이 올바른 방법을 발견할 때, 그는 그 방법이 옳다는 것을 안다. 그러면 혼란은 사라지고 그는 그 문제를 완전히 이해했음을 알게 된다.

그 학생이 잘못 계산해 놓고도 옳게 계산했다고 생각하는 경우도 있을 수 있지만, 그럴 때는 그에게 확신이 없다. 그는 여전히 난처함을 느낀다. 그리고 그가 진지하고 총기 있는 학생이라면 선생님이 잘못을 지적해 줄 때 자신의 오류를 알아볼 것이다. 인생도 마찬가지이다. 사람들은 무지 속에 살아가는 동안에도 자신이 옳게 살고 있다고 생각할 수 있지만, 의심, 혼란, 불행을 경험하고 있다면 그것은 올바른 길을 아직 찾지 못했다는 확실한 표시이다.

정확한 계산법을 이해하기도 전에 자신의 계산을 옳은 것으로 간주하고 넘어가려는 어리석고 부주의한 학생들이 있다. 그러나 선생님의 눈과 솜씨는 신속히 오류를 발견하고 드러낸다. 마찬가지로 인생에서도 결과에 대한 진실의 왜곡은 있을 수 없다. 위대한 법칙의 눈은 인간의 오류를 드러내고 만다. 2곱하기 5는 영원히 10이다. 인간의 무지와 어리석음, 망상을 동원하여 제아무리 노력해도 11이라는 결과를 가져올 수는 없다.

한 조각의 천을 표면적으로만 보면, 그것은 그저 천 조각에 지나지 않는다. 그러나 좀더 깊이 탐구하여 그것의 제작 과정을 조사하고 주의 깊게 면밀히 검토해 보면, 그것은 수많은 실의 결합으로 이루어져 있고 각각의 실들은 서로 의존해 있으면서도 결코 다른 실과 뒤섞이는 일 없이 제 갈 길을 따라 가고 있음을 알게 된다. 완성된 하나의 천 조각을 이루는 것은 각각의 실들 사이에 존재하는 이러한 철저한 질서와 조화이다. 이러한 조화가 없는 단순한 실의 혼합은 한 다발의 폐물이나 쓸모 없는 넝마 조각에 지나지 않는다.

인생은 한 조각의 천과 같고, 각 개인의 삶은 그 천을 구성하는 여러 실과 같다. 그 실들은 서로 의존해 있으면서도 서로 뒤섞이지 않는다. 각각의 실은 자신의 길을 간다. 각 개인은 다른 이의 행위가 아닌 자기 행위의 결과만을 즐기고 괴로워한다. 각 개인의 인생 행로는 단순하고 한정되어 있지만 그것들이 모인 전체적 삶은 복잡하면서도 조화로운, 결과들의 결합을 형성한다. 작용과 반작용, 행위와 결과, 원인과 결과는 힘의 균형을 이루며, 반작용과 결과는 항상 처음의 추진력에 정확히 비례한다.

값싼 재생 털실로는 튼튼하고 질 좋은 옷감을 만들 수 없듯이, 이기적인 생각과 나쁜 행위의 실을 가지고는 유익하고 아름다운 인생의 옷(잘 입을 수 있고 엄밀한 검사에도 합격할 수 있는)을 만들 수 없다.

각자의 인생은 본인 자신이 창조하거나 망치는 것이지, 이웃이나 어떤 외부 환경에 의해 운명이 좌우되는 것은 아니다. 각자가 행하는 하나의 생각, 하나의 행동은 인생이라는 옷 속에 짜여 들어가는 또 하나의 실(가짜 실이든 진짜 실이든)이다. 그리고 각자는 자신이 만든 옷을 입어야 한다. 이웃의 행동에 대해서는 책임이 없다. 각자는 자신의 행위에만 책임이 있다. 모든 인간은 자기 행위의 관리자이다.

'악의 문제'는 인간 자신의 악한 행위 속에 있다. 그 문제는 악한 행위가 정화되었을 때 해결된다. 루소는 이렇게 말했다. "더 이상 악의 근원을 찾아 헤매지 마라. 바로 당신 자신이 악의 근원이니."

결과는 원인으로부터 결코 분리될 수 없다. 원인과 결과는 본질적으로 같다. 에머슨은 이렇게 말했다. "정의는 뒤로 미루어지지 않는다. 완벽하게 공정한 정의가 삶의 모든 부분에서 균형을 조절한다."

그리고 원인과 결과가 동시에 발생하고, 하나의 완전한 전체를 이룬다는 사실에는 깊은 의미가 담겨 있다. 잔혹한 생각을 하거나 잔혹한 행동을 저지르는 사람은, 그 즉시 자기 자신의 마음에 상처를 입힌다. 그는 더 이상 이전 순간의 그가 아니다. 그는 조금 더 타락해 있고, 조금 더 불행하다. 그런 생각과 행동을 오랫동안 계속하면 잔혹하고 불행한 인간이 된다.

그 반대의 경우에도 똑같은 원리가 적용된다. 친절한 생각과 친절한 행동을 하는 사람은, 그 즉시 마음이 좀더 고귀해지고 행복해진다. 그는 이전보다 좀더 나은 인간이다. 그런 행위를 오랫동안 계속하면 위대하고 행복한 영혼이 된다.

이와 같이 각 개인의 행위는 완전무결한 인과의 법칙에 의해 각자의 장점과 단점, 행복과 불행을 결정한다. 인간의 행동은 생각의 결과이며, 인간의 행복이나 불행은 행동의 결과이다. 만약 당신이 어찌할 바를 모르고, 불행하며, 불안하거나 비참하다면 당신 자신을 돌아보라. 모든 괴로움의 근원은 바로 당신 자신에게 있기 때문이다.

의지의 수양

정신력이 강하지 않으면, 가치 있는 일을 이룰 수 없다. 흔히 '의지력'이라고 부르는 확고하고 안정된 성격을 수양하는 일은 인간의 중요한 의무 중 하나이다. 의지력을 갖추는 것은, 인간이 현세의 행복과 영원한 행복을 누리는 데 본질적으로 꼭 필요하기 때문이다. 세속적인 일에 있어서나 정신적인 일에 있어서나, 확고한 목표는 모든 성공적인 노력의 기초가 된다. 확고한 목표가 없는 인간은 비참하게 살 수 밖에 없으며, 자기 내부에서 찾아야 할 삶의 토대를 다른 이에게 의지할 수밖에 없다.

의지력에 관한 '신비스러운 비결'을 비싸게 팔기 위해 선전하는 사람들이 의지의 수양이라는 주제를 신비스러운 분위기로 포장하는 것에 현혹되어서는 안 된다. 의지력을 실제로 계발할 수 있는 방법만큼 신비나 비결과 거리가 먼 것은 없기 때문이다.

진정한 의지 수양의 길은 각 개인의 평범한 일상 생활에서만 찾을 수 있다. 그 길은 너무 명백하고 단순해서, 복잡하고 신비한 것을 찾는 대다수의 사람들은 알아보지 못하고 그냥 지나치기 십상이다.

조금만 논리적으로 생각해 보라. 약하면서 동시에 강할 수는 없다. 인간이 나약한 방종의 노예로 남아 있는 한 강한 의지를 키울 수는 없다. 따라서 인간이 보다 강한 힘을 갖추는 유일한 직접적 방법은 자신의 약점들을 공격하여 이기는 것이다. 의지를 수양하기 위한 모든 수단은 이미 각자의 정신과 삶 속에 가까이 있다. 즉, 자기 성격의 약점들을 공격하고 극복함으로써 꼭 필요한 의지력을 계발할 수 있다.

위에서 말한 간단한 예비적 진실을 이해한 사람은, 의지 수양의 전 과정이 다음의 일곱 규칙 속에 구체적으로 표현되어 있다는 것도 이해할 것이다.

1. 나쁜 습관을 버려라.
2. 좋은 습관을 형성하라.
3. 지금 이 순간의 의무에 성실하게 주의를 기울여라.
4. 해야 하는 일은 무엇이든 열의를 가지고 즉시 행하라.
5. 규칙에 따라 살아라.
6. 신중하게 말하라.
7. 정신을 제어하라.

이 규칙들을 진지하게 숙고하고 부지런히 실천하는 자는 의도의 순수성과 의지력을 키우는 데 실패하지 않을 것이며, 그 결과 원만하게 곤경에 대처하고 성공적으로 위기를 넘기는 남다른 능력을 지니게 될 것이다.

첫 번째 단계는 나쁜 습관을 버리는 것이다. 이건 쉬운 일이 아니다. 나쁜 습관을 버리는 것은 엄청난 노력 또는 꾸준한 노력을 필요로 하며, 활기차고 강한 의지력을 가지려면 그런 노력을 기울여야만 한다.

이 첫 번째 단계를 수행하지 않으려는 자는 절대로 의지력을 향상시킬 수 없다. 나쁜 습관이 제공하는 즉각적인 즐거움에 빠져 그것에 굴복하는 사람은 자기 자신을 다스릴 권리를 잃고, 무기력한 노예 상태로 전락하기 때문이다. 이렇게 자기 수양의 과정을 회피한 채, 힘들이지 않고 의지력을 얻기 위해 '신비스러운 비결'을 찾는 사람은 스스로를 속이고 있으며, 자신이 이미 가지고 있는 의지력마저 약화시키고 있다.

나쁜 습관을 극복함으로써 향상된 의지력은 좋은 습관을 시작할 수 있게 한다. 나쁜 습관을 끊는 데는 강력한 목표가 필요하지만, 새로운 습관을 형성하기 위해서는 목표의 방향을 지혜롭게 설정할 필요가 있기 때문이다. 그렇게 하기 위해서는, 정신적으로 민첩하고 원기 왕성해야 하며 자기 자신을 끊임없이 주시해야 한다.

두 번째 규칙을 완벽하게 따르는 데 성공했다면, 매순간의 의무에 철저한 주의를 기울이라는 세 번째 규칙을 그다지 어렵지 않게 준수할 수 있을 것이다. 철저함은 의지를 수양하는 과정에서 빠뜨릴 수 없는 단계이다. 되는 대로 아무렇게나 일하는 것은 나약함의 표시이다. 아주 사소한 일에도 완벽을 기해야 한다. 정신을 분산시키지 말고 매순간 주어지는 일에 최선을 다해 주의를 기울여라. 그러면 단일한 목표 의식과 강력한 집중력을 점차 얻게 된다. 이 두 가지 힘은 인격의 가치와 중후함을 높여 주고, 기쁨과 안식을 가져온다.

해야 하는 일이라면 열의를 가지고 즉시 행하라는 네 번째 규칙 역시 중요한 것이다. 게으름과 강한 의지는 공존할 수 없다. 꾸물거리고 주저하는 것은 과단성 있는 행동을 하는 데 있어 전적으로 걸림돌이 된다. 1분 1초라도 꾸물거리거나 미루지 말라. 지금 해야 하는 일은 지금 해야만 한다. 이것은 사소한 일 같지만, 그 효과가 삶 전체에 미치는 아주 중요한 일이다. 이 규칙을 지키는 사람은 힘과 성공, 평화를 얻을 것이다.

세련된 의지를 갖추려는 사람은 확고한 규칙에 따라 살아야 한다. 그는 격정과 충동에 맹종하지 말고 원칙에 따라 살아야 한다. 무엇을 먹고, 마시고, 입을 것인지, 무엇을 먹지 않고, 마시지 않고, 입지 않을 것인지 결정해야 한다. 하루에 몇 번 식사를 할 것인지, 언제 먹을 것인지, 언제 잠자리에 들고, 언제 일어날 것인지 결정해야 한다.

생활의 모든 영역에서 자신의 행동을 올바르게 지배할 규칙을 정하고, 한번 정해진 규칙은 엄정하게 지켜야 한다. 욕망과 기분에 따라 먹고 마시고 육욕에 빠져, 되는 대로 무분별하게 생활하는 것은 의지와 이성을 지닌 인간의 삶이라 볼 수 없다. 그런 생활은 동물의 삶과 다를 바 없는 것이다.

인간은 자기 안에 있는 동물성을 따끔하게 질책하고 징벌하여 이성에 복종시켜야 하며, 그렇게 하려면 확고한 규칙에 따라 바르게 행동하여 정신과 생활을 수양해야만 한다. 성자는 자신의 맹세를 굳건히 지킴으로써 신성한 경지에 도달하며, 선하고 확고한 규칙에 따라 살아가는 사람은 목적한 바를 달성할 수 있는 강한 정신력을 갖게 된다.

여섯 번째 규칙은 신중하게 말하라는 것이다. 짜증, 분노, 흥분에서 나온 말이나 악의를 품은 말은 절대 하지 않을 만큼 자신의 말을 완벽하게 제어할 수 있을 때까지 이 규칙을 실천해야 한다. 의지가 강한 사람은 경솔하게 무심코 말하는 경우가 없다.

이러한 여섯 가지 규칙을 모두 정확하게 실천하면, 모든 규칙 중에서 가장 중요한 일곱 번째 규칙으로 넘어가게 된다. 일곱 번째 규칙은 정신을 올바르게 제어하는 것이다. 우리 인생에서 자제력을 키우는 것만큼 중요한 것은 없는데, 그 중요성을 이해하는 사람은 극히 드물다. 그러나 여기서 제시한 일곱 규칙을 자신의 모든 일과 행동 방식에 적용하고 꾸준히 실천하는 사람은 정신을 제어하고 수양하는 방법을 스스로의 경험과 노력으로 터득하게 될 것이다. 또한, 그로 인해 인격이라는 최고의 왕관(완벽하게 균형 잡힌 의지라는 왕관)을 차지하는 방법을 깨닫게 될 것이다.

철저한 사람은 아주 사소한 일도 세상에서 가장 중요한 일인 것처럼 공들여 수행한다. 그러나 대부분의 사람들은 삶 속의 사소한 일들이 차지하는 근본적인 중요성을 간과한다. 그래서 사소하고 자질구레한 일들은 무시하거나 제쳐 놓거나 대충 처리해도 괜찮다고 생각한다. 이렇게 생각하는 사람은 철저한 성격을 갖출 수가 없으며, 그 결과 불완전하게 일을 수행하고 불행한 인생을 살게 된다.

인생사와 세상사의 모든 중요한 일들은 사소하고 작은 일들이 모여서 이루어지는 것이다. 작은 일들이 모이지 않는다면 중요한 일은 존재할 수도 없다. 그런 사실을 이해한다면 이전에는 중요하지 않다고 생각한 일들에도 세심한 주의를 기울이게 될 것이다. 작은 일도 주의 깊게 수행하는 사람은 철저한 성격을 갖추게 되고, 유능하며 영향력 있는 인간이 된다. 철저함이라는 이 자질 하나의 유무에 따라 평화롭고 강인한 인생을 사는가, 비참하고 나약한 인생으로 전락하는가가 결정된다.

노동자를 고용해 본 사람이라면 이러한 자질이 상대적으로 얼마나 드문지 알 것이다. 자신의 모든 생각과 에너지를 쏟아부어 완벽하고 만족스럽게 일을 수행하는 사람을 찾기란 하늘의 별따기이다. 게으르고 일의 숙련도도 형편 없는 사람은 넘쳐나고, 부지런하고 우수한 기술을 갖춘 사람은 너무나 적다.

경솔함과 부주의, 그리고 게으름은 우리에게 익숙한 일반적인 악덕이다. '사회 개혁'에도 불구하고 계속해서 실업자 계층이 늘어나는 것도 바로 그 때문이다. 현재 자신의 일을 게을리하는 사람은 훗날 아주 곤궁한 시기가 닥쳤을 때 일자리를 찾고 부탁해도 아무 소용이 없을 것이다.

'적자 생존'의 법칙은 잔인한 약육강식에 근거를 둔 것이 아니라, 정의에 근거를 두고 있다. 그것은 자연 전체를 다스리는 신성하고 공평한 법칙의 한 측면이다. 악덕은 "무수한 채찍질을 당한다." 그렇지 않고서야 어떻게 미덕이 발전할 수 있겠는가? 경솔하고 게으른 자는 생각이 깊고 근면한 자를 앞서나갈 수 없으며, 동등한 위치에 설 수도 없다.

내 친구 하나는 이런 말을 했다. 언젠가 그의 아버지가 자식들을 불러놓고 이런 충고를 하셨다고 한다. "너희들이 장래에 어떤 일을 하게 되든, 온 정신을 기울여 철저하게 해 내도록 해라. 그러면 절로 행복이 다가올 것이다. 세상은 항상 철두철미하게 일하는 사람을 필요로 하지만 대부분의 사람들은 부주의하고 게으르기 때문이다."

내가 아는 몇몇 고용주들은 고도의 기술보다는 주로 깊은 생각과 열의, 세심한 주의가 요구되는 분야에서 유능한 기량을 펼칠 사람을 구하려고 수년 동안 노력했지만 거의 실패하고 말았다. 그들은 고용했던 사람들을 태만, 게으름, 무능함, 지속적인 직무 유기 등의 사유 때문에 차례로 해고하고 말았다. 이런 사정에도 불구하고, 거대한 실업자 집단은 법과 사회, 신을 향해 계속해서 불만의 목소리를 내고 있다.

대부분의 사람들이 철저하게 일하지 못하는 이유는 먼 데 있는 것이 아니다. 무엇보다 그것은 쾌락에 대한 갈망 때문이다. 쾌락에 대한 갈망은 인간으로 하여금 꾸준한 노력을 싫어하게 만들 뿐 아니라 최선을 다해 적절하게 의무를 완수할 수 없게 만든다.

나는 얼마 전에 어느 가난한 여인이 열심히 간청한 끝에 대우도 좋고 책임도 막중한 일자리를 차지하는 것을 보았다. 그러나 그녀는 취직한 지 채 며칠도 지나지 않아 '유람 여행'을 가고 싶다고 떠벌리기 시작했다. 그녀는 결국 한 달도 채우지 못하고 태만과 무능력이라는 사유로 해고당하고 말았다.

두 가지 물체가 동시에 동일한 공간을 차지할 수는 없다. 마찬가지로 쾌락에 몰입해 있는 정신은 의무를 수행하는 데 완벽하게 집중할 수 없다. 쾌락을 즐겨도 좋은 장소와 시간은 따로 있다. 하지만 의무에 바쳐져야 하는 시간만큼은 쾌락에 관한 생각에 한눈을 팔아서는 안 된다. 직장에서 근무하는 동안에도 쾌락에 대한 생각을 습관적으로 하는 사람은 일을 망칠 수밖에 없을 뿐만 아니라, 자신의 쾌락이 위태로워 보이는 상황에서도 일을 태만히 한다.

자신의 일에 심혈을 기울여라

철저함이란 완전함, 완벽함을 말한다. 그것은 어떤 일을 할 때 더 이상의
뒤처리가 필요 없을 만큼 잘 하는 것을 말한다. 이것은 자신의 일을, 다른
사람이 할 수 있는 것보다 더 잘하지는 못하더라도 다른 사람이 최선을 다
하는 정도만큼은 하는 것을 뜻한다. 그러기 위해서는 많이 생각하고, 대단
한 열의를 기울이고, 자신의 일에 끈기 있게 집중하고, 참을성과 인내를 기
르고, 의무감을 깊이 느껴야 한다.

고대의 한 스승은 이렇게 말했다. "해야 할 일이 있다면, 그 일을 하라.
힘차게 그 일에 달려들어라." 또 다른 스승은 이렇게 말했다. "너의 손이 무
엇이든 할 일을 찾았다면, 전력을 다해 그 일을 하라."

세속적인 의무를 철저하게 수행하지 못하는 자는 종교적인 의무도 철저
하게 수행하지 못할 것이다. 그는 자신의 인격을 도야하지 않을 것이며, 무
기력하게 수동적으로 신앙 생활을 할 것이고, 선하고 유용한 목표를 세운
다 해도 그것을 이루지 못할 것이다. 세속적인 쾌락과 종교적인 행복 둘 다
에 관심을 가지면서, 자기가 양쪽의 장점을 모두 취할 수 있다고 생각하는
사람은 쾌락도 제대로 추구하지 못하고 종교 생활도 망칠 것이다. 뜨뜻미
지근한 종교인이 되느니 차라리 진지한 속물이 되는 편이 낫다. 고차원적
인 일에 약간의 신경을 쓰느니 저차원적인 일에 온 정신을 쏟는 편이 낫다.

좋은 방향으로 어설프고 무능하게 나아가는 것보다는 차라리 나쁘거나
이기적인 방향으로 철저하게 나아가는 쪽이 더 바람직하다. 왜냐하면, 철
저함은 성격 발달과 지혜의 획득을 촉진하는 지름길이기 때문이다. 철저함
은 인간의 발전을 가속화시키고 잠재 능력을 이끌어 낸다. 철저함은 나쁜
사람이 좀더 나은 사람이 되도록 이끌며, 좋은 사람이 보다 높은 차원의 유
능함과 힘을 향해 항상 나아가도록 자극한다.

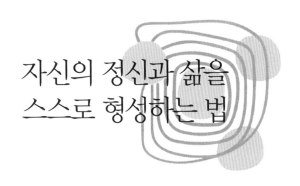

자신의 정신과 삶을
스스로 형성하는 법

　　　　　　　자연계와 인간사의 모든 것은 체계적인 건축
과정을 통해 생겨난다. 암석은 원자로 구성되어 있고, 식물과 동물, 사람은
세포로 이루어져 있고, 집은 벽돌로 책은 글자로 이루어져 있다. 세상은 수
많은 형태의 사물과 생명체로 구성돼 있고, 도시는 수많은 집들로 이루어
져 있다. 한 나라의 예술, 과학, 제도는 수많은 개인들의 노력으로 이룩된
다. 한 나라의 역사는 그 나라의 모든 행위와 업적으로 이루어진다.

　모든 구성 과정은 필연적으로 해체의 과정을 수반한다. 지금까지의 목적
에 적합했던 오래된 형태는 해체되고, 그것을 구성하고 있던 요소들은 새
로운 결합 상태를 이룬다. 통합과 분해가 교대로 이루어지는 것이다. 세포
로 합성된 모든 몸에서는, 낡은 세포가 끊임없이 해체되고 있으며 새로운
세포가 형성되어 그 자리를 대신한다.

　인간이 만든 모든 구조물도, 그것이 낡고 쓸모 없어져 보다 나은 목적을
위해 해체될 때까지는 끊임없이 새로워질 필요가 있다. 해체와 구성이라는
이 두 가지 과정이 자연계에서 일어나는 경우에 우리는 그것을 죽음과 삶
이라고 부른다. 또 인간이 만든 인위적인 구조물의 경우에는, 그 과정을 파

운명의 지배 ·

괴와 복구라고 부른다.

눈에 보이는 모든 사물과 생명체 내에서 보편적으로 일어나는 이 두 가지 과정은 눈에 보이지 않는 것들 속에서도 보편적으로 일어난다. 인간의 몸이 세포로 이루어지고 집이 벽돌로 만들어지는 것처럼, 인간의 정신도 생각으로 구성된다. 사람들의 성격이 가지각색인 것은 각자의 성격이 서로 다른 방식으로 결합된 다양한 생각들의 복합체이기 때문이다. 여기서 우리는 "마음 가는 대로 삶도 만들어진다"라는 말의 깊은 뜻을 알 수 있다.

각 개인의 특성은 그들 각자의 고정된 사고 방식이기도 하다. 여기서 고정되었다는 말의 의미는, 그 사고 방식이 오직 지속적인 노력과 대단한 자기 훈련을 통해서만 변경되거나 제거될 수 있을 정도로 성격의 완전한 일부가 되어 있다는 뜻이다.

성격이 이루어지는 방식은 집을 짓는 과정이나 나무가 자라는 과정과 비슷하다. 즉, 성격은 새로운 재료가 계속 더해짐으로써 만들어지는데, 그 재료는 바로 생각이다. 엄청나게 많은 벽돌로 도시가 이루어지듯, 수많은 생각으로 정신과 성격이 구성된다. "로마는 하루 아침에 이루어지지 않았다." 또한 부처나 플라톤, 셰익스피어와 같은 사람이 되는 것은 일생의 노력만으로 이루어지지 않는다.

의식하든 의식하지 못하든, 모든 사람은 자신의 정신을 만들고 있다. 모든 사람은 필연적으로 생각을 하며 살아가는데, 생각을 할 때마다 자신의 정신이라는 건축물에 또 하나의 벽돌을 쌓아올리고 있는 것이다. 많은 사람들이 이러한 '벽돌쌓기'를 부주의하게 대충 하고 있다. 그 결과 약간의 걱정거리나 유혹만으로도 쉽게 무너질 수 있는 불안정하고 동요하는 성격이 되고 만다.

또, 어떤 이들은 자신의 정신이라는 건물에 수많은 불순한 생각을 집어넣는다. 불순한 생각은 놓이자마자 부스러지는 썩은 벽돌과 같다. 불순한 생각을 하며 살아가는 것은 부실한 벽돌로 보기 흉한 미완성의 건물을 만드는 것과 같아서, 그런 건물의 소유주는 불편과 불안을 감수할 수밖에 없다.

정신을 쇠약하게 하는 자신의 건강에 대한 염려, 기운을 빼앗는 비도덕적인 쾌락에 관한 생각, 결단력을 없애는 실패에 대한 생각, 자기 연민과 자화자찬에 관한 병든 생각이 바로 부실한 벽돌이며, 이러한 벽돌로는 견고한 '정신의 신전'을 세울 수가 없다.

순수한 생각이란 절대 부스러지지 않는 견고한 벽돌과 같다. 이러한 벽돌만을 선택해서 잘 배열한다면, 편안한 안식처가 될 아름다운 건물을 신속히 세울 수 있다. 힘, 확신, 의무에 대한 씩씩한 생각, 자유롭고 넓고 구속 받지 않는 이타적인 삶에 대한 가슴 설레는 생각은 튼튼하고 유용한 벽돌이다. 견고한 정신의 신전은 이런 벽돌로만 세워질 수 있다. 그리고 그런 신전을 건축하려면 낡고 쓸모 없는 사고 방식을 반드시 해체하고 파괴할 필요가 있다.

좀더 위풍당당한 저택을 지어라, 나의 영혼이여! 인생의 계절은 순식간에 지나가 버린다.

모든 개인은 자기 자신을 만드는 사람이다. 날림 공사로 지은 정신의 오두막집에 살면서 근심의 빗물이 들이치고 살을 에는 듯한 실망의 바람이 자주 몰아쳐 고생하고 있는가. 그렇다면 그러한 정신적 요소들을 더 잘 막아 줄 보다 훌륭하고 웅장한 저택을 짓도록 하라. 날림 공사의 책임을 악마나 조상, 또는 어떤 사람이나 사건에 전가하지 말라. 그것은 오로지 당신 책임이다. 나약하게 다른 사람의 핑계를 대는 것은 자신에게 위로도 되지 않고, 좀더 좋은 집을 짓는 데도 도움이 되지 않는다.

당신의 책임과 능력을 객관적으로 정확하게 인식하게 된다면, 당신은 성실한 일꾼으로서 공사를 시작할 것이며, 그리하여 견고하게 지속되는 인격, 또한 후대에까지 길이 남을 조화롭고 완성된 인격을 갖추게 될 것이다. 그러한 인격은 당신 자신에게 견고한 성이 되어 줄 것이며, 당신이 세상에서 사라진 뒤에도 분투하며 노력하는 많은 이들에게 귀감이 될 것이다.

물리적인 우주 전체는 몇 가지 수학적 원리의 틀로 짜여져 있다. 인간이 과학 기술로 이룩한 모든 훌륭한 업적은 이 몇 가지 기초적인 원리를 엄격히 준수함으로써 이루어진 것들이다. 행복하고, 아름답고 성공적인 삶을 살기 위해서는 몇 가지 단순한 근본 원리를 알고 적용할 필요가 있다.

거센 풍파도 이겨 낼 수 있는 건물을 지으려면, 정사각형이나 원형과 같은 간단한 수학적 원리를 근거로 해서 건축해야 한다. 만약 이것을 무시하면 건물이 다 완성되기도 전에 무너질 것이다.

마찬가지로 어떤 이가 힘차고 성공적이고 모범적인 삶, 역경과 유혹의 거센 폭풍도 결연히 견뎌 낼 수 있는 삶을 살기 위해서는, 정도에서 벗어나는 법이 없는 몇 가지 단순한 도덕적 원리 위에 삶을 재구성해야 한다.

그것은 바로 정의, 공정, 성실, 친절이라는 네 가지 원리이다. 정사각형의 직선 네개가 집을 짓는 기본이 되는 것처럼, 이 네 가지 윤리적 원리는 삶을 지탱하는 기본적 토대가 된다. 만약 그것들을 무시하고 부정과 속임수, 이기심으로써 성공과 행복, 평화를 얻으려고 생각하는 사람이 있다면, 그는 선을 수학적인 비례에 맞게 배치해야 하는 원칙을 무시한 채 내구성 있는 견고한 건물을 지으려 하는 건축가와 다를 바가 없다. 그런 사람은 결국 실망과 실패만 겪게 될 것이다.

일시적으로는 그런 사람이 돈을 벌 가능성도 있다. 그럴 경우 그는 부정과 속임수가 효과가 있다는 잘못된 믿음에 빠질 것이다. 그러나 실제로 그의 삶은 너무 나약하고 불안정해서 어느 순간에도 쉽게 무너질 수 있다. 그래서 언젠가는 오기 마련인 위기의 순간이 닥치면, 그가 쌓아올린 일과 명성, 재산은 허무하게 무너져 버리고, 그는 비참한 신세로 전락하고 만다.

위에서 말한 네 가지 도덕 원리를 무시하는 사람이 진정으로 행복하고 성공적인 인생을 이루는 것은 절대 불가능하다. 반면, 매사에 그 원리들을 성실하게 지키는 사람은 인생의 성공과 행복을 이루지 않을 수가 없다. 그것은 마치 지구가 공전의 궤도에서 이탈하지 않는 한 태양의 빛과 열을 계속 받을 수밖에 없는 것과 같다. 우주의 근본 법칙과 조화를 이루어 일하는 사람은, 바뀌거나 파괴될 수 없는 확고한 기초 위에 자신의 삶을 쌓아올리고 있다. 그러므로 그가 하는 모든 일은 견실하고 튼튼하며, 그의 삶의 모든 요소들은 서로 긴밀하고 조화롭게 결합되고 확고하게 짜여져 절대로 몰락하는 일이 없을 것이다.

위대한 신의 절대적 능력으로 만들어진 이 우주는 가장 미세한 부분에서도 놀랄 만큼 정확하게 수학적 법칙이 준수되고 있다. 현미경으로 들여다보면, 극히 작은 물질도 엄청나게 커다란 물질과 마찬가지로 완전한 구조를 갖추고 있다.

하다못해 눈송이조차도 별처럼 완전한 모습을 갖추고 있다. 인간의 세계도 그와 다를 바가 없다. 건물을 세우려면 모든 사소한 부분까지 극히 세심한 주의를 기울여야 한다.

제일 먼저 기초를 쌓아야 한다. 건물의 기초는 땅에 묻혀 보이지 않는 부분이지만 가장 세심한 주의를 거기에 기울여야 하며, 건물의 다른 어떤 부분보다 튼튼하게 만들어야 한다. 그런 다음, 연직선을 이용하여 돌 위에 돌을, 벽돌 위에 벽돌을 조심스럽게 쌓고 나면, 견고하고 튼튼하며 아름답게 완성된 건물이 모습을 드러내게 된다.

사람의 삶도 이와 마찬가지이다. 안전하고 축복 받은 인생, 많은 이들에게 닥치는 불행과 좌절이 없는 인생을 누리려는 사람은 삶의 모든 사소한 부분까지, 한 순간의 의무와 사소한 일처리까지 도덕 원리에 입각하여 실천해야 한다. 아무리 작은 일도 소홀히 넘기는 일 없이, 매사에 철저하고 성실히 임해야 한다.

어떤 작은 부분을 무시하거나 오용하는 것은 (그가 상인이든, 농부든, 전문가든, 장인이든 간에) 건물을 지을 때 돌 하나, 벽돌 하나를 소홀히 다루어 결국 건물을 부실하게 만드는 것과 같다. 실패를 한탄하는 사람들의 대부분은 외견상 대수롭지 않은 부분을 무시한 결과로 그렇게 된 것이다.

사소한 부분은 넘어가도 되고, 크게 부각되는 부분이 더 중요하므로 거기에 온 정신을 기울여야 된다는 생각은 흔히들 저지르게 되는 오류이다. 그러나 세상을 한번 둘러보고, 인생에 대해 조금만 진지하게 고찰해 보라. 어떤 위대한 업적도 작고 사소한 부분이 모여서 이루어지지 않은 것은 없으며, 세부적인 부분도 그 안에 나름대로 완벽한 구조를 갖추고 있다는 교훈을 얻게 될 것이다.

앞의 네 가지 도덕 원리를 인생의 규범과 기초로 삼아, 그 토대 위에 인격을 도야하는 사람, 생각과 말과 행위가 도덕 원리에서 벗어나지 않는 사람, 모든 의무와 모든 일처리를 도덕 원리의 요구에 정확히 순응하여 수행하는 사람, 그런 사람은 성실한 마음이라는 숨겨진 기초를 안전하고 견고하게 쌓았으므로, 자신에게 명예를 가져다 줄 훌륭한 건물을 반드시 세우고 만다. 그는 평화와 행복 속에 쉴 수 있는 인격의 신전神殿을 건축하고 있다. 튼튼하고 아름다운 인생의 신전까지도.

집중력 수련

정신을 하나의 중심에 모으고 그대로 유지하는 것, 즉 집중력은 어떤 일을 이루는 데 가장 필요한 요소이다. 집중력은 철저함의 아버지이며, 우수함의 어머니이다. 정신의 한 능력으로서, 집중력은 그 자체가 목적은 아니며 단지 모든 정신 능력과 모든 일에 도움이 되는 수단이다. 그 자체가 목적은 아니지만, 집중력은 모든 목적의 성취에 이바지하는 유용한 능력이다. 기계에서 증기의 역할과 마찬가지로, 집중력은 정신의 활동과 삶의 기능에 원동력이 된다.

완벽한 집중력을 가진 사람은 드물지만, 누구나 집중력을 가지고 있다. 완벽하게 균형 잡힌 의지와 폭넓은 이해력을 가진 사람은 드물어도, 누구나 의지와 이성을 가지고 있는 것처럼 말이다. 현대의 신비주의 작가들 일부가 집중력에 관하여 쓴 신비스러운 이야기들은 전혀 불필요한 것들이다. 어느 분야에서 성공했든지 간에, 모든 성공한 사람들은 비록 그들이 연구 대상으로서의 집중력에 대해서는 아는 바가 전혀 없을지라도, 정신 집중을 실천해 온 사람들이다. 책이나 일에 깊이 몰두할 때마다, 또는 기도에 열중하거나 의무를 부지런히 이행할 때마다, 정도의 차이는 있지만 집중력이 실제로 이용되고 있다.

집중력에 관한 가르침을 담은 수많은 책들은 집중력의 실천과 획득 그 자체를 목적으로 하고 있다. 그러나 이보다 더 확실하고 빠른 파멸의 길은 없다. 집중력을 기르겠다는 의도로 코끝이나 문 손잡이, 그림, 신비스런 상징, 성인의 초상화 등에 시선을 고정시키는 행동, 또는 배꼽이나 송과선(간뇌의 윗면에 있는 기관), 빈 공간에 임의로 찍은 점 하나에 정신을 집중하는 것은 음식을 먹지도 않으면서 단순히 턱을 움직이는 행위만으로 몸에 영양분을 주려는 행동이나 마찬가지이다. 이러한 방법은 집중력의 향상이라는 목적을 오히려 방해한다. 그런 식으로 연습하면 집중력이 길러지기는커녕 정신이 산만해지고, 힘과 지혜가 향상되기는커녕 오히려 나약하고 우둔해진다. 내가 만나 본 사람들 중에는 이러한 방법대로 연습하다가 처음에 가지고 있던 집중력까지 낭비하고서 나약하고 방황하는 정신 상태가 되어 버린 경우도 있다.

집중력은 무언가를 하는 데 도움이 되는 수단일 뿐이지 그 자체로 무언가를 할 수는 없다. 사다리는 그 자체로는 아무런 가치도 없으며, 우리가 그것의 도움으로 더 높은 곳에 닿을 수 있을 때만 비로소 가치가 있는 것이다. 마찬가지로, 집중력은 우리가 그것 없이는 성취할 수 없는 것을 쉽게 이룰 수 있도록 우리의 정신을 도와 주는 수단이다. 하지만 집중력 그 자체는 특별한 가치가 없으며, 어떤 실제적인 성취가 아니다.

집중력은 의무 이행과 따로 떼어 생각할 수 없을 만큼 생활 습관과 밀접히 서로 얽혀 있다. 자신의 일, 자신의 의무와 아무 상관 없이 집중력을 획득하려는 사람은 집중력을 얻지 못할 뿐만 아니라, 정신적인 자제력과 수행 능력이 늘어나기는커녕 점점 줄어들 것이며, 따라서 자신의 일에서 성공하기에 점점 더 부적합한 사람이 되어 갈 것이다.

현실 생활과 아무런 실제적 관계도 없는 수련법에 의지하지 않고도 집중력을 수련할 수 있는 모든 방법이 일상의 일 (그 일이 신학적인 지식을 습득하는 것이든 바닥을 청소하는 것이든) 가운데 있다. 해야 할 일에 잘 제어된 정신을 기울이는 것이 바로 집중력이기 때문이다. 그것 외에 다른 무엇이 집중력이란 말인가?

목적 없이 서두르거나 부주의하게 일을 하면서도, 어떤 신비스런 정신력(그러나 정신력이란 아주 평범하고 현실적인 자질이다)을 얻을 생각으로 문 손잡이나 그림 또는 코끝에 정신을 모으는 등의 인위적인 집중력 수련법에 의지하는 사람은, 부지중에 정신 착란에 빠질 수도 있지만 (나는 이런 수련법으로 인해 정신이 이상해진 사람을 본 적이 있다) 정신적인 안정과 끈기는 증대되지 않을 것이다.

집중력의 가장 큰 적(따라서 모든 기능과 힘의 가장 큰 적)은 동요하고 방황하는 규율 없는 정신이다. 집중력을 얻으려면 이것을 극복해야 한다. 뿔뿔이 흩어져 있고 지휘 체계가 명확하지 않은 군대는 쓸모가 없을 것이다. 그 군대가 능률적으로 움직이고 신속하게 승리를 얻는 강한 군대로 거듭나려면, 일사불란한 위계 질서 아래 단결하고 현명한 지휘를 받아야 한다. 마찬가지로 산만하게 흩어진 생각들은 힘을 발휘하지 못하며 쓸모가 없다. 그러나 일정한 한 목표를 향해 정렬되고, 지휘되고, 관리되는 생각들은 무적의 힘을 발휘한다. 혼란, 의심과 어려움은 이렇게 잘 단결된 생각의 힘 앞에 무너지게 된다. 생각의 집중은 모든 성공과 승리의 주요 요인이다.

집중력을 얻는 비결은 다른 능력이나 기술을 습득하는 방법과 조금도 다르지 않다. 그 비결 역시 모든 발전의 기본 원리인 실천과 연습에 의해 지배되기 때문이다. 어떤 일을 할 수 있기 위해서는, 그 일을 하기 시작해야 하고 완전히 그것에 숙달할 때까지 계속 반복해야 한다.

이러한 원리는 모든 예술, 과학, 장사, 학습, 행위, 종교에 보편적으로 적용된다. 그림을 그릴 수 있으려면 우선 그림을 그려야 한다. 도구를 능숙하게 사용하는 법을 알려면, 그 도구를 사용해 봐야 한다. 지식인이 되려면 배워야 한다. 현명한 사람이 되려면 현명한 행위를 실천해야 한다. 훌륭한 집중력을 가지려면 정신을 집중해야 한다. 그러나 실천이 전부는 아니다. 열의와 지성을 가지고 실천해야 한다.

그렇다면, 당신이 매일 하는 일에 정신을 기울이고, 해야 할 일에 당신의 지성과 정신적 에너지를 모두 집중시키는 것이 집중력의 시작이다. 생각이 목적 없이 흘러가고 있음을 깨달을 때마다, 지금 하고 있는 일에 신속하게 주의를 되돌려야 한다. 이와 같이 당신의 정신을 하나로 모을 '중심'은 (송과선이나 빈 공간의 점이 아니라) 당신이 매일 하고 있는 일이다. 그리고 이렇게 정신을 집중하는 목적은, 당신이 숙련된 기술로 신속하고 원활하게 일할 수 있는 능력을 갖추는 것이어야 한다. 그런 수준으로 일할 수 있기 전까지는, 아직 당신은 자제력이 없고 집중력을 획득하지 못한 상태이기 때문이다.

자신의 생각과 에너지와 의지를 일상의 일에 이렇게 강력하게 집중시키는 것은 (얻을 가치가 있는 것은 무엇이나 어렵듯이) 처음에는 다소 어렵다. 하지만 매일매일 인내심을 가지고 꾸준히 노력하면, 자신이 맡은 모든 일에 강하고 통찰력 있는 정신을 집중시키고, 그 일의 모든 세부 사항을 재빨리 파악하고 정확하고 신속하게 처리할 수 있을 정도의 자제력을 곧 갖게 된다. 집중력이 커지면 새로운 일을 계획하는 능력이 그만큼 더 커지고, 세상에 대한 자신의 가치도 더 높아져, 보다 나은 기회를 불러들이고 좀더 수준 높은 임무를 맡게 된다. 그리하여 삶의 폭과 깊이가 계속 확장되는 기쁨을 경험하게 된다. 집중력 수련의 과정에는 다음과 같은 네 단계가 있다.

1. 주의
2. 숙고
3. 몰두
4. 고요 속의 활동

첫 단계는 산만한 생각을 멈추고, 집중의 대상인 현재의 당면 과제에 정신을 집중하는 것이다. 이것이 주의이다. 그 다음에는 일을 진행시키는 방법에 관하여 활발하게 생각하는 단계에 들어간다. 이것이 숙고이다. 계속해서 숙고를 하다 보면 정신을 산만하게 하는 외부 자극에 대해 감각의 문이 모두 닫히고, 오로지 현재 당면한 일에만 강하게 생각을 집중하는 정신 상태에 이른다. 이것이 몰두이다. 깊은 생각에 이렇게 집중해 있는 정신은 최소의 마찰로 최대의 일을 이루는 상태에 도달한다. 이것이 바로 고요 속의 활동이다.

주의는 모든 성공적인 일의 첫 단계이다. 주의력이 부족한 사람은 모든 일에 실패한다. 그런 사람은 게으르고, 경솔하고, 무관심하고, 무능한 사람이다. 주의의 단계에 이어 진지한 생각에 정신이 눈 뜨면 두 번째 단계에 도달한다. 일반적인 세상사에서 성공하는 데는 이 두 단계만으로도 충분하다.

다양한 분야에서 세상의 많은 일들을 수행하는 숙련되고 유능한 일꾼들 모두가, 정도의 차이는 있지만, 이 두 번째 단계까지 도달하며, 비교적 소수의 사람들만이 세 번째 단계인 몰두에 도달한다. 몰두의 단계에 이르면, 천재의 영역에 들어선 것이다.

처음 두 단계에서는, 일과 정신이 분리되어 있어서 어느 정도 힘들게 애를 써야만 일이 완성된다. 그러나 세 번째 단계에서는 일과 정신이 결합되고, 서로 용해되고 합일되어 그 둘은 하나가 된다. 그러면 더 적은 노력과 마찰로도 더 뛰어난 능률을 발휘할 수 있다.

처음 두 단계에서는 정신이 객관적인 관점에서 일하는 상태여서, 외부의 광경이나 소리 때문에 정신이 쉽게 산만해질 수 있다. 그러나 정신이 완벽한 몰두에 도달하면, 주관적인 일처리 방법이 이루어진다. 그 때는 생각하는 사람이 외부 세계에 무감각하지만, 그의 정신 작용은 훨씬 더 생생하게 활동한다.

누가 말을 걸어와도, 그는 듣지 못할 것이다. 좀더 강력한 자극을 주면, 그제야 꿈에서 깨어나는 사람처럼 외부로 정신을 돌릴 것이다. 실제로, 이런 식의 몰두는 일종의 백일몽과 같다. 그러나 몰두와 꿈이 비슷한 점은 둘 다 주관적인 상태라는 것뿐이다. 몰두의 상태에는 꿈의 혼돈 대신에 완벽한 질서, 예리한 통찰력, 폭넓은 이해력이 있다.

완벽한 몰두에 도달한 사람은 누구든지 자신이 정신을 집중하는 특정한 분야에서 천재성을 나타낸다. 발명가, 예술가, 시인, 과학자, 철학자 등 천재성을 갖춘 사람은 모두 '몰두형 인간'이다. 그들은 집중력의 두 번째 단계를 넘지 못하는 객관적인 일꾼들이 아무리 열심히 노력해도 이룰 수 없는 것을 주관적인 방법으로 쉽게 성취해 낸다.

네 번째 단계인 고요 속의 활동에 도달하면, 드디어 완전한 집중력을 지니게 된다. 나는 강렬한 활동이 침착함 혹은 평온함과 결합된 이 이중 상태를 충분히 잘 표현할 만한 단어를 찾지 못하겠다. 그래서 일단 '고요 속의 활동'이라는 용어를 사용하였다.

고요와 활동의 두 개념이 서로 모순되는 것처럼 보이지만, 회전하고 있는 팽이를 상상해 보면 이 역설을 쉽게 이해할 수 있을 것이다. 팽이가 최대 속도로 회전하면, 마찰은 최소한도로 감소해서, 팽이는 완전히 멈춘 듯한 상태를 연출한다. 이 광경은 어린 학생의 눈에 아주 아름답고 매혹적으로 보이며, 그는 자기 팽이가 "잠자고 있다"고 말하기도 한다. 그 팽이는 외관상 움직임이 없어 보이지만, 이는 비활성의 정지 상태가 아니라 완벽하게 균형 잡힌 강렬한 활동의 지속 상태이다.

완전한 집중력을 획득한 정신이 고요한 안정과 조용한 휴식의 상태에서, 최고 수준의 생산적인 일을 이루는 강렬한 사유 활동에 참여하고 있을 때도 그러하다. 외부적으로는 뚜렷한 활동도 없고 소란스러움도 없지만, 이 집중력을 획득한 사람의 얼굴은 평온함으로 다소 빛날 것이며, 그 정신이 활동적인 생각에 가장 강렬하게 참여할 때는 더욱 고상한 평온함으로 빛날 것이다.

집중력의 네 단계는 각각 특정한 힘을 갖고 있다. 첫 단계가 완성되면 유능함을 발휘하게 되고, 두 번째 단계가 완성되면 기술과 능력과 재능을, 세 번째 단계가 완성되면 독창성과 천재성을 발휘하게 된다. 한편 네 번째 단계가 완성되면 지배력과 힘을 갖게 되고 사람들의 지도자나 스승이 된다.

다른 모든 성장 과정과 마찬가지로, 집중력의 발달 과정에서도 다음 단계는 그 이전 단계들을 자체 속에 완전히 포함한다. 숙고 속에는 주의가 포함되어 있고, 몰두 속에는 주의와 숙고 둘 다 포함되어 있다. 그리고 마지막 단계에 도달한 사람은 숙고의 행위 속에서 네 단계를 모두 활동시킨다.

집중력을 완성한 사람은 언제라도 어떤 문제에 자신의 생각을 집중시킬 수 있고, 활발한 이해력의 강력한 빛으로 그 문제를 조사할 수 있다. 그는 어떤 것을 취할 때나 버릴 때나 똑같이 신중하게 대할 수 있다. 그는 자신의 사고 능력을 확고한 목적에 맞게 활용하는 법과 명확한 결과를 얻도록 그 능력을 다스리는 법을 터득한 것이다. 그는 혼돈스러운 생각 속에서 나약하게 방황하는 사람이 아니라 현명하게 일을 수행하는 사람이다.

신중함, 판단력, 진지함뿐만 아니라 결단력, 열의, 조심성도 집중의 습관으로 더 깊어진다. 그리하여 집중력의 계발에 수반되는 활발한 정신 훈련은, 세상일에서 발휘되는 점점 더 큰 유능함과 성공을 거쳐, '명상'이라 불리는 더 높은 형태의 집중력을 향해 나아간다. 바로 명상 가운데서 정신은 거룩한 경지에 눈을 뜨며 영적인 지식을 획득한다.

명상의 실천

열망이 집중력과 결합하면 그 결과가 바로 명상이다. 어떤 이가 단지 명예와 즐거움만을 추구하는 세속적 삶 이상의 보다 차원 높고, 더 순수하고, 더 빛나는 삶에 도달하려는 욕망이 간절할 때 그는 열망을 갖기 시작한 것이고, 그러한 삶을 찾는 데 자신의 생각을 진지하게 집중시킬 때 그는 명상을 실천하고 있는 것이다.

강렬한 열망 없이는 명상이 있을 수 없다. 무기력과 무관심은 명상의 실천에 치명적인 악영향을 끼친다. 천성과 기질이 강렬한 사람일수록 더 쉽게 명상에 도달하며, 더 성공적으로 명상을 실천할 것이다. 열렬한 기질을 가진 사람이 일단 열망에 사로잡히면, 명상을 통해 가장 빨리 진리의 경지에 도달할 것이다.

집중력은 세속적인 성공에 필수적이다. 반면에 명상은 정신적인 성공에 필수적이다. 세속적인 기술과 지식은 집중력을 통해 획득된다. 반면에 정신적인 기술과 지식은 명상을 통해 획득된다. 집중력을 통해 인간은 천재성의 최고 경지에 오를 수 있지만, 진리의 거룩한 경지까지 오르지는 못한다. 진리의 경지에 도달하려면 명상을 해야 한다.

정신 집중에 의해 인간은 놀라운 이해력과 시저와 같은 엄청난 능력을 얻을 수 있다. 반면에 명상에 의해 인간은 신성한 지혜와 부처의 완벽한 평화에 도달할 수 있다. 집중력의 완성은 힘이며, 명상의 완성은 지혜이다. 집중력에 의해 사람들은 과학, 예술, 무역과 같은 문화적인 일에서 기술을 습득한다. 반면에 명상에 의해 사람들은 올바른 생활, 깨달음, 지혜와 같은 삶 그 자체의 기술을 습득한다. 인류 역사에 등장했던 모든 성인과 현자들은 신성한 명상을 완성하여 그 같은 경지에 도달했다.

집중력의 네 단계는 명상에도 이용된다. 명상과 정신 집중의 차이는 본질의 차이가 아니라 방향의 차이일 뿐이다. 그러므로 명상은 영적인 정신 집중이다. 즉, 명상이란 신성한 지식과 신성한 삶을 찾기 위해, 그리고 진리에 대해 철저하게 깊이 생각하기 위해 정신을 집중하는 것이다.

다른 무엇보다도 진리를 알고 실현하기를 열망하는 한 인간이 있다고 가정하자. 그러면 그는 자신의 행위와 삶에, 그리고 자기 정화에 주의를 기울인다. 이러한 것들에 주의를 기울이면서 그는 삶의 현실과 문제, 그리고 삶의 신비에 대해 진지하게 숙고하는 단계로 나아간다. 그는 온 마음을 다해 진리에 열중할 만큼 강렬하고 진지하게 숙고하면서 진리에 다가간다. 그리하여 그는 수많은 욕망 가운데 방황하던 정신을 되돌려 삶의 의문들을 하나씩 풀어 가면서 진리와의 깊은 일치를 실현한다. 이것이 바로 몰두의 상태이다. 이와 같이 진리에 몰두하면 인격이 균형과 안정을 갖추는데, 이것이 고요 속의 성스러운 행동이며 깨달음을 얻은 해방된 정신의 영구적인 고요와 평화이다.

명상 수련은 집중력 수련보다 더 어렵다. 명상 수련은 훨씬 더 엄한 자기 수양을 필요로 하기 때문이다. 자신의 마음과 생활을 정화시키지 않고도 집중력을 수련할 수 있지만, 명상은 정화의 과정과 뗄 수 없는 관계에 있다.

명상의 목적은 신성한 깨달음을 얻고 진리에 도달하는 것이므로 실제적인 순수성과 정의는 명상과 밀접하게 서로 얽혀 있다. 그렇기 때문에 처음에는 실질적인 명상에 들이는 시간이 짧더라도 (아마도 이른 아침에 30분 정도만) 그 30분 동안의 강렬한 열망과 깊은 생각에서 얻은 지식은 그 날 하루동안의 실천으로 구체화된다. 그러므로 명상은 한 인간의 생활 전체와 관련되어 있다. 그리고 그의 명상 수준이 향상함에 따라 그는 자신이 처한 상황에서 삶의 의무들을 점점 더 충실히 이행할 수 있다. 그는 더 강해지고, 더 경건해지고, 더 평온해지고, 더 현명해지기 때문이다. 명상의 원리는 두가지이다. 즉,

1. 순수한 것을 거듭 반복하여 생각함으로써 마음을 정화시킨다.
2. 실제 생활에서 그러한 순수를 구현함으로써 신성한 지식을 얻는다.

인간은 생각의 존재이며, 인간의 삶과 성격은 그가 습관적으로 몰두하는 생각에 의해 결정된다. 생각은 실천, 연상, 습관을 통해 점점 더 쉽게 그리고 더욱 자주 반복되는 경향이 있고, 그 결과 '습관'이라 불리는 무의식적 행동을 낳음으로써 성격을 일정한 한 방향으로 '고정'시키는 경향이 있다.

명상하는 인간은 매일 순수한 생각에 몰두함으로써 순수하고 현명한 판단을 하는 습관을 형성하며, 그 습관은 순수하고 올바른 행위와 철저한 의무 이행으로 귀결된다. 순수한 생각을 끊임없이 반복하는 사람은 결국 그런 생각들과 하나가 되고 정화된 존재가 되어, 순수한 행위와 평온하고 현명한 삶으로 자신의 성취를 나타낸다.

대부분의 사람들은 서로 상반되는 욕망, 격정, 감정, 추측의 연속 가운데 살아가며, 그 때문에 불안과 의심과 슬픔을 겪는다. 그러나 어떤 이가 명상을 통해 자신의 정신을 수양하기 시작하면, 그는 중심 원칙에 생각의 초점을 맞춤으로써 내면의 갈등을 점차 제어한다. 불순하고 잘못된 생각의 낡은 습관은 이렇게 해서 사라지고, 순수하고 현명한 생각과 행동의 습관이

새로 형성된다. 그리하여 그는 점점 더 진리와 일치하고, 조화와 통찰력이 점점 깊어지며 인격의 성숙과 마음의 평화도 계속 증대된다.

진리를 향한 강렬하고 고상한 열망은 인생의 슬픔과 덧없음과 신비에 대한 통렬한 인식을 항상 수반한다. 이러한 정신 상태에 도달하기 전에는 명상이 불가능하다. 단순히 생각에 잠기거나 헛된 꿈을 꾸며 시간을 빈둥빈둥 보내는 것(이런 습관에도 명상이란 단어가 자주 적용된다)은, 우리가 명상에 부여하는 고상한 영적 의미에서는 명상과 아주 거리가 멀다.

공상을 명상으로 착각하기가 쉽다. 이것은 명상을 하려고 노력하는 사람이라면 반드시 피해야 하는 치명적 오류이다. 결코, 이 두 가지를 혼동해서는 안 된다. 공상은 인간이 무시로 빠져드는 막연한 몽상이다. 반면에 명상은 인간의 마음을 고양시키는 강렬하고 목적 있는 사고이다. 공상은 쉽고 즐거운 반면, 명상은 처음에는 어렵고 지루하다. 공상은 나태와 사치 속에서 잘 생겨난다. 반면에 명상은 부단한 노력과 훈련에서 생겨난다. 공상은 처음에는 매혹적이고, 그 다음에는 감각적이며, 결국에는 관능적인 내용으로 흘러간다. 명상은 처음에는 가까이 하기 어렵지만 그 다음에는 유익하며, 결국에는 평화롭다. 공상은 자제력을 몰래 손상시키기 때문에 위험하다. 그러나 명상은 자제력을 강화하기 때문에 안전을 더해 준다.

자기가 지금 공상하고 있는지 명상하고 있는지를 알 수 있는 몇 가지 징후들이 있다.

공상의 징후는,
1. 노력을 회피하려는 욕망
2. 몽상의 쾌락을 경험하려는 욕망
3. 자신의 사회적 의무에 대한 염증의 증가
4. 자신의 사회적 책임을 회피하려는 욕망
5. 결과에 대한 두려움

6. 최소한의 노력으로 돈을 벌고 싶은 바람

7. 자제심의 부족

명상의 징후는,

1. 신체적, 정신적 에너지의 증가

2. 지혜를 얻으려는 부단한 노력

3. 의무를 이행하는 과정에서 지루함의 감소

4. 사회적 책임을 성실히 완수하려는 확고한 결심

5. 두려움으로부터의 자유

6. 부에 대한 무관심

7. 자제심의 소유

　명상하기가 불가능한 시간과 장소, 상황이 있고, 명상하기가 좀더 용이
한 시간과 장소, 상황이 있다. 이것들은 아래와 같다. 명상하는 사람은 이
것들을 알아 두고 신중히 준수해야 한다.

명상이 불가능한 시간, 장소, 상황

1. 식사 시간 또는 식사 직후에

2. 오락의 장소에서

3. 사람들이 많은 장소에서

4. 빠르게 걸어가고 있을 때

5. 아침에 침대에 누워 있을 때

6. 담배 피울 때

7. 육체적, 정신적 긴장을 풀기 위해 소파나 침대에 누워 있을 때

명상이 어려운 시간, 장소, 상황

1. 밤에

2. 호화스럽게 꾸며진 방에서

3. 부드럽고 푹신한 의자에 앉아 있을 때

4. 화려한 의상을 입고 있을 때

5. 회사에서

6. 몸이 피곤할 때

7. 과식했을 때

명상하기에 가장 좋은 시간, 장소, 상황

1. 이른 아침에

2. 식사 바로 전에

3. 혼자 있을 때

4. 야외에서 또는 검소하게 꾸며진 방에서

5. 딱딱한 의자에 앉아 있을 때

6. 몸이 튼튼하고 활기에 차 있을 때

7. 수수하고 간소한 의상을 입고 있을 때

앞의 설명에서 알 수 있듯이 (공상을 유발하는) 안락, 사치, 방종은 명상을 어렵게 하며, 이런 경향이 강하게 두드러지면 아예 명상이 불가능해진다. 반면에 (공상을 몰아 내는) 부단한 노력, 극기, 자제는 명상을 한결 쉽게 만든다.

명상을 하려면 몸은 과식해도 안 되고, 너무 배고파도 안 되며, 누더기 같은 옷을 입어도 안 되고, 너무 화려한 차림새를 해도 안 된다. 또한 피곤해서도 안 되며, 에너지와 힘이 절정에 달해 있는 상태여야 한다. 계속해서 떠오르는 일련의 미묘하고 고상한 생각에 정신을 집중하려면 고도의 신체적, 정신적 에너지가 필요하기 때문이다.

　고귀한 교훈이나 격언, 아름다운 문장이나 시 구절을 마음속으로 반복해서 암송하면, 열망이 가장 잘 일깨워지는 경우가 많고 또한 명상 중에 정신이 새로워질 수 있다. 실제로, 명상을 진심으로 원하는 정신은 본능적으로 이러한 방법을 채택한다. 단순히 기계적으로 반복하는 것은 소용이 없으며, 오히려 방해가 된다. 반복할 문장은 스스로 애정을 기울여 온 마음을 다해 깊이 생각할 수 있을 만큼 자신의 상태에 잘 들어맞는 것이어야 한다. 그렇게 하면 열망과 집중력이 조화롭게 결합되어, 특별히 긴장하지 않고도 명상에 들어갈 수 있다.

　위에서 설명한 모든 조건들은 명상의 초기 단계에서 극히 중요한 것으로, 명상의 습관을 들이려고 노력하는 사람이라면 누구나 명심하여 당연히 지켜야 할 사항들이다. 그 지침들을 충실히 따르고 끈기 있게 노력하는 사람은 적당한 때에, 순수와 지혜, 그리고 행복과 평화의 수확을 반드시 거둘 것이며 신성한 명상의 열매를 꼭 먹게 될 것이다.

　분산은 나약함이며 집중은 힘이다. 파멸은 분산의 과정이며, 보존은 결합의 과정이다. 사물의 유용함과 사고의 힘은 그것을 이루는 각 부분들이 강하게, 그리고 질서 있게 응집해 있는가에 달려 있다. 목표는 고도로 집중된 생각이다. 모든 정신적 에너지는 목적을 달성하는 데 향하며, 목표를 가진 사람과 목표 사이에 있는 장애물들은 차례로 무너지고 극복된다.

　목표는 성취의 전당에서 주춧돌과 같은 역할을 한다. 한데 모이지 않으면 흩어져 쓸모 없이 될 수도 있는 것을 하나의 완벽한 전체로 묶고 결합시키는 것이 바로 목표이다. 공허한 변덕, 일시적인 공상, 막연한 욕구, 진심에서 우러나지 않는 결심은 목표 속에 있을 여지가 없다. 성취하고자 하는 한결같은 결심 속에는, 온갖 하찮은 생각을 말끔히 없애고, 승리를 향해 똑바로 전진하는 무적의 힘이 있다.

　성공하는 사람은 모두 목표를 가진 사람들이다. 그들은 하나의 아이디어나 기획, 계획을 단단히 붙잡고는 절대로 놓아 버리지 않는다. 그들은 그것을 소중히 돌보고 곰곰이 생각하고 발전시키며, 어려움에 처해도 그로 인해 포기하는 법이 없다. 실제로, 부닥치는 장애물의 규모가 크면 클수록 목표의 강도는 더욱 커진다.

인류의 운명에 큰 영향을 끼쳤던 사람들은 강력한 목표를 가진 사람들이었다. 견고한 도로를 건설했던 로마인들처럼 그들은 명확히 규정된 길을 따라 걸었으며, 고통과 죽음에 직면할 때도 그 길에서 벗어나기를 거부하였다. 인류의 위대한 지도자들은 정신적인 선구자로서, 인류는 그들이 개척하고 이룩한 지적, 영적 모범을 따르고 있다.

목표의 힘은 위대하다. 목표의 힘이 얼마나 큰지 알고 싶다면, 국가의 목표를 정하고 세상의 운명을 바꾸는 데 큰 영향력을 발휘했던 사람들의 생애를 연구해 보라. 우리는 알렉산더, 시저, 나폴레옹에게서, 목표가 세속적이고 개인적인 방향으로 향할 때의 힘을 보게 된다. 또한 우리는 공자, 부처, 예수에게서 목표가 신성하고 비개인적인 방향으로 향할 때의 더욱 거대한 힘을 보게 된다.

지성은 힘을 수반한다. 목표의 크기는 지성의 수준에 비례한다. 위대한 지성은 항상 위대한 목표를 지닌다. 나약한 지성은 목표가 없을 것이다. 방황하는 정신은 미성숙을 나타낸다.

확고부동한 목표를 무엇이 저지할 수 있겠는가? 무엇이 그런 목표를 방해하거나 빗나가게 할 수 있겠는가? 불활성의 물질은 살아 있는 힘에 굴복하여 고분고분 따르고, 상황은 목표의 힘에 굴복한다. 정말이지, 불법적인 목표를 가진 사람은 목적을 이루는 과정에서 자기 자신을 파괴할 것이다. 그러나 선하고 합법적인 목표를 가진 사람은 실패할 리가 없다. 목적을 달성하기 위해서는, 확고한 결심의 불과 에너지를 매일 새롭게 하는 것이 필요할 뿐이다.

자기가 남들에게 오해 받았다고 해서 슬퍼하는 나약한 사람은 큰일을 이룰 수 없으며, 다른 이들을 기쁘게 하고 인정 받기 위해 자신의 결심에 위배되는 일을 하는 자만심 강한 사람은 고귀한 일을 이룰 수 없다. 타협으로 자신의 목표를 해결하려 하는 결단력 없는 사람도 실패할 것이다.

오해와 부당한 비난, 또는 아첨과 허울 좋은 약속이 빗발처럼 쏟아져도 자신의 결심을 조금도 양보하지 않는, 확고한 목표를 지닌 사람은 뜻한 바를 이루는 뛰어난 인재이며, 성공과 위대함과 힘을 나타내는 사람이다.

목표를 가진 사람에게는 장애물이 자극제가 된다. 어려움은 오히려 그의 용기를 북돋아 주어 새로운 노력을 기울이게 만든다. 실수, 손실, 고통도 그를 억누르지 못하며, 실패는 그에게 성공의 사다리에 있는 디딤대에 불과하다. 결국에는 반드시 성취한다는 것을 그는 항상 의식하기 때문이다.

모든 것은 결국 고요하며, 어떤 것도 저항할 수 없고, 모든 장애를 극복하는 목표의 에너지에 굴복하게 된다.

성취의 기쁨

성공적으로 일을 마쳤을 때는 항상 기쁨이 따른다. 어떤 일을 완성하거나 어떤 작품을 끝마치면 항상 휴식과 만족감이 찾아온다.

에머슨은 이렇게 말했다. "자신의 임무를 완수하면, 마음이 편안하고 행복하다." 아무리 하찮게 보이는 일이라도, 온 정성을 다해 성실히 수행하면 언제나 마음이 활기차고 평화로울 것이다.

세상의 모든 불쌍한 사람들 중에서 가장 불쌍한 사람은 게으름뱅이다. 게으른 사람들은 힘든 노동과 노력을 치러서라도 반드시 완수해야 할 어려운 의무와 필수적인 일들을 회피하는 데서 편안함과 행복을 찾으려고 생각하기 때문에, 항상 마음이 불편하고 불안하며, 수치심으로 괴로워하게 되고, 남자다움과 자존심을 상실한다.

카알라일은 이렇게 말했다. "자신의 능력에 따라 일하지 않으려는 자는 자신의 필요에 따라 타락하게 된다." 의무를 회피하고, 자신의 능력을 최대한 발휘하여 일하지 않는 사람이 처음에는 성격 면에서, 마지막에는 신체와 환경 면에서 실제로 쇠퇴하는 것은 도덕 법칙에 의한 현상이다. 생명과 활동은 같은 뜻이다. 인간은 육체적인 노력이나 정신적인 노력을 피하려고 하자마자 그 즉시 쇠퇴하기 시작한다.

이에 반해서, 활기차게 사는 사람들은 자신의 힘을 충분히 발휘함으로써, 어려움들을 극복함으로써, 정신이나 신체를 힘껏 사용해야 하는 일들을 완성함으로써 삶을 향상시킨다.

오랫동안 힘들게 공부한 수업 내용을 마침내 완전히 이해한 학생은 그 순간 얼마나 기쁘겠는가! 수개월, 혹은 수년에 걸친 훈련과 힘든 노력을 통해 몸을 단련한 운동 선수는 건강과 힘의 증진이라는 커다란 축복을 받으며, 경기장에서 받은 상을 집에 가져올 때 친구들의 축하를 받는다. 마음 내키지 않는 노고까지 감수하면서 오랜 세월 동안 연구에 정진한 학자는, 배움에서 얻은 지적인 힘과 여러 이점으로 인해 기쁨을 만끽하게 된다. 어려움과 장애 요소들을 해결하려 끊임없이 애쓰고 있는 사업가는 자기 힘으로 이룩한 성공에 대한 행복한 확신만으로도 충분히 보답 받고 있다. 단단한 토양을 일구기 위해 열심히 땀 흘려 온 농부는 결국 편안히 앉아서 노고의 결실을 맛보게 된다.

모든 성공적인 성취는, 세속적인 일에서조차, 그 성취만큼의 기쁨으로 보상 받으며, 정신적인 목표가 완벽히 달성되었을 때 발생하는 기쁨은 깊고, 참되며, 영속적이다. 수없이 많은 시행착오 끝에, 어떤 뿌리 깊은 성격적 결함이 마침내 극복되어 더 이상 본인 자신과 세인(世人)들을 괴롭히지 않을 때, 가슴 깊이 느껴지는 기쁨은 (말로 형용할 수 없기는 하지만) 참으로 대단한 것이다. 덕을 추구하는 자(고귀한 인격을 확립하는 성스러운 과제를 수행하고 있는 자)는 자아를 극복하는 모든 단계마다 기쁨을 체험하는데, 그 기쁨은 정신적 본성의 필수적인 일부분이 되어 다시는 자신을 떠나지 않는다.

모든 인생은 투쟁이다. 인간이 싸워 나가야 하는 조건들은 내면과 외부 양쪽 모두에 있다. 인간의 존재 자체가 바로 노력과 성취의 연속이며, 사람들 사이에서 인류 전체의 유용한 한 단위로 남아 있을 권리는 외부에 있는 자연의 요소나 혹은 내면에 있는 덕과 진리의 적들과 얼마만큼 성공적으로 맞서 싸울 수 있느냐에 달려 있다.

보다 나은 것, 보다 큰 완성, 그리고 점점 더 높은 수준의 성취를 이루려고 계속해서 노력할 것이 인간에게 요구된다. 그리고 인간이 이 요구에 순응하는 정도에 따라, 기쁨의 천사가 그의 발걸음을 시중들고 그를 보살필 것이다. 배우기를 열망하고, 간절히 알고 싶어하며, 성취를 위해 노력하는 사람은 우주의 중심에서 영원히 노래하고 있는 기쁨을 발견하기 때문이다. 인간은 처음에는 작은 일에서 시작하여 점점 더 큰 일로 단계를 높여 가며 계속 노력해야 한다. 그리하면 결국에는 최상의 노력을 기울일 준비가 되어 진리의 성취를 위해 힘쓸 것이며, 진리를 성취하면 비로소 영원한 기쁨을 실현하게 될 것이다.

인생의 가치는 노력이고, 노력의 극치는 성취이며, 성취의 보상은 기쁨이다. 자신의 이기심을 극복하기 위해 노력하는 자는 복이 있나니, 그는 성취의 기쁨을 한껏 맛보게 될 것이다.

7

거룩한 삶

사랑을 발견하고 싶다면 사랑의 정신 속에 거하라.

괴로움을 피하고 싶다면 남에게 괴로움을 주지 말라.

인류를 위해서 고귀한 일을 하고 싶다면 자신에게 잔인한 짓을 하지 말라.

자기 영혼의 깊은 곳에 있는 풍부한 잠재능력을 계발하기만 한다면,

이루고 싶은 꿈이 무엇이든 그 꿈의 실현을 위한

모든 자원을 거기서 발견하게 될 것이다.

서문

나는 세상을 찾아보았지만, 진리는 거기 있지 않았다.

나는 배움을 구하고자 하였지만, 진리는 밝혀지지 않았다.

나는 철학과 함께 머물렀지만, 내 마음은 허무함으로 채워졌다.

그리고 나는 외쳤다, 평화는 어디에서 찾을 수 있는가!

그리고 진리가 숨어있는 곳은 어디인가!

신성한 중심

　　삶의 비결, 즉 힘과 기쁨, 변하지 않는 평화와 함께 하는 풍요로운 삶의 비결은 자기 마음속의 신성한 중심을 발견하는 것이다. 그것은 동물적이고 지적인 인간을 구성하는 소란스러움, 갈망, 논쟁과 같은 어지러운 외부 상황 속에서 사는 것이 아니라, 신성한 중심 가운데서 그리고 그것으로부터 사는 것이다. 불평이나 갈망 같은 이기적 요소들은 삶의 껍데기에 불과하며 만물의 중심 본질을, 즉 생명 자체를 꿰뚫어 보려는 사람은 그런 요소들을 버려야 한다.

　당신 속에 있는, 변함이 없고 시간과 죽음을 무시하는 신성한 존재를 알지 못한다면, 당신은 아무것도 모르는 것이고 시간의 거울 속에 나타난 실체 없는 영상들과 헛되이 장난치는 것이다. 세상의 투쟁, 과시, 허영에 흔들리지 않는 완전히 이성적인 원리들을 당신 속에서 발견하지 못한다면, 붙잡자마자 사라지는 환상 외에 아무것도 보지 못하는 것이다.

　겉모습, 그림자, 그리고 환상에 만족한 채 안심하지 않기로 결심한 사람은, 그 결심의 날카로운 빛으로 모든 덧없는 환상을 쫓아버리고 삶의 실체와 현실 속으로 들어갈 것이다. 그는 사는 방법을 배울 것이고 살 것이다.

그는 결코 격정의 노예나 의견의 노예가 되지 않을 것이며, 맹목적인 잘못된 생각에 열광하는 일도 결코 없을 것이다. 그는 마음속에서 신성한 중심을 발견함으로써, 침착하고 강하고 현명해질 것이다. 그는 자신이 그 안에서 살고 있는 거룩한 삶을 끊임없이 주위에 발산할 것이다. 거룩한 삶은 바로 그 자신이다.

마음속의 신성한 피난처로 스스로 돌아가 거기에 머무르면, 사람은 죄에서 자유롭다. 그의 모든 과거는 물결이 밀려와 모든 발자국과 흔적을 지워버린 깨끗한 모래사장과 같다. 죄가 그를 거슬러 일어나 그를 괴롭히고 비난하고 그의 신성한 평화를 파괴하는 일은 결코 없게 될 것이다. 양심의 가책으로 마음을 불태우는 일이 더 이상 없을 것이며 폭풍처럼 몰아치는 후회 때문에 그의 거처가 황폐하게 되는 일도 없을 것이다.

그의 미래는 싹이 터서 자라는 씨앗과 같아서 생명의 아름다움과 힘으로 꽃피운다. 어떤 의심도 그의 믿음을 뒤흔들 수 없고, 어떤 불확실성도 그의 평온한 마음을 불안하게 할 수 없다. 현재는 그의 것이고, 그는 오직 불멸의 현재 속에서만 산다. 그리고 그렇게 사는 것은, 눈물젖은 얼굴로 하늘을 쳐다보는 여러 시대의 인간들을 고요하고 온화하게 내려다보면서도 순수함과 빛으로 찬란하고 영원한 창공과 같다.

사람들은 자신의 욕망을 사랑한다. 욕망을 만족시키는 것이 달콤하게 보이기 때문이다. 그러나 그 끝은 고통과 공허감 뿐이다. 사람들은 지성인들의 논쟁을 좋아한다. 자기중심주의가 가장 바람직하게 보이기 때문이다. 그러나 자기중심주의에서 나오는 열매는 굴욕과 슬픔이다. 영혼은 욕망 충족의 결말인 고통과 공허감에 도달하고 자기중심주의의 쓰디쓴 열매를 거둘 때, 신성한 지혜를 받고 신성한 생명 속으로 들어갈 준비가 된다. 극도의 괴로움을 겪은 사람만이 거룩하게 될 수 있다. 자아가 죽어야만 마음의 주인이 부활하여 영원한 생명으로 들어가 지혜의 산 위에 빛나는 모습으로 설 수 있다.

당신은 시련을 겪고 있는가? 모든 외부적 시련은 내부적 결점을 그대로 닮은 것이다. 이것을 앎으로써 당신은 지혜로워질 것이고 당신의 시련을 활기찬 기쁨으로 변화시킬 것이다. 당신은 시련이 닥칠 수 없는 나라를 발견하게 될 것이다. 오, 세상의 자녀여, 그대는 언제 그대의 교훈을 배울 것인가! 당신의 모든 슬픔은 당신에게 소리높여 항의한다. 모든 고통은 정당하게 당신을 고발한다. 그리고 당신의 고뇌는 무가치하고 썩어 없어질 자아의 그림자일 뿐이다. 천국은 당신의 것이다. 당신은 얼마나 오래 동안 천국을 거부하고서 섬뜩한 분위기의 지옥을, 당신 자신의 이기적인 자아라는 지옥을 더 좋아할 것인가?

자아나 자만심이 없는 곳, 그곳에 거룩한 삶의 정원이 있다. 그리고,

"거기에서는 모든 목마름을 풀어 주는
치유의 흐름이 샘솟는다!
거기서는 불멸의 꽃들이 피어
모든 길을 기쁨으로 뒤덮는다! 거기는
가장 빠르고 가장 달콤한 시간으로 가득 차 있다!"

하나님의 구원받은 아들과 딸들, 육체와 영혼이 성화된 그들은 "값을 치르고 사신 바 되었다." 그리고 그 값은 개성을 십자가에 못박는 것, 자아의 죽음이다. 모든 불화의 원천이 그 안에 들어 있는 자아를 벗어났기 때문에, 그들은 우주의 음악, 변치 않는 기쁨을 발견했다.

삶은 움직임 이상을 의미한다. 그것은 음악이다. 삶은 휴식 이상을 의미한다. 그것은 평화이다. 삶은 일 이상을 의미한다. 그것은 의무이다. 삶은 노동 이상을 의미한다. 그것은 사랑이다. 삶은 향락 이상을 의미한다. 그것은 행복이다. 삶은 돈, 지위, 명성 이상을 의미한다. 그것은 지식, 목적, 그리고 강하고 고귀한 결심이다.

불순한 자들은 순수성 쪽으로 향하게 하라. 그러면 그들은 순수해질 것이다. 약한 자들은 힘에 의지하게 하라. 그러면 그들은 강해질 것이다. 무지한 자들은 지식을 향해 도약하게 하라. 그러면 그들은 지혜로워질 것이다. 모든 것이 인간에게 속해 있고 어떤 것을 가질지는 인간의 선택에 달려 있다. 오늘은 무지한 상태에서 선택하지만, 장래에는 지혜로운 상태에서 선택하게 될 것이다. 인간은 자신의 구원을 애써 성취하게 될 것이다. 그가 믿든지 말든지 말이다. 왜냐하면 인간은 자신으로부터 도망칠 수 없고 자기 영혼에 대한 영원한 책임을 다른 사람에게 떠넘길 수 없기 때문이다. 어떤 신학적 속임수로도 인간은 자신의 존재의 법칙을 속일 수 없다. 그의 존재의 법칙은, 올바른 생각과 올바른 행동을 하지 않기 위한 그의 모든 이기적인 임시 방편과 변명들을 박살낼 것이다. 하나님도 그의 영혼이 스스로를 위해 성취하도록 운명지어진 것을 그를 대신해서 해 주시지 않을 것이다.

평안하게 거주할 저택을 갖고자 하는 사람이 집터를 마련하고서 하나님께 집을 지어 달라고 무릎꿇고 기도한다면 당신은 그에 대해 뭐라 말하겠는가? 어리석다고 말하지 않겠는가? 반면에 땅을 사 놓고 설계사, 건축업자, 목수로 하여금 건물을 짓도록 일하게 한다면 당신은 그가 현명하다고 말하지 않겠는가?

눈에 보이는 집을 짓는 이치와 정신적인 집을 짓는 이치는 마찬가지이다. 벽돌을 하나씩 쌓듯이 순수한 생각을 거듭 반복하고 선행을 거듭 반복함으로써, 흠없는 삶이라는 주택이 튼튼한 기초 위에 세워져야 하며, 결국 완벽한 균형을 갖춘 웅장한 주택이 나타날 때까지 질서정연하게 쌓아 올려야 한다. 인간이 정신적인 덕들spiritual realities을 획득하는 것은 변덕이나 선물, 호의에 의해서가 아니라 부지런함, 신중함, 에너지, 노력에 의해서다.

"영혼은 강하고 지혜롭고 아름답다.

신과 같은 능력의 씨앗이 여전히 우리 안에 있다.

우리가 되고자 한다면 우리는 신, 시인, 성인, 영웅이 된다.”

인간의 영적인 중심은 우주의 중심이다. 그래서 그 중심을 발견하면 인간은 모든 것을 이룰 수 있는 힘을 발견한다. 거기서 그는 또한 만물을 있는 그대로 보는 지혜도 발견한다. 그는 거기서 신적인 평화를 발견한다. 인간 존재의 중심에는 별들의 질서를 바로잡는 음악, 즉 영원한 조화가 있다. 행복을 발견하려는 사람은 자기 자신을 발견하도록 하라. 모든 지나친 욕망, 모든 부당한 생각, 모든 추한 습관과 행위를 버리도록 하라. 그러면 자기 존재의 불멸의 본질을 형성하는 은총, 아름다움, 조화를 발견할 것이다.

사람들은 의지할 곳을 찾아 이 교리에서 저 교리로 옮겨 다니지만 불안을 발견한다. 그들은 많은 나라를 여행해 보지만 실망을 체험한다. 그들은 아름다운 저택을 손수 짓고 쾌적한 정원을 만들지만 지루함과 불안감을 얻을 뿐이다.

마음속의 진리에 의지한 후에야 비로소 사람은 휴식과 만족을 발견한다. 흠 없는 행실이라는 정신적 저택을 지은 후에야 비로소 끝없고 변치 않는 기쁨을 발견한다. 그 기쁨을 획득하면 그는 모든 외적 행동과 소유물 속에 그 기쁨을 불어넣을 것이다.

평화를 얻고 싶다면 평화의 정신을 실천하라. 사랑을 발견하고 싶다면 사랑의 정신 속에 거하라. 괴로움을 피하고 싶다면 남에게 괴로움을 주지 말라. 인류를 위해서 고귀한 일을 하고 싶다면 자신에게 잔인한 짓을 하지 말라. 자기 영혼의 깊은 곳에 있는 풍부한 잠재능력을 계발하기만 한다면, 이루고 싶은 꿈이 무엇이든 그 꿈의 실현을 위한 모든 자원을 거기서 발견하게 될 것이다. 그리고 꿈을 무사히 실현하기 위해 필요한 튼튼한 기초도 거기서 발견하게 될 것이다.

사람이 세상을 바로잡기 위해 아무리 노력할지라도, 자기 자신을 바로잡을 때까지는 결코 세상이 바로잡히지 않을 것이다. 이 진실은 수학적 원리처럼 마음속에 씌어 있을지도 모른다. 순수하게 살아야 한다고 남에게 설교하는 것만으로는 충분하지 않다. 사람은 정욕에서 벗어나야 한다. 이웃을 사랑하라고 권고하려면, 자기 마음에서 미움을 버려야 한다. 자기 희생의 가치를 드높이려면, 먼저 자신이 이기적 자아를 포기해야 한다. 완전한 삶을 단지 말만 가지고도 찬양할 수 있으려면, 스스로 완전한 사람이 되어야 한다.

더 이상 당신이 지은 수많은 죄의 무게를 짊어질 수 없을 때는 그리스도께로 빨리 나아가라. 그분의 보좌는 당신 마음의 중심이다. 그리스도께 나아가면 마음이 가벼워지고 불멸하는 영들과 즐겁게 사귀게 될 것이다.

더 이상 자신의 축적된 지식의 짐을 견딜 수 없을 때는, 갖고 있는 책과 지식과 철학을 떠나서 자기 자신에게 돌아가야 한다. 자신에게 되돌아오면, 바깥으로 애써 찾아다니면서도 발견하지 못했던 것, 즉 자신의 신성을 마음속에서 발견하게 될 것이다.

마음속에서 신을 발견한 사람은 신에 대해 논쟁하기를 멈춘다. 자아의 힘이 아닌 더 깊은 내면의 고요한 힘에 의지하여, 그는 신의 삶을 살아가고 나날의 생활 속에서 영원한 생명인 최고선을 나타낸다.

영원한 현재

현재는 시간을 그 속에 포함하고 있는 실재이다. 현재는 시간보다 더 크고 더 위대하다. 현재는 언제나 존재하는 현실이다. 현재는 과거도 미래도 모르며, 영원히 강력하며 견실하다. 매분, 매일, 매년은 지나가자마자 꿈이 된다. 그리고 그것이 완전히 소멸되지 않는다 해도 기억 속에서 불완전하고 비현실적인 그림으로만 존재한다.

과거와 미래는 꿈이다. 현재는 현실이다. 모든 것들이 현재에 존재한다. 모든 힘과 모든 가능성과 모든 행동이 현재에 있다. 지금 행동하고 성취하지 않는 것은 전혀 행동하지 않고 성취하지도 못하는 것이다. 과거에 할 수도 있었던 일에 대한 생각을 하며 사는 것, 또는 앞으로 하려는 일을 꿈꾸며 사는 것, 이것은 어리석음이다. 하지만 후회를 떨쳐 버리는 것, 미래에 대한 예상을 멈추는 것, 지금 행동하고 일하는 것, 이것이 지혜이다.

어떤 사람이 과거나 미래에 대해 계속 생각하고 있다면 그는 현재를 놓치고 있다. 그는 현재에 사는 것을 잊고 있다. 모든 일은 지금, 오직 지금 가능하다. 자신을 인도할 지혜가 없고 비현실적인 것을 현실적인 것으로 착각하는 사람은 이렇게 말한다. "저번 주에, 저번 달에, 작년에 그런 식으로

했었다면 오늘 상황이 더 좋을 텐데." 또는 이렇게 말한다. "해야 할 최선의 일이 무엇인지 난 알아. 하지만 그 일은 내일 해야지".

이기적인 사람은 현재의 막대한 중요성과 가치를 이해할 수 없고, 현재를 실재하는 현실로 보지 못한다. 과거와 미래는 실재하는 현실의 공허한 그림자에 불과하다. 과거와 미래는 오직 부정적인 그림자로서만 존재한다고 말하는 것이 참으로 맞을 것이다. 그리고 그 그림자 속에서 사는 것은, 다시 말해서 과거를 후회하고 미래를 이기적인 마음으로 기대하는 것은 삶에서 현실을 놓치는 것이다.

"현재, 현재는 당신이 가지고 있는 전부이다,
당신의 확실한 소유물이기 때문에
야곱이 천사가 복을 줄 때까지 붙잡았던 것처럼,
현재를 꽉 붙잡으라,
그것이 축복을 줄 때까지."

"실재하는 모든 것은 지금 존재하며,
결코 사라지지 않는다.
그것을 지금 유지하고 있는 손이
영혼을 영원히 살게 한다."

"그러면 무엇이 되어야 하고 무엇을 해야 하는가에 대해
왜 당신은 의문을 갖는가?
과거와 미래는 하나다.
그리고 둘 다 지금이다!"

인간은 모든 힘을 지금 가지고 있다. 그러나 이것을 모르는 사람은 이렇

게 말한다. "나는 내년에, 또는 몇 년 후에, 또는 윤회를 통해 많은 삶을 거쳐 완전해질 것이다." 하나님 나라에 사는 사람들, 즉 오직 현재에만 사는 사람은 "나는 지금 완전하다"라고 말한다. 그리고 모든 죄를 지금 끊고 마음의 문을 끊임없이 지키며, 과거나 미래에 주의를 돌리지 않고, 생각과 이상을 바꾸지도 않기에 그들은 영원히 거룩하고 지극히 복된 상태로 남아 있다. "지금이야말로 진실의 시간이다. 지금이 구원의 날이다."

당신 자신에게 말하라. "나는 나의 이상적인 현재Ideal now에서 살 것이다. 나는 나의 이상적인 현재를 표현할 것이다. 나는 나의 이상적인 현재에 있을 것이다. 나는 내 이상으로부터 주의를 다른 곳으로 돌리려고 유혹하는 모든 것들에 귀기울이지 않을 것이다. 나는 오직 내 이상의 목소리에만 귀기울일 것이다." 이렇게 결심하고 이렇게 행동하면 당신은 최고 존재로부터 벗어나지 않게 될 것이고 영원히 진리를 실천하게 될 것이다.

"나는 일어나서 명랑한 마음으로, 공명정대한 길을 따른다.
지금부터 나는 행운을 바라지 않는다. 내 자신이 행운이기 때문이다.
앞으로 나는 더 이상 불평하지 않고, 더 이상 뒤로 미루지 않고,
아무것도 요구하지 않을 것이다.
실내에서 투덜대는 불평, 수많은 책, 흠 잡는 비평을 떠나서
강하고 만족한 마음으로, 나는 공명정대한 길을 간다."

당신의 영혼을 과거와 미래라는 그림자 나라로 유혹하는 모든 구불구불한 옆길, 의존성이라는 모든 샛길로 가는 것을 멈추라. 그리고 당신의 타고난 신성한 힘을 지금 나타내라. 공명정대한 길로 나오라.

당신이 되고자 하는 모습 그리고 희망하는 모습대로 지금 당신이 될 수도 있다. 그 모습을 성취하지 못하는 것은 당신이 끊임없이 미루고 있기 때문이다. 그리고 미루는 힘이 있다면 당신에게는 성취할 힘, 즉 지속적으로 성

취할 힘도 있다. 이 진리를 깨달아라. 그러면 당신은 당신이 꿈꾸는 이상적인 인간이 오늘 될 것이고 또 매일 될 것이다.

덕은 날마다 죄와 싸우는 데 있지만 거룩함은 죄를 아예 무시하고 떠남으로써 죄의 유혹이 아무 소용도 없게 되는 데 있다. 그리고 이것은 살아 있는 현재에 이루어지고 오직 현재에만 가능하다. 당신의 영혼에게 "너는 내일 더 순수해질 거야"라고 말하지 말라. 오히려 "너는 지금 순수해질 거야"라고 말하라. 내일은 어떤 것을 위해서도 너무 늦다. 도움 받고 구원받는 것을 내일로 미루는 사람은 오늘 계속해서 실패하고 타락할 것이다.

당신은 어제 타락했는가? 당신은 매우 중대한 죄를 범했는가? 그렇게 깨달았다면 즉시 그리고 영원히 죄에서 떠나고 지금 죄를 짓지 않도록 주의하라. 당신이 과거를 깊이 슬퍼하는 동안에 당신 영혼의 모든 문이 지금 죄가 들어오는 것에 무방비 상태로 남아 있다. 돌이킬 수 없는 과거에 대해 몹시 슬퍼한다고 해서 당신이 다시 일어서는 것은 아니다. 오직 현재를 치료함으로써 당신은 다시 일어설 수 있다.

현재의 노력이라는 탄탄한 고속도로 대신에 뒤로 미루는 습관이라는 늪지대의 샛길을 사랑하는 어리석은 사람은 이렇게 말한다. "내일은 일찍 일어나야지. 내일은 빚을 갚을 거야. 내일은 내 의지를 실행할 거야." 그러나 지혜로운 사람은 영원한 현재의 중대한 의미를 깨달았기 때문에 오늘 일찍 일어나고 오늘 빚을 갚고, 오늘 의지를 실행한다. 그러므로 그는 힘과 평화와 성숙한 완성의 경지를 결코 떠나지 않는다.

지금 실행한 것은 남는다. 내일 이루어지는 것은 아직 나타나지 않았다. 아직 오지도 않은 것에 조금도 마음을 두지 않고 지금 있는 것에 주의하는 것이 지혜이다. 즉 후회가 살며시 기어들 틈새가 전혀 없을 만큼 영혼을 정화하고 노력을 집중하여 현재에 주의하는 것이 지혜이다.

사람은 영적인 이해력이 자아의 환상에 의해 어두워져 있을 때는 다음과 같이 말한다. "나는 어느 해 어느 날에 태어났고, 운명의 시간이 되면 죽을 거야." 하지만 그는 태어나지 않았고 죽지도 않을 것이다. 왜냐하면 불멸하는 존재가, 영원히 있는 존재가 어떻게 탄생과 죽음의 지배를 받을 수 있겠는가? 환상을 버려라. 그러면 육체의 탄생과 죽음은 시작과 끝이 아니라 단지 여행 중의 사건에 불과함을 알게 될 것이다.

행복했던 어린 시절을 회상하고 슬픈 종말을 예상할 때 인간은 눈이 멀게 된다. 그래서 자신의 불멸성을 보지 못한다. 그의 귀는 닫혀 있어서 언제나 존재하는 기쁨의 음악을 듣지 못한다. 그리고 그의 심장은 무감각해져서 평화의 율동적인 소리에 맞춰 뛰지 않는다.

우주는 그 속에 있는 모든 것과 함께 지금 존재한다. 오, 구도자여, 손을 뻗어라. 그리고 지혜의 열매를 받아라! 그대의 탐욕스러운 노력을, 이기적인 슬픔을, 어리석은 후회를 멈추라. 그리고 사는 것에 만족하라. 지금 행동하라. 그리고 보라! 모든 것이 이루어진다. 지금 살아라. 그리고 보라! 당신은 풍요로움의 한가운데에 있다. 지금 존재하라. 그리고 당신이 완전하다는 것을 알라.

본래의 단순성

삶은 단순하다. 존재는 단순하다. 우주는 단순하다. 복잡성은 무지와 망상에서 생겨난다. 노자가 말한 '본래의 단순성'은 우주의 있는 그대로의 모습을 표현하는 용어이며, 우주의 겉모습을 표현한 용어가 아니다. 사람이 자신의 헛된 망상으로 짜여진 그물망을 통해 우주를 보면, 우주는 끝없이 복잡하고 헤아릴 수 없이 비밀스러운 것으로 보인다. 그래서 그는 스스로 만든 미로 속에서 길을 잃어 버린다.

자기중심주의를 없애라. 그러면 우주 본래의 단순성이 갖는 모든 아름다움을 볼 것이다. 개인적인 '나'라는 망상을 완전히 없애라. 그러면 그 '나'로부터 생겨나는 모든 망상이 파괴될 것이다. 그리하여 다시 어린아이가 될 것이고 본래의 단순성으로 되돌아갈 것이다.

자신의 개인적인 자아를 완전히 잊는(완전히 없애는) 일에 성공하는 사람은 보편적 실재를 완전하게 비추는 거울이 된다. 그는 망상에서 깨어났으며, 이제부터 그는 꿈 속에서가 아닌 현실 속에서 산다.

피타고라스는 우주가 열 개의 숫자 안에 들어 있다고 이해했다. 하지만 이런 단순성도 더 축소될 수 있고, 우주는 결국 숫자 하나One 속에 들어 있음을 알 수 있다. 왜냐하면 모든 숫자와 그것이 무한히 복잡하게 더해진 숫자들은 하나를 계속 더한 것에 불과하기 때문이다.

인생이 단편적인 것이 되도록 살지 말고 인생이 하나의 완전한 전체가 되도록 살아라. 그러면 완전한 삶의 단순성이 드러날 것이다. 일부분이 어떻게 전체를 이해할 것인가? 하지만 전체가 일부분을 이해하는 것은 얼마나 간단한가! 죄가 어떻게 거룩함을 알아보겠는가? 그러나 거룩함이 죄를 이해하는 것은 얼마나 쉬운가?

보다 위대한 사람이 되고 싶다면 덜 중요한 것들을 버려라. 어떤 형태 안에도 원은 포함되지 않지만 원 안에는 모든 형태가 포함된다. 찬란한 빛은 어떤 색깔 안에도 수용되지 않지만 찬란한 빛 안에는 모든 색깔이 포함되어 있다. 자아의 모든 형태를 파괴하라. 그러면 모든 선하고 아름다운 덕들을 이해하게 될 것이다. 다양한 색깔을 띤 생각과 욕망 모두를, 마음의 가장 깊고 고요한 침묵 속에 가라앉히라. 그러면 신성한 지식이라는 밝은 빛을 받게 될 것이다.

음악의 완벽한 화음 속에서 하나의 음은, 비록 잊혀질지라도, 반드시 그 음악 속에 들어 있다. 그리고 물방울은 바다 속에서 자신을 잃음으로써 최고로 쓸모 있게 된다. 측은히 여기는 심정으로 인류의 마음과 하나가 되라. 그러면 당신은 천국의 음악을 재현하게 될 것이다. 모든 사람을 향한 무제한의 사랑에 열중하라. 그러면 당신은 불후의 업적을 창조하고 영원한 지복至福의 바다와 하나가 될 것이다.

인간은 복잡한 외면을 형성하는 방향으로 진화한다. 그리고 나서 중심의 단순성으로 다시 돌아간다. 자기 자신을 알기 전에는 우주를 아는 것이 확실히 불가능하다는 것을 깨달을 때, 사람은 본래의 단순성에 이르는 길에 나선다. 그는 내면으로부터 열리기 시작한다. 그리고 그가 스스로를 활짝 펼쳐 감에 따라 그는 우주를 펼쳐 나간다.

신에 관해 사색하는 것을 그만두고 모든 것을 포함하는 선을 당신 내부에서 발견하라. 그러면 당신 자신이 신과 하나임을 알고 사색의 공허함과 헛됨을 깨닫게 될 것이다.

자신의 은밀한 욕망, 탐욕, 분노, 그리고 이런 저런 것에 대한 자신의 견해를 포기하지 않으려는 사람은 아무것도 볼 수 없고 알 수도 없다. 그가 비록 대학 교육을 받았다 해도 지혜의 학교에서는 어리석은 사람으로 남아 있을 것이다.

지식을 얻는 비결을 발견하고 싶다면 자신을 발견하라. 당신의 죄는 당신이 아니다. 죄는 당신의 어떤 일부분도 아니다. 죄는 당신이 사랑하게 된 질병이다. 죄에 집착하는 것을 멈추라. 그러면 죄가 더 이상 당신을 붙들고 늘어지지 않을 것이다. 죄가 떨어져 나가게 하라. 그러면 당신이 드러날 것이다. 그러면 당신은 자신을 드넓은 비전으로, 무적의 원리로, 불멸의 생명으로, 영원한 선으로 알게 될 것이다.

불순한 사람은 불순함이 자신의 당연한 상태라고 믿지만 순수한 사람은 자신을 순수한 존재로 안다. 그는 또한 겉으로 보이는 현상이라는 베일 뒤를 꿰뚫어 보고 다른 모든 사람들을 순수한 존재로 안다. 순수성은 극도로 단순하며 그것을 지지할 어떤 논증도 필요로 하지 않는다. 불순함은 끝없이 복잡하며 항상 방어적인 논쟁에 휘말려 있다. 진리는 스스로 산다. 결백한 삶이 진리의 유일한 증거이다. 사람들은 자기 마음속에서 진리를 발견할 때까지는 진리의 증거를 볼 수 없고, 받아들이려 하지도 않을 것이다. 진리를 발견하면 사람은 동료들 속에 있는 동안에도 침묵하게 된다. 진리는 너무나 단순해서 논쟁과 광고의 영역에서는 발견될 수 없다. 그리고 진리는 너무 고요해서 행위를 통해서만 나타난다.

본래의 단순성은 극히 단순하기 때문에 그것을 알아볼 수 있으려면 모든 것을 버려야 한다. 큰 아치형 문은 밑의 텅 빈 부분 덕택에 튼튼한 것처럼 현명한 사람은 자신을 비움으로써 강하고 누구도 이길 수 없는 사람이 된다.

겸손, 인내, 사랑, 동정, 지혜, 이것들은 본래의 단순성이 갖는 주된 특징이다. 그러므로 불완전한 자는 본래의 단순성을 이해할 수 없다. 오직 지혜만이 지혜를 이해할 수 있다. 그러므로 어리석은 자는 이렇게 말한다. "지혜로운 사람은 한 명도 없다." 불완전한 사람은 이렇게 말한다. "아무도 완전해질 수 없다." 따라서 그는 어리석고 불완전한 현재의 모습 대로 남게 된다.

그는 완전한 사람과 평생 같이 살더라도 그 사람의 완전함을 보지 못할 것이다. 그는 겸손을 소심함이라고 부를 것이다. 인내, 사랑, 동정을 그는 나약함으로 볼 것이다. 지혜는 그에게 어리석음으로 보일 것이다. 흠 없는 분별력은 완전한 전체를 이룬 사람에게 존재하며 부분적인 덕만 성취한 사람에게는 존재하지 않는다. 그러므로 사람들은 완전한 삶을 몸소 실현할 때까지는 심판하는 일을 삼가라는 권고를 듣게 된다.

본래의 단순성에 도달할 때 모호함은 사라지고 보편적인 투명성이 분명하게 드러난다. 자기 안에 살고 있는 실재를 발견한 사람은 보편적인 본래의 실재를 발견한다. 자기 내부에 있는 신성한 마음을 알면, 모든 사람의 마음을 알게 되고, 자기 생각의 주인이 된 사람에게는 모든 사람의 생각이 자기 것이 된다. 그러므로 선한 사람은 자신을 변호하지 않는다. 다만 다른 사람들의 정신이 자신의 정신과 닮도록 인도한다.

문젯거리들은 미숙한 정신의 해결 범위를 넘어서듯이 순수한 선은 문젯거리를 초월한다. 순수한 선에 도달하면 모든 문제가 사라진다. 그러므로 선한 사람은 "착각과 망상을 죽이는 자"로 불린다. 죄가 없는 사람을 어떤 문제가 괴롭힐 수 있겠는가? 오, 그렇게도 떠들썩하게 노력하고 쉬지 못하는 그대여, 당신 존재의 신성한 침묵 속으로 물러나라. 그리고 그곳에 근거를 두고 살아라. 순수한 선을 발견하면 당신은 착각과 망상으로 이루어진 신전의 베일을 찢고, 완전한 존재의 인내, 평화, 초월적 영광 속으로 들어가게 될 것이다. 왜냐하면 순수한 선과 본래의 단순성은 하나이기 때문이다.

오류가 없는 지혜

사람은 자신의 재산, 육체, 상황과 환경, 다른 사람들에 대한 의견, 그리고 자신에 대한 다른 사람들의 태도를 초월해야 한다. 이런 상태에 도달해야 비로소 강하고 확고부동한 사람이라고 말할 수 있다. 또한 사람은 자신의 욕망과 의견을 초월해야 한다. 이런 상태에 도달해야 비로소 지혜로운 사람이 된다.

자신을 재산과 동일시하는 사람은 재산을 잃을 때 모든 것을 잃었다고 느낄 것이다. 자신을 상황의 결과와 도구로 생각하는 사람은 외적인 조건이 변할 때마다 나약하게 흔들릴 것이다. 그리고 다른 사람들의 칭찬에 의지하려고 애쓰는 사람은 큰 불안과 고통을 겪게 될 것이다.

모든 외적인 요소로부터 자신을 분리시키고 내적인 미덕에 안전하게 의지하는 것, 이것이 오류가 없는 지혜이다. 이런 지혜를 소유하면 사람은 부유할 때나 가난할 때나 변하지 않는다. 부유하다고 해서 힘이 더 생기지도 않고 가난해진다고 해서 평정심을 빼앗기지도 않는다. 마음속의 더러움을 모두 깨끗이 씻어버린 사람은 부유해져도 타락하지 않고 영혼의 신전을 타락시키는 행위를 그만둔 사람은 가난해져도 타락하지 않는다.

어떤 외적인 요소나 사건에 사로잡히기를 거부하고, 그 모든 일이나 사건이 당신의 이익을 위해, 그리고 당신에게 교훈을 주기 위해 일어나는 것이라고 생각하는 것, 이것이 지혜이다. 지혜로운 자들에게는 일어나는 모든 사건이 선하게 보인다. 그들은 악에 전혀 관심이 없으므로 날마다 더 지혜로워진다. 그들은 모든 것을 활용하며, 따라서 모든 일을 잘 통제한다. 지혜로운 자들은 실수를 저지를 때마다 알아차리고 그것들을 본질적 가치가 있는 교훈으로 받아들인다. 신성한 질서 속에는 어떤 실수도 없음을 알기 때문이다. 그리하여 그들은 신적인 완전함에 빠르게 다가간다. 지혜로운 자들은 어느 누구에 의해서도 흔들리지 않지만 모든 사람으로부터 배운다. 그들은 어느 누구에게서도 사랑 받기를 갈망하지 않지만 모든 사람에게 사랑을 준다.

배우는 것, 그리고 흔들리지 않는 것, 자신이 사랑받지 못하는 곳에서도 사랑하는 것, 바로 이 속에 사람을 절대 실망시키지 않을 힘이 있다. "나는 모든 사람들을 가르치고 누구에게도 배우지 않을 거야"라고 마음속으로 생각하는 사람은 그러한 사고방식을 유지하는 동안에는 가르치지도 배우지도 못할 것이며, 오직 자신의 어리석음 속에 계속 남을 것이다.

사람은 자기 마음속에서 모든 힘과 지혜, 능력, 지식을 발견할 것이지만, 자기중심주의에 빠져 있는 한 그것을 발견하지 못한다. 순종하고 복종하며 기꺼이 배우려 할 때만 그것을 발견할 것이다. 사람은 자신보다 수준이 높은 이들에게 순종해야 하고, 자신보다 수준이 낮은 이들과 비교하여 스스로를 높이지 말아야 한다. 자기중심주의에 기초를 두고서 꾸지람과 가르침, 그리고 경험의 교훈을 받아들이지 않으려는 사람은 반드시 망할 것이다. 그렇다, 그는 이미 망했다.

한 위대한 스승이 제자들에게 말했다. "자기 자신을 비추는 등불이 될 사람들은 오직 자신만을 의지하고 어떤 외적인 도움에 의지하지 않는다. 그들은 진리를 자신의 등불로 삼아 꽉 붙잡고 진리 속에서만 구원을 찾는다.

그들은 자기 자신 이외의 어떤 도움도 구하지 않을 것이다. 내 제자들 중에 최고의 경지에 도달할 사람들은 바로 그들이다! 하지만 그들은 기꺼이 배우려는 마음가짐을 지녀야 한다."

지혜로운 사람은 항상 배우기를 간절히 원하지만 결코 가르치기를 갈망하지는 않는다. 왜냐하면 진정한 스승은 모든 사람의 마음속에 있고, 결국에는 모든 사람이 자기 마음속에서 그 스승을 발견해야 한다는 것을 알기 때문이다. 어리석은 사람은 허영심에 주로 지배를 받기 때문에 가르치기를 간절히 원하지만, 기꺼이 배우려고 하지는 않는다. 겸손하게 귀기울이는 영혼에게 지혜를 알려 주는 마음속의 거룩한 스승을 아직 발견하지 못했기 때문이다. 자기를 믿는 사람이 되어라. 그러나 당신의 자기 신뢰가 이기적인 것이 아닌 성자다운 것이 되도록 하라.

우둔함과 지혜, 나약함과 힘은 사람의 마음속에 있지 어떤 외부적인 것에 있지 않다. 또한 그런 것들은 어떤 외부적인 원인에서 생기지도 않는다. 사람은 다른 사람을 위해 강해질 수는 없다. 자기 자신을 위해서만 강해질 수 있다. 사람은 다른 사람을 위해 극복자가 될 수는 없으며, 오직 스스로를 극복할 수 있을 뿐이다.

당신은 다른 사람들로부터 배울 수도 있지만 당신 스스로 깨달음을 완성해야 한다. 외적으로 의지하는 모든 것을 물리치고 당신 속에 있는 진리에 의지하라. 유혹을 받을 때 교리는 사람을 지탱해 주지 못할 것이다. 유혹을 파괴하는 내적인 지식을 소유해야 한다. 사색적인 철학은 재앙의 때에 공허한 것으로 입증될 것이다. 사람은 슬픔에 종지부를 찍을 내적인 지혜를 소유해야 한다.

모든 종교의 목적인 선은 각 종교들 자체와 다르다. 모든 철학의 목적인 지혜는 각각의 철학과 다르다. 오직 순수한 생각과 선행을 끊임없이 실천함으로써, 자신의 정신과 마음을 아름답고 사랑스럽고 진실한 것들에 조화시킴으로써만 오류가 없는 지혜를 발견한다.

사람은 어떤 상태에 처해 있든지 간에 항상 진리를 발견할 수 있다. 그리고 강하고 지혜로운 사람이 되는 방향으로 현재 자신의 상태를 활용함으로써만 진리를 발견할 수 있다. 보상을 갈망하는 마음과 비겁하게 처벌을 두려워하는 마음을 떨쳐 버려라. 자신을 잊고 자신의 무가치한 쾌락도 잊고 모든 의무를 성실하게 수행하는 데 기쁘게 마음을 쏟으면서 강하고 순수하게 그리고 독립적으로 살라. 그러면 오류가 없는 지혜, 신적인 인내와 힘을 반드시 발견하게 될 것이다.

　　"의무와 이상을 갖지 않는 상황이 인간에게 있었던 적은 결코 없다.
　　그대의 이상은 여기에 있으며 다른 아무데도 없다.
　　여기에서부터 이상을 실행하라. 그리고 실행하면서 믿고, 삶을 누리고, 자유로워라.
　　이상은 당신 속에 있고 방해물도 당신 속에 있다.
　　당신이 처한 조건은 당신의 이상을 실현하기 위한 재료에 불과하다.
　　그런 재료가 이런 종류이든 저런 종류이든 뭐가 문제인가, 당신이 그것에 영웅적인, 시적인 형상을 부여할 터인데?
　　오, 실제의 존재가 속박되어 수척해진 그대여, 다스리고 창조할 왕국을 달라고 신들에게 비통하게 외치는 그대여, 이것이 진실임을 알라.
　　당신이 구하는 것은 이미 당신 안에, 지금 여기에 있다. 당신이 볼 수만 있다면 말이다!"

　　아름답고 신성한 모든 것이 당신 속에 있다. 그것은 이웃의 재물에 있지 않다. 당신은 가난한가? 당신이 당신의 가난보다 강하지 않다면 당신은 정말로 가난하다! 당신은 큰 불행을 겪은 적이 있는가? 당신은 거기에 걱정을 추가함으로써 그 불행을 치유하려는 것인가? 꽃병이 깨졌을 때, 눈물을 흘린다고 해서 그것을 고칠 수 있는가? 또 당신이 통곡한다고 해서 잃어버린

거룩한 삶 ·

97

기쁨을 회복할 수 있는가? 당신이 지혜롭게 대처하기만 한다면 사라지지 않을 악은 하나도 없다. 신적인 영혼은 과거의 일이나 현재의 일, 앞으로 일어날 일에 대해 슬퍼하지 않는다. 오히려 신성한 선을 끊임없이 발견하고, 일어나는 모든 일을 통해 지혜를 얻는다.

두려움은 이기심의 그림자이고 두려움은 애정 깊은 지혜가 있는 곳에서는 살 수가 없다.

의심, 근심, 걱정은 자아라는 지하세계에 있는 비현실적인 그늘이며, 자기 영혼의 가장 깊고 고요한 차원에 도달하려는 사람은 이런 것들로 인해 더 이상 괴로워하지 않는다. 또한 자신의 존재의 법칙을 이해하려는 사람은 슬픔을 영원히 쫓아버릴 것이다.

자신의 존재의 법칙을 이해한 사람은 생명의 최고 법칙을 발견할 것이고, 그것이 사랑이라는 것을, 불멸의 사랑이라는 것을 발견할 것이다. 그는 그 사랑과 하나가 될 것이며, 자기 마음에서 모든 미움과 어리석음을 몰아내고 모든 존재를 사랑하므로, 사랑이 주는 무적의 보호를 받게 될 것이다. 그는 아무것도 요구하지 않기 때문에 어떤 상실도 겪지 않을 것이다. 그는 어떤 쾌락도 추구하지 않기 때문에 어떤 슬픔도 발견하지 못할 것이다. 그리고 그의 모든 힘을 봉사의 도구로 사용하기 때문에 축복과 더없는 행복이라는 최고 상태에서 영원히 살게 될 것이다.

이것을 알라. 당신은 자신을 만들기도 하고 파괴하기도 한다. 당신은 있는 그대로의 당신 존재에 의해 일어서고 넘어진다. 노예가 되는 것을 더 좋아한다면 당신은 노예이다. 당신 자신을 주인으로 만든다면 당신은 주인이다. 당신의 동물적인 그리고 지적인 견해 위에 기초를 두고 살아가면 당신 삶을 모래 위에 세우는 것이다. 덕과 거룩함에 기초를 두고 살아가면 어떤 바람이나 파도에도 당신의 튼튼한 거주지가 흔들리지 않을 것이다. 그리하여 오류가 없는 지혜는 모든 위급한 상황에서 당신을 지탱해 주고 신의 영원한 팔이 당신에게 평화를 가져다 줄 것이다.

"왕도 도둑도 가져갈 수 없는 재물,
즉 선행의 수확을 매년 거두라. 당신이 당신 것이라고 부르는
모든 것, 즉 재산, 쾌락, 명예가 사라질 때,
당신의 덕으로 당신은 그 모든 상실을 넘어설 것이다."

온유의 힘

산은 가장 맹렬한 폭풍우에도 흔들리지 않고 갓난 새 새끼와 어린 양을 보호한다. 그리고 모든 사람들이 밟아 뭉갤지라도 산은 사람들을 보호하고 자신의 불멸의 가슴으로 그들을 지탱해 준다. 온유한 사람이나 겸손한 사람도 마찬가지다. 어느 누구도 그의 마음을 뒤흔들거나 어지럽힐 수 없으므로, 그는 측은히 여기는 마음으로 가장 천한 피조물을 보호하는 일에 힘을 쏟는다. 그리고 사람들에게 경멸당하더라도, 그는 모든 사람을 높여 주고 사랑하는 마음으로 그들을 보호한다.

산이 고요한 힘 속에서 영광스럽게 빛나듯이 거룩한 사람도 고요한 겸손 속에서 영광스럽게 빛난다. 산의 모습처럼 그의 사랑은 광대하고 숭고하다. 산의 기슭이 골짜기와 안개 속에 확고히 자리잡고 있듯이 그의 육체는 세상사의 현실 속에 자리잡고 있지만 그의 정신은 밝은 영광 속에 영원히 빛으로 감싸여 있고 고요와 침묵 가운데 살아간다.

온유함이나 겸손을 발견한 사람은 신성을 발견한 사람이다. 그는 신적인 의식을 깨달았고 자기 자신을 신성한 존재로 안다. 그는 또한 다른 모든 사람들도 신성한 존재로 안다. 비록 그들이 잠자고 꿈꾸는 의식 상태에 빠져 자신이 신성한 존재임을 모르고 있을지라도 말이다. 겸손은 신성한 자질이고, 그러므로 절대적으로 강력하다. 온유한 사람은 저항하지 않음으로써 이기고, 자신이 패배하는 것을 허용함으로써 최고의 승리를 획득한다.

힘으로 다른 사람을 정복하는 사람은 강하다. 하지만 자기 자신을 온유함으로 정복하는 사람은 위대하다. 힘으로 다른 사람을 정복하는 사람은 그 자신도 힘으로 정복당한다. 자신을 온유함으로 정복한 사람은 결코 정복당하지 않는다. 왜냐하면 인간은 신성한 존재를 이길 수 없기 때문이다. 온유한 사람은 패배 속에서 승리를 거둔다.

소크라테스는 사형을 당함으로써 더 오래 산다. 십자가에 못 박힌 예수에게서 부활한 그리스도가 드러난다. 그리고 복음을 증거하다 죽은 스테파노는 돌을 맞으면서도 돌의 해치는 힘을 좌절시킨다.

실재하는 것은 파괴될 수 없고 오직 비현실적인 것만이 파괴된다. 사람은 실재하는 것을 자기 마음속에서 발견할 때, 즉 항구적이고 지속적이며 불변하고 영원한 것을 발견할 때 그 실재 속으로 들어가고 온유하게 된다. 모든 어둠의 세력들이 그를 해치러 오겠지만, 그 세력들은 그에게 어떤 해도 입히지 못하고 결국 떠날 것이다.

겸손한 사람은 시련의 때에 눈에 띈다. 다른 사람들이 망할 때 그는 존속한다. 그의 인내는 다른 사람들의 어리석은 격정에 의해 파괴되지 않는다. 다른 사람들이 그를 공격하러 올 때 그는 "싸우거나 소리치지 않는다." 그는 자기 마음속의 악을 극복했기 때문에 모든 악의 철저한 무능력을 알고 있으며, 신성한 선의 불변하는 힘과 능력 가운데 살아간다.

겸손은 모든 존재들의 중심에 있는 불변하는 사랑이 작용하는 한 모습이다. 그러므로 겸손은 불멸의 자질이다. 겸손하게 사는 사람은 두려움이 없고 최고 존재를 알며, 가장 천한 격정을 뜻대로 지배한다.

온유한 사람은 어둠 속에서 빛나고 세상에 알려지지 않는 가운데 성장한다. 겸손은 자기 자신을 자랑하거나 광고할 수 없고, 대중의 인기에 의지해 번영할 수도 없다. 겸손은 실천될 뿐이며, 남들에게 보이기도 하고 보이지 않기도 한다. 겸손은 영적인 자질이기 때문에 영의 눈에만 보인다. 영적으로 깨어 있지 않은 사람들은 세속적인 겉모습과 겉치레에 매혹되고 눈이 멀어 겸손을 보지 못하고 사랑하지 못한다.

또한 역사도 겸손한 사람을 주목하지 않는다. 역사의 영광은 투쟁과 자기 확대의 영광이다. 온유한 사람의 영광은 평화와 친절의 영광이다. 역사는 거룩한 행위와 사건이 아닌 세속적인 행위와 사건들을 연대순으로 기록한 것이다. 그러나 겸손한 사람이 세상에 알려지지 않은 채 살아가더라도 그가 감춰질 수는 없다(어떻게 빛이 감추어질 수 있는가?). 그는 심지어 세상에서 사라진 뒤에도 계속 빛나며, 그를 모르던 세상이 그를 숭배한다.

온유한 사람은 자신이 무시당하고 학대받고 오해받는 것을 전혀 중요하게 생각하지 않는다. 따라서 그는 그런 대접에 주의를 기울이지 않고, 하물며 저항하는 일은 더욱 없다. 그는 그러한 모든 무기가 가장 보잘것 없고 무력한 그림자에 불과함을 안다. 따라서 그는 자신을 악하게 대하는 사람들에게 선으로 보답한다. 그는 누구에게도 저항하지 않고 그럼으로써 모두를 정복한다.

자신이 다른 사람들에게 상처받을 수 있다고 생각하고 그들에 대항해서 자신의 정당함을 증명하고 변호하려 애쓰는 사람은 온유나 겸손을 이해하지 못한다. 그는 삶의 본질과 의미를 이해하지 못한다.

"그는 나를 학대했고, 나를 때렸고, 나를 패배시켰고, 나에게 강도질했다.
그런 생각을 품은 사람들의 마음속에서 증오는 멈추지 않는다.
왜냐하면 증오가 증오에 의해 멈추는 일은 결코 없기 때문이다.
증오는 오직 사랑에 의해 멈춘다."

자, 당신은 당신의 이웃이 당신에 대해 거짓말을 했다고 말한다. 자, 그 래서 어떻다는 것인가? 거짓말이 진실한 당신을 다치게 할 수 있는가? 거 짓인 것은 거짓일 뿐이고 그것이 거짓의 끝이다. 거짓은 생명이 없고 거짓 에 의해 상처 받으려 애쓰는 사람을 제외하고는 아무에게도 상처를 입힐 힘이 없다. 이웃 사람이 당신에 대해 거짓말을 하는 것은 당신에게 아무 의 미가 없는 일이지만, 당신이 그에게 저항해서 당신의 정당함을 증명하려 애쓴다면 그것은 큰 일이 된다. 왜냐하면 그렇게 함으로써 당신은 그 이웃 의 잘못된 주장에 생명과 활기를 주기 때문이다. 그리고 그렇게 함으로써 당신에게 돌아오는 것은 상처와 고통이다. 당신 자신의 마음에서 모든 악 을 제거하라. 그러면 다른 사람들의 마음속에 있는 악에 저항하는 것이 어 리석은 일임을 알게 될 것이다.

당신은 자신이 짓밟힐 것이라고 말하는가? 그렇게 생각한다면 당신은 이 미 짓밟힌 것이다. 다른 사람들이 당신에게 입혔다고 생각하는 그 상처는 오직 당신 자신으로부터 온 것이다. 다른 사람들의 잘못된 생각이나 말 또 는 행동은, 당신이 격렬한 저항으로 그것들에 활기를 주고 그럼으로써 당 신 자신 안에 받아들이지만 않는다면 당신을 해칠 힘이 전혀 없다.

누군가 나를 비방하면 그것은 그의 일이지 내 일이 아니다. 나는 내 영혼 을 다루어야 하는 것이지, 내 이웃의 영혼에 간섭할 필요는 없다. 비록 모 든 세상 사람들이 나를 잘못 판단할지라도 그것은 내가 상관할 바가 아니 다. 반면에 내 영혼을 순수성과 사랑 가운데 유지하는 것이야말로 내가 상 관할 모든 일이다. 사람들이 자신의 옳음을 주장하기를 멈출 때까지는 투 쟁이 멈추지 않을 것이다.

싸움을 멈추게 하려는 사람이 있다면 그가 어떤 정당을 편드는 것을 그만 두게 하라. 자신을 변호하는 것조차도 그만두게 하라. 평화는 투쟁에 의해 올 수 없고 투쟁을 멈춤으로써 온다. 시저의 영광은 그의 적들이 저항하기 에 존재할 수 있다. 그의 적들은 저항했지만 망했다. 시저가 요구하는 것을 시저에게 주라. 그러면 시저의 영광과 권력은 사라진다. 따라서 온유한 사람은 복종함으로써 강한 사람을 정복한다. 하지만 그것은 겉으로만 복종하는 그런 노예상태가 아니다. 그것은 내면적이고 정신적인 복종이며 곧 자유이다.

온유한 사람은 어떤 권리도 주장하지 않기 때문에 자기 방어와 자기 정당화의 문제로 걱정하지 않는다. 그는 사랑 속에서 산다. 그러므로 우주의 영원한 법칙인 위대한 사랑의 직접적이고도 생생한 보호를 받는다. 그는 자신만의 사적인 소유를 주장하지도 추구하지도 않는다. 따라서 모든 것들이 그에게 오고 우주 전체가 그를 방어하고 보호한다.

"나는 겸손해지려고 노력했지만 실패했어"라고 말하는 사람은 정말로 겸손해지려고 노력한 것이 아니다. 겸손은 시험삼아 시도할 수 있는 것이 아니다. 오직 전적인 자기희생을 통해서만 겸손해질 수 있다. 겸손이나 온유가 단지 행동의 무저항에 있는 것은 아니다. 그것은 특히 생각의 무저항에 있다. 겸손은 이기적인 생각, 비난하는 생각, 복수하려는 생각을 전혀 품지 않는 것이다. 따라서 온유한 사람은 미움과 어리석음과 허영심을 초월해서 살기 때문에 성낼 수도 없고 자기 감정이 상처받을 수도 없다. 온유와 친절은 결코 실패할 수 없다. 천국과 같은 삶을 추구하는 그대여! 온유하고 겸손한 사람이 되기 위해 애쓰라! 인내심과 자제심을 날마다 키워 나가라. 가혹한 말은 전혀 하지 않도록 혀를 다스려라. 이기적인 논쟁에는 신경을 끊고, 당신이 저지른 잘못들에 대해 곰곰이 생각하지 말라. 그렇게 삶으로써 당신은 마음속에 겸손이라는 순수하고 우아한 꽃을 주의 깊게 기르고 재배할 것이고, 마침내 겸손의 신성한 감미로움, 순수함, 그리고 아름다운 완전함이 당신에게 나타날 것이다. 그러면 당신은 친절하고 기쁨이 충만하며 강한 사람이 될 것이다.

당신 주변에 성미가 급하고 이기적인 사람들이 많다고 불평하지 말라. 당신의 부족한 점들이 당신 자신에게 드러나도록 혜택을 받았다는 사실에 기뻐하라. 그리고 당신이 극기와 완전한 덕의 성취를 위해 끊임없이 노력할 수밖에 없는 처지에 놓인 것을 기뻐하라. 주변 사람들의 가혹함과 이기심이 많을수록 당신이 온유하고 겸손하며 사랑할 필요가 더 커진다. 다른 사람들이 당신에게 해를 끼치거나 부당한 대우를 하고자 한다면, 당신이 모든 잘못된 행위를 그만두고 사랑 가운데 살아야 할 필요성이 더 커진다. 다른 사람들이 온유, 겸손, 사랑을 설교하면서도 실천하지 않는다면 괴로워하거나 속태우지 말라.

오히려 마음의 침묵 속에서 그리고 다른 사람들과 접촉하는 가운데 온유, 겸손, 사랑을 실천하라. 그러면 그 덕목들이 스스로 설교하는 셈이 될 것이다. 그리고 비록 당신이 연설조의 말을 한마디도 않고 청중 앞에 서지 않을지라도 당신은 전세계를 가르칠 것이다.

당신이 온유하고 겸손해질 때 당신은 우주의 가장 심오한 비밀을 배우게 될 것이다. 자기 자신을 극복한 사람에게는 모든 것이 드러난다. 당신은 원인들의 원인을 꿰뚫어 볼 것이고 모든 환상의 베일을 하나씩 차례로 걷어내어 마침내 존재의 가장 깊은 본질에 도달하게 될 것이다. 그리하여 생명 자체와 하나가 됨으로써 당신은 모든 생명을 알게 될 것이다. 또 원인들을 꿰뚫어 보고 참으로 실재하는 것들을 앎으로서 당신은 더 이상 자신에 대해, 다른 사람들에 대해, 세상에 대해 걱정하지 않게 될 것이다. 당신은 모든 것들이 위대한 법칙의 도구라는 것을 알게 될 것이다. 당신은 온화한 마음으로 충만하여, 다른 사람들이 저주하는 곳에서 축복하고 다른 사람들이 미워하는 곳에서 사랑하게 될 것이다. 또 다른 사람들이 비난하는 곳에서 용서하고 다른 사람들이 싸우는 곳에서 양보하고 다른 사람들이 움켜쥐는 곳에서 포기하고 다른 사람들이 얻는 곳에서 잃게 될 것이다. 그리고 그들은 자신의 강함 속에서 약해질 것이며 당신은 약함 속에서 강해질 것이다. 그렇다. 당신은 강력히 우세하게 될 것이다. 변하지 않는 온화함이 없는 사람에게는 진리가 없다.

"그러므로 하늘이 어떤 사람을 구하고자 할 때는

그를 자비로 감싼다."

의로운 사람

의로운 사람은 무적이다. 어떤 적도 그를 도저히 이기거나 혼란시킬 수 없다. 그리고 의로운 사람은 자신의 성실성과 청렴결백이라는 보호 수단 외에 다른 어떤 보호 수단도 필요 없다.

악이 선을 이기는 것이 불가능하듯이, 불의한 사람은 결코 의로운 사람을 약하게 할 수 없다. 비방, 시기, 미움, 악의, 이런 것들은 의로운 사람에게 절대로 도달할 수 없고 어떤 고통도 일으킬 수 없다. 그리고 그를 해치려고 하는 사람들은 결국 그들 자신이 치욕을 받게 될 뿐이다.

의로운 사람은 숨길 것이 전혀 없고, 몰래 해야 할 어떤 행동도 저지르지 않으며, 다른 사람이 알지 않기를 바라는 생각과 욕망은 조금도 마음속에 품지 않기 때문에 두려움이 없고 부끄러움을 모른다. 그의 발걸음은 안정되고 몸은 반듯하며 말은 솔직하고 모호하지 않다. 그는 누구를 대하든 얼굴을 똑바로 본다. 누구에게도 잘못을 저지르지 않은 사람이 어떻게 두려움을 나타낼 수 있겠는가? 아무도 속이지 않은 사람이 어떻게 부끄러움을 느낄 수 있겠는가?

그리고 그는 부당한 모든 행위를 그만두었기 때문에 다른 사람에게 결코 부당한 일을 당하지 않는다. 속임수를 절대로 쓰지 않기 때문에 남에게 속는 일도 있을 수 없다.

의로운 사람은 철저히 성실하게 모든 의무를 수행하고 죄를 초월해서 살기 때문에 상처를 입을 가능성이 없다. 마음속의 악덕들을 죽인 사람은 외부의 어떤 적 때문에 약해지는 일이 결코 있을 수 없다. 그는 외부의 적을 막을 보호수단을 찾지도 않는다. 의로움이 충분한 보호수단이기 때문이다.

불의한 사람은 거의 모든 점에서 상처받기 쉽다. 자신의 격한 감정 가운데서 살아가고 편견, 충동, 그릇된 견해의 노예로 살기 때문에, 그는 끊임없이 (자신이 상상하듯이) 다른 사람들 때문에 고통을 겪는다. 다른 사람들의 비방, 공격, 비난은 그에게 큰 고통을 일으킨다. 그것들이 일리 있는 지적이기 때문이다. 의로움이라는 보호수단이 없기 때문에, 그는 보복과 불합리한 논의, 심지어는 속임수와 기만에 의지하여 자신을 정당화하고 보호하려 애쓴다.

부분적으로 의로운 사람은 그가 의로움에 미치지 못하는 모든 면에서 상처받기 쉽다. 의로운 사람이 자신의 의로움을 배반하고 하나의 죄라도 지으면, 무적의 상태는 사라진다. 그가 범죄로 인해 공격과 비난이 당연히 그에게 퍼부어져 상처를 입힐 수 있는 위치에 스스로 처했기 때문이다. 그가 먼저 스스로를 해친 것이다.

다른 사람 때문에 고통을 겪거나 상처를 입은 사람이 있다면 스스로를 돌아보게 하라. 그로 하여금 자기 연민과 자기 방어를 그만두게 하라. 그러면 자기 마음 안에서 모든 괴로움의 근원을 발견하게 될 것이다.

자기 마음 안에서 악의 근원을 끊어버린 의로운 사람에게는 어떤 나쁜 일도 일어날 수 없다. 오로지 선하게 살고, 생각과 말과 행위의 죄를 범하지 않기 때문에 그에게 일어나는 모든 일은 선하다. 어떤 사람이나 사건, 상황이 그에게 고통을 일으킬 수도 없다. 죄의 속박을 끊어버린 사람은 상황이나 환경에 휘둘릴 가능성이 철저히 없어졌기 때문이다.

괴로워하는 자들, 슬퍼하는 자들, 지친 자들, 마음이 상한 자들은 슬픔이 없는 피난처, 즉 영원한 평화의 안식처를 항상 찾는다. 그런 사람들로 하여금 의로운 삶이라는 피난처로 가게 하라. 그들이 죄 없는 상태라는 안식처로 지금 와서 들어가게 하라. 왜냐하면 슬픔은 의로운 사람을 압도할 수 없기 때문이다. 자신의 영적인 재산을 이기적 목적을 추구하는 데 낭비하지 않는 사람에게는 고난이 다가올 수 없다. 그리고 모든 사람에게 우호적인 마음을 진 사람은 피로감과 불안에 시달리는 법이 없다.

완전한 사랑

천국에 사는 빛의 자녀들은 우주를, 그리고 그 안에 포함된 모든 것을 사랑의 법이라는 한 법칙의 표현으로 본다. 그들은 사랑이 생명체든 무생물이든 모든 것 안에 있으면서 형상을 짓고, 유지하고, 보호하고 완성하는 힘이라고 생각한다. 그들에게 사랑은 생명의 한 규칙에 불과한 것이 아니라 생명의 법칙이고 생명 자체이다. 이것을 알기 때문에 그들은 삶 전체를 사랑에 따라 다스리고 그들 자신의 개성을 고려하지 않는다. 이렇게 최고 존재인 신성한 사랑에 순종함으로써 그들은 사랑의 힘에 의식적으로 참여하는 자가 되고 그리하여 운명의 주인으로서 완벽한 자유에 도달한다.

우주가 보존되는 것은 사랑이 그 중심에 있기 때문이다. 사랑은 유일한 보존력이다. 마음속에 미움이 있을 때마다 사람은 사랑의 법칙이 잔인하다고 상상하지만, 그의 마음이 동정과 사랑으로 성숙해지면, 그 법칙이 무한한 친절임을 알아본다. 사랑의 법칙은 너무나 친절해서 인간이 자신의 무지로 인해 스스로를 파괴하지 못하게 보호한다. 자신의 보잘것없는 개성에 부적절한 중요성을 부여함으로써 사랑의 법칙을 뒤엎으려는 미약한 노력을 하는 중에, 사람은 심한 일련의 고통을 스스로 초래하여 결국은 극심한 고통 속에서 지혜를 찾아 나설 수밖에 없게 된다. 지혜를 발견하면서 그는 사랑을 발견하고, 사랑을 그의 존재의 법칙으로, 우주의 법칙으로 알게 된다.

사랑은 벌하지 않는다. 사람은 자신의 미움에 의해, 스스로를 보존할 생명이 전혀 없는 악을 보존하려고 노력함으로써, 그리고 사랑을 뒤엎으려 노력함으로써, 스스로를 난폭하게 다룬다. 그러나 사랑은 생명의 실체이기 때문에 극복되거나 파괴될 수 없다. 화상을 입었을 때, 불을 비난하는가? 그러므로 고난을 당할 때는 자신 안에 어떤 무지나 불순종이 있는지 찾아 보라.

사랑은 완전한 조화, 순수한 기쁨이다. 그러므로 어떤 고통의 요소도 그 안에 없다. 순수한 사랑에 일치하지 않는 생각이나 행동은 조금도 하지 말라. 그러면 괴로움을 겪는 일은 더 이상 없게 될 것이다. 사랑을 알고 그리하여 사랑의 불멸의 기쁨에 참여하고 싶은 사람이 있다면, 그는 마음으로 사랑을 실천해야 한다. 그는 사랑이 되어야 한다.

사랑의 정신으로 항상 행동하는 사람은 결코 버림받지 않고 궁지에 몰리거나 곤경에 빠지는 일도 결코 없다. 사랑(비개인적인 사랑)은 지식이면서 동시에 힘이기 때문이다. 사랑하는 방법을 배운 사람은 모든 어려움을 극복하는 방법을, 모든 실패를 성공으로 바꾸는 방법을, 모든 사건과 상황에 축복과 아름다움이란 옷을 입히는 방법을 배운 셈이다.

사랑에 이르는 길은 극기를 실천하는 것이다. 그 길을 여행하면서 사람은 계속 나아감에 따라 지식 가운데 인격을 쌓는다. 사랑에 도달하면 그는 자신이 획득한 신성한 힘의 권한으로, 육체와 정신을 완전히 소유하게 된다.

"완전한 사랑은 두려움을 몰아낸다." 사랑을 아는 것은 온 우주에 어떤 해로운 힘도 없음을 아는 것이다. 심지어는 세속적이고 신앙 없는 사람들이 도저히 극복할 수 없는 장애물로 여기는 죄 자체도 선의 강력한 힘 앞에서는 움츠러들고 사라지는 매우 약하고 썩기 쉬운 것임이 드러난다. 완벽한 사랑은 악의가 전혀 없는 순수한 마음이다. 남에게 해를 끼치려는 생각과 욕망을 자기 마음 안에서 완전히 파괴한 사람은 우주의 보호를 받고, 자신이 무적의 존재임을 알게 된다.

완전한 사랑은 완전한 인내다. 분노와 성급함은 사랑과 공존할 수 없고 그 근처에 갈 수도 없다. 사랑은 사람이 쓰라린 일을 겪을 때마다 거룩함의 향기로 그것을 누그러뜨리고 시련을 성스러운 힘으로 변화시킨다. 사랑은 불평을 모른다. 사랑하며 사는 사람은 어떤 일에도 애통해하지 않고 모든 일과 상황을 거룩한 손님으로 받아들인다. 따라서 그는 항상 행복하고, 슬픔은 그를 덮치지 못한다.

완전한 사랑은 완전한 신뢰다. 움켜쥐려는 욕망을 파괴시킨 사람은 상실의 공포감으로 고통스러워하는 일이 결코 없다. 손실과 이득은 둘다 그에게 의미가 없다. 그가 모든 사람에게 애정 깊은 마음자세를 확고히 유지하고, 자신의 의무를 수행하면서 끊임없이 사랑으로 충만한 활동을 추구할 때, 사랑은 그를 보호하고 그가 필요로 하는 모든 것을 언제나 충분히 공급해 준다.

완전한 사랑은 완전한 힘이다. 현명하게 애정 깊은 마음은 권위를 전혀 행사하지 않고도 명령한다. 모든 사물과 모든 사람은 최고 존재에게 순종하는 그에게 순종한다. 그는 생각한다. 그리고 보라! 그는 이미 성취했다. 그는 말한다. 보라! 세상이 그가 하는 모든 말에 의지한다. 그는 영원히 변하지 않는 최강의 힘들에 자기 생각을 일치시켰기 때문에, 그에게는 나약함이나 불확실성이 더 이상 없다. 그의 모든 생각은 목적이고 그의 모든 행위는 성취이다. 그는 위대한 법칙에 따라 움직이고 자신의 보잘것없는 개인적 의지로 그 법칙을 거스르지 않는다. 그리하여 그는 신성한 힘이 방해받지 않고 은혜롭게 표현되면서 흘러나올 수 있는 통로가 된다. 그래서 그는 힘 자체가 된다.

완전한 사랑은 완전한 지혜이다. 모든 것을 사랑하는 사람은 모든 것을 아는 사람이다. 그는 자기 마음에 관련된 교훈들을 철저히 배웠기 때문에 다른 사람의 마음이 겪는 일과 시련을 안다. 그래서 다른 사람에게 뻐기지 않고 친절하게 배려해 준다. 사랑은 지성에 빛을 비춘다. 사랑이 없으면 지성은 맹목적이고, 차갑고, 생명력이 없다. 사랑은 지성이 실패하는 곳에서 성공한다. 사랑은 지성이 보지 못하는 곳에서 본다. 사랑은 지성이 무지한 곳에서 안다. 이성은 오직 사랑 안에서 완성되고 결국 사랑에 흡수된다. 사랑은 우주에서 최고 실재이고, 그러한 존재로서 사랑은 모든 진리를 속에 담고 있다.

무한한 부드러움은 우주를 포옹하고 소중히 기른다. 따라서 지혜로운 사람은 온유하고, 순진하고 다정하다. 그는 모든 피조물이 필요로 하는 한 가지가 사랑임을 알며, 사랑을 아낌없이 후하게 준다. 그는 모든 일에 사랑의 조화시키는 힘이 필요하다는 것을 알고 모진 생각과 행위를 그만둔다.

사랑의 눈에는 모든 것이 무수히 많은 복잡한 원인들로서가 아니라 영원한 원리들의 빛 안에서 드러난다. 모든 원인과 결과는 그 원리들에서 나오고 다시 그 안으로 되돌아간다. "하나님은 사랑이다" 그러므로 사랑보다 더 완전한 것은 없다. 순수한 지식을 발견하려는 사람은 먼저 순수한 사랑을 발견해야 한다.

완전한 사랑은 완전한 평화이다. 사랑과 함께 사는 사람은 슬픔으로 가득 찬 이승살이의 여행을 끝마친 사람이다. 고요한 정신과 평안한 마음으로 그는 슬픔의 그림자를 쫓아내고 불멸의 생명을 안다.

지식의 달인이 되고 싶으면 사랑의 달인이 되라. 최고의 경지에 도달하고 싶으면 사랑하는 마음과 측은히 여기는 마음을 끊임없이 계발하라.

완전한 자유

천국의 삶에는 어떤 속박도 없다. 거기엔 완전한 자유가 있다. 이것이 거룩한 삶의 위대한 영광이다. 이 최고의 자유는 오직 순종에 의해 얻어진다. 최고 존재에게 순종하는 사람은 최고 존재와 협력하며, 그럼으로써 자기 내부의 모든 힘과 외부의 모든 상황을 지배한다.

사람은 더 낮은 것을 선택하고 더 높은 것을 소홀히 할 수도 있다. 그러나 더 낮은 것은 더 높은 것을 결코 이기지 못한다. 여기에 자유의 계시가 있다. 더 높은 것을 선택하고 더 낮은 것을 버려라. 그러면 자신을 극복인 overcomer으로 확립시키고 완전한 자유를 실현하게 될 것이다.

자기 좋을 대로 행동하는 것은 오직 노예 상태일 뿐이다. 자신을 극복하는 것이 유일한 자유이다. 자아에 사로잡힌 사람은 자신을 속박하는 굴레를 사랑하고, 소중히 간직해 온 기쁨을 빼앗길까 두려워서 속박을 끊어 버리지 않을 것이다. 그는 욕구 총족과 자랑거리에 집착하고, 그것들로부터 자유로워지는 것을 쓸데없고 바람직하지 못한 상태라고 생각한다. 그래서 그는 패배하고 스스로 노예가 된다.

자기 계발에 의해 완전한 자유가 발견된다. 사람은 자신에 대해, 자신의 욕망에 대해, 자신의 감정과 생각에 대해, 그리고 자신의 삶과 운명을 형성하는 내적 원인들에 대해 모른 채 있는 동안에는 자신을 통제하지도 이해하지도 못한다. 그는 격정, 슬픔, 고통, 변화무쌍한 운명에 속박된 채 남아있을 것이다. 완전한 자유의 나라는 지식의 문을 통과한 다음에 나타난다.

모든 외적인 압제는 마음속에 있는 진짜 대립의 그림자이자 결과에 불과하다. 여러 세기 동안 압박 받는 자들은 자유를 소리높여 요구했고, 인간이 만든 수많은 법률들은 그들에게 자유를 주는 데 실패했다. 그들은 그들 자신에게만 자유를 줄 수 있다. 그들은 마음속에 새겨져 있는 신성한 법률에 순종할 때만 자유를 발견하게 될 것이다. 그들이 내적인 자유에 의지하게 하라. 그러면 압제의 그림자는 더 이상 세상을 어둡게 하지 못할 것이다. 사람들이 그들 자신을 억압하는 것을 멈추게 하라. 그러면 누구도 자기 형제를 억압하지 않게 될 것이다.

사람들은 외부적인 자유를 위해 법률을 제정하지만, 내적인 노예상태를 마음속에 품고 기르기 때문에 그러한 자유가 실현되는 것을 계속 불가능하게 만들고 있다. 그리하여 그들은 외부의 그림자를 추구하고 내부의 실체를 무시한다. 인간은 자아로부터 자유로워질 때 자유로워진다. 모든 외부적 형태의 속박과 압제는 인간이 자발적으로 격정, 그릇된 생각, 무지에 사로잡힌 노예가 되기를 그만둘 때 끊어질 것이다. 자유는 자유로운 자들의 것이다.

사람은 나약한 생각과 습관에 집착하고 있는 동안에는 힘을 가질 수 없다. 어둠을 사랑하는 동안에는 어떤 빛도 받을 수 없다. 속박을 더 좋아하는 한 어떤 자유도 누릴 수 없다. 힘, 빛, 그리고 자유는 바로 지금 가까이에 있고, 그것들을 사랑하고 열망하는 사람은 누구나 가질 수 있다. 자유는 연합 공격에 있지 않다. 이것은 그 반작용으로 연합 방어, 즉 전쟁, 미움, 당파 싸움, 자유의 파괴를 항상 낳기 때문이다. 자유는 각 개인의 자기 극복에 있다. 인류 해방은 각 개인의 자기 노예화 때문에 좌절되고 억제된다.

사람들과 하나님께 자유를 소리높여 요구하는 그대여, 그대 자신을 해방시켜라!

천국의 자유는 격정으로부터, 갈망으로부터, 의견으로부터, 육신의 포악한 압제로부터, 지성의 압제로부터 벗어난 자유이다. 이 자유를 먼저 얻으면, 그 결과로 모든 외부적 자유를 얻게 된다.

마음속에서 시작되어 외부로 퍼져 나가 한 사람 전체를 둘러싸는 자유는 모든 짜증나는 속박을 끊어 버릴 정도로 완전하고 포괄적이며 완전한 해방이다. 당신의 영혼을 모든 죄에서 해방시켜라. 그러면 두려움 속에 사는 노예들의 세상 한가운데서 자유롭고 두려움 없는 사람으로 걷게 될 것이다. 당신을 보고 많은 노예들이 용기를 내서 당신의 영광스러운 자유에 함께 참여하게 될 것이다.

"내게 주어진 세상의 의무가 지겨워요. 그것을 버리고 은둔생활을 할 거예요. 거기서 난 공기처럼 자유롭게 될 겁니다"라고 말하고, 그런 식으로 자유를 얻을 생각을 하는 사람은 오직 더 힘든 노예상태에 처한 자신을 발견하게 될 것이다. 자유라는 나무는 의무에 그 뿌리를 두고 있다. 자유라는 나무의 달콤한 열매를 따려고 하는 사람은 의무에서 기쁨을 발견해야 한다.

자아에서 벗어난 사람은 유쾌하고 침착하며 모든 임무를 수행할 준비가 되어 있다. 지루함과 싫증은 그의 마음속에 들어갈 수 없다. 그리고 그의 신성한 힘이 모든 짐을 가볍게 하기에 의무의 무게가 느껴지지 않는다. 그는 속박에 얽매인 채 의무로부터 도망치지 않는다. 그는 속박을 깨부수고 자유롭게 산다.

당신 자신을 순수하게 만들라. 당신 자신이 나약함과 유혹과 죄에 결코 넘어가지 않는 경지에 도달하게 하라. 전세계가 간절히 찾고 있지만 찾지 못하는 그 완전한 자유를 당신은 오직 자신의 마음과 정신 속에서만 발견하게 될 것이기 때문이다.

위대함, 단순함, 그리고 선함

　　　　　　선함, 단순함, 위대함 이 세 가지 완전한 덕의 삼위일체는 분리될 수 없다. 모든 위대함은 선함에서 나오고 모든 선함은 극히 단순하다. 선함이 없이는 어떤 위대함도 없다. 어떤 사람들은 빗발치는 눈사태와 같은 파괴적인 힘으로써 세상을 살다 간다. 그러나 그들은 위대하지 않다. 그들이 위대하지 못한 것은 눈사태가 산에 아무 영향을 미치지 못하는 것과 같다. 위대한 일은 영원히 남고 다른 것들을 보존하는 힘이 있으며 결코 폭력적이거나 파괴적이지 않다. 가장 위대한 영혼들은 가장 온유하다.

　위대함은 결코 주제넘게 나서지 않는다. 위대함은 결코 인정받기를 바라지 않고 조용히 일한다. 그래서 위대함은 쉽게 눈에 띄거나 인정받지 못한다. 위대함은 마치 산처럼 웅대하게 우뚝 솟아 있다. 산 가까이 살면서 산이 제공하는 보호와 그늘을 누리는 사람은 산의 웅대함을 보지 못한다. 오직 멀리 떨어져서 볼 때만 산의 장엄한 위엄을 볼 수 있다. 위대한 사람은 동시대인들이 알아보지 못한다. 그의 위대한 모습은 그가 죽은 다음에야 드러난다. 이것은 멀리서 볼 때 느끼는 경외심과 매력이다.

대부분의 사람들은 집이나 나무, 땅 같은 사소한 것들에 열중한다. 소수의 사람들만 자기들이 그 기슭에서 살고 있는 산을 바라보고, 더 소수의 사람만 산을 탐험할 시도를 한다. 그러나 멀리서 보면 이런 사소한 것들은 사라지고 산의 고독한 아름다움이 눈에 들어온다. 인기, 요란한 과시, 천박한 겉꾸밈, 이런 천박함은 신속히 사라지고 어떤 지속적인 흔적도 남기지 않는다. 반면에 위대함은 알려지지 않은 곳에서 서서히 나타나 영원히 지속된다.

유대의 랍비와 대중들은 모두 예수의 신성한 아름다움을 보지 못했다. 그들은 무식한 목수를 보았을 뿐이다. 호머는 그를 아는 주변 사람들에게 눈먼 거지였을 뿐이지만 수세기 후에 그는 불멸의 시인으로 드러난다. 스트랫포드의 한 농부로만 알려졌던 셰익스피어는 죽은 지 이백 년 후에야 사람들이 그의 진면목을 알아보게 되었다. 모든 진정한 천재성은 비개인적이다. 진정한 천재성은 그것을 나타내는 사람에게 속한 것이 아니고, 모든 사람에게 속한 것이다. 그것은 순수한 진리, 즉 모든 인류에게 내려오는 천국의 빛이 퍼뜨려진 것이다.

천재들의 모든 작품은, 어떤 예술 분야이든지 간에, 비개인적인 진리의 상징적 표현이다. 그것들은 보편적이며 모든 시대와 모든 민족의 모든 마음 속에서 응답을 발견한다. 이에 미치지 못하는 작품은 천재적이라 할 수 없고 위대한 것이 아니다. 종교를 변호하는 행위는 결국 사라진다. 살아남는 것은 종교이다. 불멸성에 관한 이론들은 언젠가는 사라진다. 그러나 불멸의 인간은 계속 살아남는다. 진리에 대한 논평은 결국 먼지로 변한다. 그러나 진리는 홀로 남는다. 진실한 것을 표현하는 예술만이 참된 예술이다. 삶 속에서는 보편적으로 그리고 영원히 참된 것만이 위대하다. 진리는 선이다. 그리고 선은 진리이다.

모든 불후의 업적은 인간의 마음속에 있는 영원한 선에서 생겨난 것이고 그 업적은 선의 감미롭고 꾸밈없는 단순성으로 빛난다. 가장 위대한 예술은 자연처럼 꾸밈이 없다. 그것은 어떤 기교도 어떤 겉치레도 어떤 의도적인 노력도 모른다. 셰익스피어의 작품에는 어떤 무대 묘기도 없다. 그는 가장 단순한 극작가이기에 가장 위대한 극작가이다. 비평가들은 위대함의 지혜로운 단순성을 이해하지 못하기 때문에 가장 고상한 작품을 항상 비난한다. 그들은 유치한 것과 순진한 것을 구별할 수 없다. 진리, 아름다움, 위대함은 항상 순진하고 영원하게 새롭고 젊다.

위대한 사람은 항상 선한 사람이다. 그는 항상 단순하다. 그는 마음속에 있는 신성한 선의 무진장한 원천에서 힘과 지혜를 끌어내고 그 안에서 산다. 그는 거룩한 경지에서 살아간다. 즉 이미 죽은 위대한 성인들과 교제하고 신과 함께 산다. 그는 천국의 공기를 들이쉬고 내쉰다.

위대해지려는 사람은 먼저 선해지는 법을 배워야 한다. 선한 사람이 되면 위대함을 추구하지 않음으로써 위대한 사람이 될 것이다. 위대함을 목표로 삼으면 무無에 도달하게 된다. 무를 목표로 삼음으로써 사람은 위대함에 도달한다. 위대해지고 싶은 욕망은 작은 마음, 개인적 허영심, 오만함의 표시이다. 세상 사람들의 주목으로부터 기꺼이 사라지려는 마음, 자아확대의 욕구가 전혀 없는 것이 위대함의 증거이다.

마음이 작은 사람은 권위를 추구하고 사랑한다. 위대함은 결코 강압적이지 않다. 그리고 그것에 의해 위대함은 후세 사람들이 의지하는 권위가 된다. 애써 구하는 사람은 잃는다. 기꺼이 잃으려고 하는 사람은 모든 사람을 얻는다. 당신의 단순한 자아가 되라. 당신의 보다 나은 자아, 당신의 비개인적 자아가 되라. 그리고 보라! 당신은 위대한 사람이다! 이기적으로 권위를 추구하는 사람은 널리 인정받은 위대한 사람의 등 뒤에서 보호를 받으려 하며 벌벌 떠는 변호자가 되는 데 성공할 뿐이다.

어떤 개인적 권위도 바라지 않고 모든 인류의 종이 되려는 사람은 단순하게 살 것이고 위대한 사람으로 불릴 것이다.

"당신 삶의 단순하고 고결한 영역 속에 거하라,

당신의 마음에 순종하라, 그러면 당신은 다시 황금시대를 재현할 것이다."

당신의 작은 자아를 잊고 보편적 자아에 의지하라. 그러면 당신은 수많은 아름다운 경험을, 활기 있고 오래 지속되는 형태로 재현하게 될 것이다. 당신은 자신 속에서 위대함이라는 단순한 선을 발견하게 될 것이다.

"보잘것없는 사람이 되는 것이 쉬운 만큼 위대한 사람이 되는 것도 쉽다" 라고 에머슨은 말했다. 그는 심오한 진리를 말했다. 자아를 잊는 것은 위대함의 전부이다. 그것은 마치 자아 잊음이 선함과 행복의 전부인 것과 같다. 자아를 잊는 아주 짧은 순간에 가장 보잘것없는 영혼이 위대해진다. 그 순간을 무한히 늘려 나가라. 그러면 위대한 영혼, 위대한 삶이 존재하게 된다. 당신의 개성(당신의 사소한 갈망, 허영심, 그리고 야망)을 무가치한 옷처럼 던져 버리고, 당신 영혼의 애정 깊은, 동정심이 많은, 사심 없는 영역 속에 거하라. 그러면 당신은 더 이상 작은 사람이 아니라 위대한 사람이다.

개인적인 권위를 주장하면 사람은 보잘것없는 상태로 떨어진다. 그러나 선을 실천하면 사람은 위대한 상태로 올라간다. 보잘것없는 사람의 뻔뻔함이 얼마동안 위대한 자의 겸손을 덮어 가릴 수도 있지만 결국 그 뻔뻔함은 위대한 자의 겸손에 의해 삼켜져 사라진다. 마치 시끄러운 강물이 고요한 바다 속에서 조용해지듯이 말이다.

무지의 야비함과 지식의 교만은 둘 다 사라져야 한다. 그 둘의 무가치함은 똑같다. 그것들은 선善의 영혼과는 아무런 관계도 없다. 당신이 무지하거나 교만하다면 당신은 선의 영혼과는 아무 관계도 없을 수밖에 없다. 당신은 정보를 지식으로 착각하지 말아야 한다. 당신은 자신을 순수한 인식 pure knowledge으로 알아야 한다. 당신은 학식과 지혜를 혼동하지 말아야 한다. 당신은 자신을 깨끗하고 순수한 지혜로 생각해야 한다.

당신은 깊은 감동과 의미를 주는 책을 쓰고 싶은가? 당신은 먼저 삶을 경험해야 한다. 당신은 다양한 경험이라는 신비스러운 의복을 걸쳐야 하고, 즐거움과 고난, 기쁨과 슬픔, 승리와 패배를 겪으면서 어떤 책도 그리고 어떤 선생도 당신에게 가르쳐 줄 수 없는 것을 배워야 한다. 당신은 경험 많은 사람이 되어야 한다. 당신은 삶에 관해 깊은 안목을 갖추어야 한다. 그리고 나서 당신의 책을 써라. 그러면 그 책은 당신이 죽은 뒤에도 계속 남게 될 것이다. 그것은 하나의 책 이상의 것이 될 것이다. 당신의 책이 먼저 당신 안에 살게 하라. 그러면 당신은 당신의 책 속에서 살 것이다.

오래도록 사람들의 마음을 사로잡을 조각상을 만들고 싶은가? 또는 영원히 남을 그림을 그리고 싶은가? 당신은 먼저 당신 속에 있는 신성한 아름다움을 충분히 이해해야 한다. 당신은 보이지 않는 아름다움을 이해하고 숭배해야 한다. 당신은 형상의 영혼인 영원한 원리들을 알아야 한다. 생명의, 존재의, 우주의 비길 데 없는 균형과 조화 그리고 완전한 비율을 알아보아야 한다. 영원히 참된 것을 이렇게 알아봄으로써, 당신은 말로 표현할 수 없을 만큼 아름다운 것을 조각하거나 그릴 것이다.

불후의 시를 쓰고 싶은가? 당신은 먼저 당신의 시를 몸소 살아야 한다. 당신은 율동적으로 생각하고 행동해야 한다. 당신 마음의 사랑 깊은 장소에서 결코 마르지 않는 영감의 원천을 발견해야 한다. 그러면 노력 없이도 불후의 시가 당신으로부터 흘러나올 것이다. 숲과 들판에 있는 꽃들이 자연적으로 피어나듯이 아름다운 생각들이 당신의 마음속에서 자라나게 될 것이고, 그 생각들의 아름다움을 표현하는 단어 속에 담겨져 사람들의 마음을 아름다움으로 정복할 것이다.

당신은 세상을 기쁘게 하고 향상시킬 그런 음악을 작곡하고 싶은가? 당신은 천국의 화음에 자신의 영혼을 맞추어야 한다. 당신 자신이 음악이라는 것을, 생명과 우주가 음악이라는 것을 당신은 알아야 한다. 당신은 생명이라는 악기를 연주해야 한다. 당신은 음악이 어디에나 있다는 것을, 음악이 존재의 중심이라는 것을 알아야 한다. 그러면 당신은 불멸의 교향악을 영적인 귀로 듣게 될 것이다.

깊은 감동과 의미를 주는 말을 사람들에게 설교하고 싶은가? 당신은 자신을 버리고 그 말이 되어야 한다. 당신은 한 가지 사실을 알아야 한다. 그것은 사람의 마음이 선하고 신성하다는 것이다. 당신은 한 가지 것, 즉 사랑을 실천하며 살아야 한다. 당신은 어떤 악도 보지 않고 어떤 악도 생각하지 않고 어떤 악도 믿지 않으면서 모든 존재를 사랑해야 한다. 그러면 당신이 말을 거의 하지 않더라도 당신의 모든 행동은 강력한 영향력을 발휘할 것이고 당신이 하는 모든 말은 사람들에게 교훈이 될 것이다. 당신은 순수한 생각과 사심없는 행위라는 모범을 통해, 비록 그것이 사람들의 눈에 띄지 않더라도, 향상의 꿈을 가진 후세의 많은 영혼들에게 당신의 뜻을 전하게 될 것이다.

모든 것을 희생하면서 선을 택한 사람에게는 모든 것 이상이면서 모든 것을 포함하는 것이 주어진다. 그는 최상의 것을 소유하게 되며, 최고 존재와 교제하고 위대한 영혼들과 사귀게 된다.

흠 없고 세련되고 완전한 위대함은 모든 기교를 초월한다. 그것은 완전한 선의 표현이다. 그러므로 가장 위대한 영혼들은 언제나 스승들이다.

마음속의 천국

마음이 순수할 때 삶의 고난도 멈춘다. 마음이 신성한 법칙과 조화를 이루면 고난의 수레바퀴가 멈추고, 모든 일이 즐거운 활동으로 변화한다. 순수한 마음을 가진 사람은 들판의 백합과도 같다. 백합은 수고하지 않아도 모든 선의 보고인 자연으로부터 필요한 영양분을 섭취한다. 그렇다고 해서 백합이 무기력한 것은 아니다. 백합은 끊임없이 동화작용을 하면서 땅과 대기와 태양으로부터 영양분을 끌어낸다. 내부에 있는 신성한 힘에 의해, 백합은 세포를 하나하나 스스로 만들어 내고, 햇빛에 자신을 노출시켜, 완벽한 꽃의 모양으로 점점 자라난다.

이기적 의지를 포기하고, 신성한 의지와 협력하는 방법을 배운 사람의 경우도 마찬가지다. 그는 근심 없이, 그리고 알력과 고생 없이, 품위와 덕과 아름다움을 늘려 나간다. 그는 헛된 일을 하지 않으며, 소모적인 행동도 없다. 그가 하는 모든 생각과 행위와 일은 신성한 목적에 도움이 되며, 인류의 행복을 증진시키는 데 기여한다.

천국은 마음속에 있다. 자신의 내부에서 천국을 찾기 전까지는 바깥 세상의 어느 곳에서도 천국을 찾지 못한다. 어디를 가든 자신의 생각과 욕망이 동행하기 때문이다. 자신이 거주하고 있는 생활 환경이 아무리 아름답다 해도, 마음속에 죄가 있다면, 바깥 세상에도 어둠과 우울함이 있을 것이다. 죄는 영혼이 가는 길에 어두운 그림자를, 슬픔의 그림자를 드리우기 때문이다.

세상은 아름답다. 신비하고 놀랍도록 아름답다. 세상에는 아름답고 경이로운 것들이 셀 수도 없이 많다. 그러나 죄로 뒤덮힌 정신에게는, 세상이 어둡고 쓸쓸한 곳으로 보인다. 격정과 이기심이 있는 곳에는 지옥이 있다. 거기에는 지옥의 고통이 가득하다. 신성함과 사랑이 있는 곳에는 천국이 있다. 거기에는 천국의 기쁨이 가득하다.

천국은 바로 여기에 있다. 천국은 또한 어디에나 있다. 순수한 마음을 가진 사람에게는 모든 곳이 천국이다. 온 우주가 기쁨으로 가득하지만, 죄에 갇힌 마음은 기쁨을 볼 수도, 들을 수도, 함께 나눌 수도 없다. 어느 누구도 자기 의지와 상관없이 천국으로부터 밀려나는 것이 아니다. 각자가 스스로를 천국으로부터 차단시킨 것이다. 천국의 문은 영원히 열려 있다. 그러나 이기적인 사람은 그 문을 찾을 수 없다. 이기적인 사람은 슬퍼하지만 보지 못하고, 울부짖지만 듣지 못한다. 오직 천국다운 것에 시선을 돌리고 천국의 소리에 귀기울이는 사람들에게만 천국의 입구가 나타나며, 그들은 안으로 들어가는 기쁨을 누린다.

마음이 올바르면, 신성한 사랑의 감미로운 화음에 마음을 맞추면, 삶 전체가 기쁨이 된다. 삶이 종교이고 종교는 삶이며, 모든 것이 기쁨이고 즐거움이다. 기쁨, 음악, 아름다움, 이것들이야말로 진정한 사물의 질서에 속하며, 우주의 본질적인 특성을 이루는 것들이다. 또한 삶이라는 신성한 옷은 이것들을 재료로 해서 만들어진다. 순수한 종교는 우울함이 아니라 기쁨이다. 어둠이나 그림자가 없는 빛인 것이다.

낙담, 실망, 슬픔, 이런 것들은 즐거운 흥분, 이기주의, 욕망이 반사되어 나타난 모습이다. 흥분과 이기주의, 욕망을 버려라. 그러면 낙담, 실망, 슬픔이 사라질 수밖에 없고 천국의 완전한 행복만 남는다.

풍요롭고 순수한 행복이 사람의 참된 삶이다. 완전한 행복은 사람이 마땅히 누려야 할 몫이다. 잘못된 삶을 벗어나 참된 것을 찾으면 자신의 정신세계 전체를 완전히 소유하게 된다. 천국은 마음의 고향이다. 천국은 지금 여기에 있으며 자신의 마음속에 있다. 천국을 찾고자 한다면, 방향을 안내하는 이정표는 언제든지 발견할 수 있다. 모든 이의 슬픔과 고통은 성스러운 원천, 모든 선, 하나님, 사랑의 마음으로부터 스스로 멀리 떠난 결과이다. 마음의 고향으로 돌아가라. 평화가 기다리고 있을 것이다.

천국의 마음을 가진 사람은 죄가 없기 때문에 슬픔과 고통이 없다. 천국의 마음을 가진 사람은 세속적인 마음을 가진 사람이 고생으로 여기는 것을 사랑과 지혜로 행할 즐거운 일로 여긴다. 괴로움은 지옥에 속하는 것으로, 천국에는 들어오지 않는다.

이 사실은 너무 단순해서 이상하게 보이지 않는다. 당신이 걱정거리를 가지고 있다면 그것은 당신의 마음속에 있으며 다른 어디에도 없다. 당신이 그것을 만들었을 뿐 그것이 당신을 위해 만들어진 것은 아니다. 그것은 당신의 일 속에 있지 않다. 그것은 외부적인 상황 속에 있지 않다. 당신이 그것을 만든 장본인이고 그 걱정거리는 오직 당신으로부터 생명을 얻는다. 당신의 모든 어려움을 배워야 할 교훈으로 받아들이고, 정신적 성장의 밑거름으로 간주하라. 그리하면 그것들은 더 이상 어려움이 아니다. 천국으로 가는 길목의 하나일 뿐이다.

모든 것을 행복과 즐거움으로 변화시키는 것, 이것이야말로 천국의 마음을 가진 자의 일이자 의무이다. 모든 것을 불행과 손실로 몰아가는 것, 이는 세속적인 마음을 가진 자가 자기도 모르게 좇는 과정이다. 사랑 안에서 살면 기쁨 안에서 일하게 된다. 사랑은 모든 것을 힘과 아름다움으로 바꾸는 마술이다. 사랑은 가난으로부터 풍요를, 나약함으로부터 힘을, 추한 모습으로부터 사랑스러움을, 쓰라림으로부터 감미로움을, 어둠으로부터 빛을 만들어내며, 사랑의 풍요롭고 견실한 본질, 그러나 말로 표현할 수는 없는 그 본질로부터 온갖 행복한 상태를 만들어 낸다.

사랑을 하는 사람은 부족함을 모른다. 우주는 선에 속하므로 선한 사람에게 선이 돌아간다. 모든 사람이 제한없이 넘치도록 풍성하게 선을 소유할 수도 있다. 선 자체가, 그리고 선의 부유함, 즉 물질적, 정신적, 영적 부가 무진장하기 때문이다. 사랑의 느낌으로 생각하고, 말하고, 행동하라. 그러면 당신이 필요로 하는 모든 것이 공급될 것이며, 당신은 황량한 불모지를 걷지 않을 것이고 어떤 위험도 덮치지 못할 것이다.

사랑은 깨끗하고 순수한 시선으로 바라보며, 정확한 판단력으로 판단하며, 지혜롭게 행동한다. 사랑의 눈으로 바라보라. 그러면 당신은 어디서나 아름다움과 진리를 보게 될 것이다. 사랑의 마음으로 판단하라. 그러면 잘못을 범하지 않을 것이며 다른 이의 마음을 아프게 하는 일도 없을 것이다. 사랑의 정신으로 행동하라. 그러면 당신은 삶이라는 하프로 영원한 화음을 연주하게 될 것이다.

자신의 이기심과 타협하지 말라. 당신의 전 존재가 사랑으로 감싸질 때까지 노력을 멈추지 말라. 모든 존재를 항상 사랑하는 것, 이는 최상의 천국이다.

"지극히 아름답고 지극히 온유한 것만 당신 마음속에 남겨 두고 그 외에는 모두 버려라. 그리하면 당신 인격의 매력으로 모든 것이 아름다워지고 부드러워질 것이다."

당신이 하는 모든 일을 고요한 지혜를 가지고 행하도록 하라. 욕망이나 충동, 세상의 평판에 따라 행동하지 말라. 이것이 천국의 행동 방식이다.

어떤 흠도 남지 않을 때까지 당신의 정신세계를 정화하라. 그러면 육체를 지니고 사는 동안에도 천국의 경지에 오르게 된다. 그때는 바깥 세계의 사물들이 온갖 아름다운 형태를 지니고 있음을 보게 될 것이다. 우리 자신 내부에서 성스러운 아름다움을 발견하고 나면, 외부에 존재하는 모든 것들도 갑자기 성스러운 아름다움을 보이기 시작한다. 아름다운 영혼에게는 전 세계가 아름답게 보인다.

미성숙한 영혼은 아직 피어나지 않은 꽃에 불과하다. 완벽한 아름다움은 그 영혼의 내부에 숨겨져 있으며, 언젠가는 천국의 빛 속에 모습을 드러내게 된다. 이렇게 사람들을 보면서 우리는 악이 없고 선만 바라보는 곳에 서게 된다. 여기에는 사랑의 평화와 인내와 아름다움이 있다. 사랑은 어떤 악도 보지 않는다. 그러므로 사랑을 하는 사람은 모든 사람들을 보호하는 사람이 된다. 무지 때문에 사람들이 그를 미워할지라도, 그는 그들을 감싸고 사랑한다.

꽃이 하루 만에 피지 않는다고 해서 자신이 키우는 꽃들을 꾸짖는 바보 같은 정원사가 있겠는가? 사랑하는 법을 배워라. 그리하면 모든 영혼에게서, 심지어 타락했다는 영혼들에게서도 그들 안에 있는 성스러운 아름다움을 보게 될 것이다. 그리고 그 아름다움이 때가 되면 결국 반드시 모습을 드러낼 것임을 알게 될 것이다. 이것이 천국의 비전 중 하나이며, 이것으로부터 기쁨이 샘솟는다.

죄, 슬픔, 고난, 이것들은 아직 꽃을 피우지 못한 영혼이 빛을 찾아 어둠 속에서 더듬거리는 상태와 같다. 당신 영혼의 꽃잎을 피우고 영광스러운 빛이 흘러들게 하라.

죄 많은 모든 영혼들은 불협화음과 같다. 그러나 그런 영혼들도 결국에는 완벽한 화음을 연주하여, 천국의 즐거운 멜로디를 울려 퍼지게 할 것이다.

지옥은 천국으로 가기 위한 준비 단계이다. 완벽해진 영혼이 살 수 있는 아름다운 저택은 폐허가 된 지옥 집의 파편으로 만들어진 것이다.

밤은 세상이 던지는 덧없는 그림자이며, 슬픔은 이기심 때문에 생기는 일시적 그늘일 뿐이다. "햇빛 속으로 나오라". 오, 독자여 이것을 알라! 당신은 신성한 존재다. 당신은 스스로 믿지 않을 뿐 신성에서 떨어져 있지 않다. 일어나라, 신의 아들이여! 그리고 당신을 속박하는 죄의 악몽을 떨쳐 버려라. 당신이 물려받은 유산, 즉 하늘의 왕국을 받아들여라! 더 이상 독약과도 같은 그릇된 믿음으로 당신의 영혼을 취하게 하지 말라. 당신이 스스로 선택하지 않는 이상 당신은 "흙 속에 사는 벌레" 같은 존재가 아니다.

당신은 신성하고 불멸이며, 신적인 존재로 태어났다. 만약 당신이 탐구하고 찾는다면 그 사실을 알 수도 있다. 더 이상 불순하고 천박한 생각에 집착하지 말라. 그러면 자신이 순수하고 사랑스러운 생각으로 가득 찬 빛나는 거룩한 영이라는 것을 알게 될 것이다. 불행, 죄, 그리고 슬픔은 당신이 그것들을 삶의 몫으로 받아들이지 않는다면 당신 몫이 되지 않는다. 당신이 그렇게 받아들인다면, 그후부터 그것들은 당신 운명이 될 것이다. 왜냐하면 이런 것들은 당신 영혼의 상태와 떨어져 있지 않기 때문이다. 그것들은 당신이 어디를 가든지 따라다닐 것이다. 그것들은 당신 마음속에만 존재한다.

지옥이 아닌 천국이 이 세상에서 그리고 항상 당신의 몫이다. 천국을 얻으려면 당신에게 속한 것을 당신이 갖기만 하면 된다. 당신은 주인이고, 그러므로 누구를 섬길 것인지는 당신이 선택한다. 당신은 자신이 처하는 상태를 만드는 사람이고 당신의 선택이 당신의 상태를 결정한다. 당신은 기도하고 구하는 것을 받을 것이다. 그러나 입으로만 구하는 것이 아닌 정신과 마음으로 구하는 것을 받게 될 것이다. 당신은 남을 섬기는 대로 섬김을 받는다. 당신은 스스로 결정하는 조건 대로의 처지에 놓이게 된다. 당신은 뿌린 대로 거둔다.

천국은 당신의 것이다. 당신은 천국에 들어가서 소유물을 갖기만 하면 된다. 천국은 최고의 행복, 완전한 행복을 의미한다. 거기엔 더 이상 바랄 것도, 더 이상 슬퍼할 것도 없다. 천국은 지금 그리고 이 세상에서 느끼는 완전한 만족이다. 천국은 당신 안에 있다. 그리고 당신이 이 사실을 모른다면, 당신의 영혼이 고집스럽게 천국에 등을 돌리고 있기 때문이다. 돌아서라. 그러면 천국을 보게 될 것이다.

와서 당신 존재의 햇빛 속에서 살라. 마음속의 어두운 그림자와 컴컴한 곳에서 나오라. 당신은 행복을 위해 만들어졌다. 당신은 천국의 자녀다. 순수, 지혜, 사랑, 풍요로움, 기쁨과 평화, 이것들이 천국의 영원한 현실이다. 그리고 그것들은 당신의 것이다. 하지만 죄 속에 있으면 그것들을 가질 수 없다. 그것들은 어둠의 세계와 아무 관계도 없다. 그것들은 "세상에 사는 모든 사람들을 비추는 빛", 결백한 사랑의 빛에 속한다. 그것들은 당신이 모든 불순함을 버릴 준비가 되었을 때 당신 영혼 속에 태어나게 될 거룩한 아기 그리스도의 천성이다. 그것들이 당신의 진정한 자아이다.

그러나 놀랄 만큼 멋진 기쁨의 아이를 안전하게 낳은 영혼을 가진 사람은 세상의 고통을 잊지 않는다.

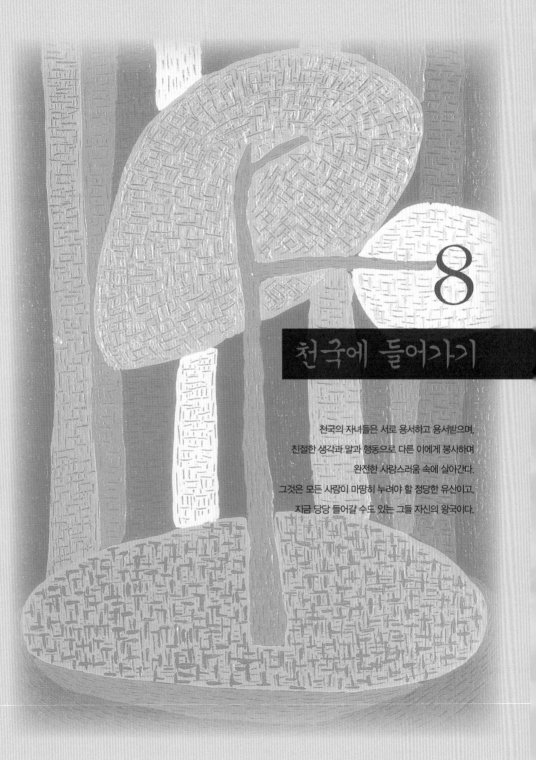

8

천국에 들어가기

천국의 자녀들은 서로 용서하고 용서받으며,
친절한 생각과 말과 행동으로 다른 이에게 봉사하며
완전한 사랑스러움 속에 살아간다.
그것은 모든 사람이 마땅히 누려야 할 정당한 유산이고,
지금 당당 들어갈 수도 있는 그들 자신의 왕국이다.

서문

나는 세상을 찾아보았지만, 진리는 거기 있지 않았다.

나는 배움을 구하고자 하였지만, 진리는 밝혀지지 않았다.

나는 철학과 함께 머물렀지만, 내 마음은 허무함으로 채워졌다.

그리고 나는 외쳤다, 평화는 어디에서 찾을 수 있는가!

그리고 진리가 숨어있는 곳은 어디인가!

영혼이 절실히 필요로 하는 것

모든 사람의 영혼은 무언가를 필요로 하고 있다. 자기가 필요로 하는 것이 무엇인지에 대해서는 사람마다 표현을 달리하지만, 무언가 중요한 것이 자신에게 결여되어 있다는 것을 어느 정도 느끼지 않는 영혼은 하나도 없다. 그것은 특별히 성숙한 영혼의 경우에, 아무리 대단한 부와 명예를 소유해도 결코 만족될 수 없는, 말로 형용할 수 없는 심오한 갈망의 모습으로 무심결에 나타나는 정신적인 요구이다. 그러나 불완전한 지식만을 가지고, 세상의 겉모습에 현혹된 대다수의 사람들은 물질적인 재산을 얻으려고 노력함으로써 이 갈망을 만족시키려 한다. 물질적 재산이 자신의 필요를 충족시켜 줄 거라고 믿기 때문이다.

의식하든 의식하지 못하든, 모든 영혼은 정의를 갈망하며 자신의 지적 수준에 따라 자신만의 방식으로 그 갈망을 만족시키려 한다. 갈망도 하나이고 정의도 하나이지만, 정의를 추구하는 방식은 여러 가지이다. 자신의 갈망이 정의로 향하고 있음을 깨닫는 사람들은 축복 받은 사람들이며, 정의만이 줄 수 있는 궁극적이고도 영구적인 만족을 곧 찾게 될 것이다. 그들은 참된 길을 알고 있기 때문이다.

자신이 진심으로 원하는 것이 무엇인지 깨닫지 못한 채 세속적인 성공을 추구하는 사람들은, 한동안은 마음껏 쾌락을 즐길 수도 있겠지만 행복해질 수는 없다. 그들은 찢기고 상처 난 발로 걸어야 하는 고통의 길을 스스로 자초하고 있고, 그들의 정신적인 굶주림은 점점 더 커질 것이며, 그들의 영혼은 잃어버린 유산(정의라는 영원한 유산)을 애타게 찾을 것이기 때문이다.

영혼은 정의를 실현하지 않고서는 세 가지 세상(깨어 있는 의식, 꿈, 수면 상태) 중 어디에서도 영구적인 만족을 찾을 수 없다. 육체화되어 있든 육체로부터 분리되어 있든 간에, 영혼은 끊임없이 고통으로 단련 받으며, 결국 극도의 곤경에 빠지면 영혼의 유일한 피난처(정의의 피난처)로 도피한다. 그리하여 오랫동안 헛되이 추구해 왔던 기쁨과 만족과 평화를 거기서 발견한다.

그렇다면, 영혼이 절실히 필요로 하는 것은 정의라고 불리는 영구불변의 원리이다. 이 원리를 삶의 토대로 삼으면, 영혼은 현세의 삶 동안 겪는 온갖 소동 속에서도 더 이상 당황하는 일 없이 안전하고 편안하게 살아갈 수 있으며, 그 토대 위에 아름답고 평화스럽고 완전한 삶의 저택을 지을 수 있다.

영혼의 영원한 안식처인 천국은 이 원리가 실현되는 곳에 존재하며, 그것은 모든 영구적인 축복의 근원이자 보고이다. 그것을 찾으면 모든 것을 찾은 셈이며, 그것을 찾지 못하면 모든 것을 잃은 것이다. 그것은 정신의 태도이고, 의식의 상태이며, 말로 표현할 수 없는 깨달음이다. 그 안에서는 생존 경쟁이 멈추고, 영혼은 풍요로움 속에 휴식하고 있는 자신을 발견하며, 투쟁이나 두려움 없이 영혼의 절실한 요구뿐만 아니라 영혼의 모든 요구가 충족된다. 진지하게 그리고 현명하게 추구하는 사람들은 복이 있다. 그런 사람들의 노력은 결코 수포로 돌아가지 않는다.

경쟁의 법칙과
사랑의 법칙

내가 순수해지면,

삶의 신비를 풀게 되리라. (내가 증오와 탐욕과 다툼으로부터 자유로워지면)

나는 진리 안에 머물고 진리는 내 안에 머물게 되리라.

내 마음이 순수해질 때,

나는 안전하고 분별력을 지니며

완전히 자유로워지리라.

자연의 법칙은 잔인하다고 일컬어져 왔다. 자연의 법칙은 친절하다는 말도 있어 왔다. 앞의 말은 자연의 치열한 경쟁의 모습만을 생각한 결과이고, 뒤의 말은 자연이 생명을 친절하게 보호하는 모습만을 본 결과이다. 실제로, 자연의 법칙은 잔인하지도 친절하지도 않다. 자연의 법칙은 다만 절대적으로 정당할 뿐이며, 정의라는 불멸의 원리가 밖으로 드러난 것이다.

자연에서 널리 행해지는 잔인성과 그에 따른 고통은 삶의 중심과 실체에 본래부터 갖추어진 요소가 아니다. 그것은 진화의 한 단계이자 고통스런 경험이며, 결국에는 좀더 완벽한 이해의 열매로 결실을 맺게 된다. 그것은 또한 기쁨과 평화의 영광스런 아침으로 인도하는 무지와 불안의 어두운 밤이다.

힘 없는 어린 아이가 불에 타 죽었을 때, 우리는 그 아이를 불타게 한 자연 법칙의 작용이 잔인하다고 생각하지는 않는다. 우리는 그 아이의 무지나 보호자의 부주의 때문에 그런 일이 일어났을 거라고 추측한다. 그 아이와 마찬가지로, 인간과 모든 생명체는 보이지 않는 격정의 불꽃 속에 매일 불타고 있으며, 무지 때문에 이해하지 못하고 있는 사나운 심리적 힘들의 끊임없는 상호 작용에 굴복하고 있다. 그러나 그들은 심리적 힘들을 통제하고 이용하여 스스로를 보호하는 방법을 결국 터득하게 될 것이며, 현재의 상태처럼 자신을 파괴하는 데 그러한 힘들을 쓰는 어리석음을 극복하게 될 것이다.

자기 영혼의 보이지 않는 힘들을 이해하고, 통제하고, 조화롭게 조절하는 것은 모든 존재와 생명체의 궁극적 운명이다. 이 최상의 숭고한 목표를 달성한 사람들은 과거에 다소 있었고 오늘날에도 어느 정도 있다. 이 목표가 이루어질 때까지는, 자신의 행복과 만족을 위해 필요한 모든 것을 투쟁 없이 그리고 고통 없이 얻게 되는 안식처인 천국에 들어갈 수 없다.

모든 문명 국가에서 삶이라는 악기의 현(絃)이 가장 높은 음조에 맞춰 팽팽히 당겨져 있고, 사람들이 현세의 덧없는 명예와 물질적 소유를 위해 삶의 모든 영역에서 서로 겨루면서 인내할 수 있는 최대한도까지 경쟁을 가속화시킨 오늘날과 같은 시대에는, 가장 탁월한 수준의 지식이 밝혀지고 최상의 영적 승리가 달성된다. 왜냐하면, 영혼이 가장 지쳤을 때 영혼의 요구는 가장 커지며, 요구가 큰 곳에서는 노력도 클 것이기 때문이다. 또한, 유혹이 강력한 곳에서는 승리가 그만큼 더 위대하고 더 영속적일 것이다.

사람들은 경쟁이 이익과 행복을 자신에게 가져다 줄 것으로 보이는 동안에는 다른 사람과 경쟁하는 것을 좋아한다. 그러나 피할 수 없는 반작용이 와서 자기 손으로 만든 이기적인 투쟁의 차가운 검이 자신의 심장을 찌르고 나면, 그때서야 비로소 더 나은 길을 찾아 나선다.

경쟁이 결국 초래하는 고통과 슬픔을 깨닫고 경쟁과 다툼에 종지부를 찍은 사람, 즉 "슬퍼하는 사람은 복이 있다." 평화의 왕국으로 가는 문은 오직 그들에게만 열릴 수 있기 때문이다.

평화의 왕국을 찾으려면 그것의 실현을 가로막는 것들, 즉 투쟁의 본능, 인간사에 작용하는 경쟁의 법칙, 그리고 거기에서 비롯되는 보편적 불안, 불확실성, 두려움의 정체를 충분히 이해해야 한다. 이러한 이해가 없이는 인생에서 무엇이 옳고 무엇이 그른지에 대해 바르게 이해할 수 없고, 따라서 진정한 정신적 진보도 이룰 수 없기 때문이다.

참된 것을 이해하고 즐기려면, 먼저 거짓된 것의 정체를 파악해야 한다. 현실을 현실로서 인식하려면, 먼저 현실을 왜곡시키는 착각과 환상을 없애야 한다. 진리의 무한한 세계가 우리 앞에 펼쳐지려면, 우리는 눈에 보이는 현상적 세계에 한정된 유한한 경험을 먼저 초월해야 한다.

그러므로 당혹스러움을 자아내는 인생의 복잡성과 불공평성을 단순화시키고 조화롭게 만들 생각과 행동의 근거를 애써 찾고 있는, 또는 찾으려고 하는 사려 깊고 진지한 독자들은 내가 천국에 이르는 길을 단계적으로 설명할 때 침착하게 내 이야기에 귀기울여 달라. 나는 우선 지옥(투쟁과 이기심의 세계)에 논의의 초점을 맞춰 그 곳의 복잡한 심리 상태들을 설명하고 나서 천국(평화와 사랑의 세계)에 대해 이야기하겠다.

아주 추운 겨울 동안에는 새들에게 먹이를 주는 것이 우리 집의 관습인데, 주목할 만한 사실은 새들이 정말로 굶주릴 때는 온기를 유지하기 위해 한데 모여 있으면서 서로 아주 다정하게 지내고 어떤 다툼도 일어나지 않는다는 것이다. 그리고 먹이를 조금 던져 주면 새들은 서로 다투는 일 없이 그것을 나누어 먹는다. 그러나 새들 모두가 먹고도 남을 만큼의 먹이를 던져 주면, 즉시 먹이를 탐내는 싸움이 발생한다.

가끔씩 빵 한 덩어리를 통째로 주면, 며칠 동안 먹고도 남을 만큼 충분한 양인데도 불구하고 새들의 싸움은 격렬해지고 길어졌다. 어떤 새들은 더 먹을 수 없을 때까지 포식하고도 빵 주위를 맴돌면서 다른 새들이 접근하지 못하도록 사납게 쪼아 붙이고, 먹이를 먹지 못하게 방해하였다. 그리고 이러한 격렬한 싸움과 함께 커다란 공포심이 눈에 띄게 두드러졌다. 새들은 각자 먹이를 입에 가득 물고서, 자기 먹이나 목숨을 잃을까 봐 염려하면서 신경질적인 공포심을 가지고 주위를 둘러보는 것이었다.

이 간단한 사건은 자연과 인간사에서 경쟁의 법칙이 어떤 근거 위에 어떻게 작용하는지를 보여 주는 (생생하면서도 정확한) 실례이다. 경쟁을 낳는 것은 부족함이 아니라 풍요이다. 그렇기 때문에 나라가 더 부유해지고 사치스러워질수록, 생활 필수품과 사치품을 확보하기 위한 경쟁이 더 치열해지고 격렬해지는 것이다.

기아가 나라에 덮치면, 그 즉시 연민과 동정심이 경쟁적인 다툼을 대신한다. 그리하여 사람들은 주고받는 축복 속에 천국의 행복을 미리 맛보게 된다. 정신적으로 현명한 사람들은 이 행복을 이미 알고 있으며, 결국에는 모든 사람이 거기에 도달하게 된다.

독자들은 가난이 아닌 풍요가 경쟁을 낳는다는 사실을 이 책을 읽는 동안 계속해서 염두에 두어야 한다. 그것이 이 책의 내용뿐만 아니라 사회 생활과 인간의 행위에 관한 모든 문제를 예리하게 조명해 주기 때문이다. 더욱이, 그 사실을 진지하게 깊이 묵상하고 그 교훈에 따라 행동한다면 천국으로 가는 길은 더 평탄해질 것이다.

이제 이 사실의 원인을 찾아 내어, 경쟁과 관련된 모든 해악을 초월하도록 하자.

사회적 삶과 국가적 삶의 모든 현상들은(자연 현상과 마찬가지로) 일종의 결과인데, 이 모든 결과들은 어떤 멀리 떨어진 분리된 원인에 의해서가 아니라, 결과 그 자체의 직접적인 영혼이자 생명인 원인에 의해 구체적인 현실로 나타난다. 꽃 속에 씨앗이 들어 있고 씨앗 속에 꽃이 들어 있듯이, 원인과 결과는 서로 뗄 수 없는 깊은 관계를 이루고 있다. 또한, 결과는 그것 자체에 내재된 어떤 생명에 의해서가 아니라 원인 속에 존재하는 생명과 추진력에 의해 활기를 띠고 증식된다.

세상을 살펴보면, 우리는 개인, 공동체, 국가들이 서로 우위를 점하기 위해 그리고 물질적인 재산을 가장 많이 차지하기 위해 끊임없이 서로 경쟁하며 투쟁하고 있음을 보게 된다.

우리는 또한 약한 자가 패배하여 쓰러지고, 강한 자(변함없는 열정으로 전투를 수행할 능력을 갖춘 자)가 승리를 얻고 재산을 차지하는 것을 보게 된다. 그리고 이러한 투쟁과 함께, 그것에 필연적으로 연결된 고통도 보게 된다. 즉, 사람들이 자신에게 주어진 책임의 무게에 압도되어 변변한 노력조차 해 보지 못하고 모든 것을 잃으며, 가정과 공동체가 해체되고, 한 나라가 다른 나라에 정복되거나 종속되는 모습을 보게 된다.

우리는 형언하기 어려운 고뇌와 슬픔을 말해 주는 눈물바다를 보게 된다. 또, 우리는 고통스러운 이별과 비명횡사를 목격한다. 그래서 우리는 이러한 투쟁의 삶이란, 그 외관을 벗기고 진상을 보면, 대체로 슬픈 인생이라는 것을 알고 있다.

간략히 말해서, 이러한 것이 우리가 지금 다루고 있는 인생의 한 측면, 즉 경쟁과 관련된 현상들이다. 이러한 현상들은 우리가 보게 되는 결과들이며, 그것들은 하나의 공통된 원인을 가지고 있다. 그 원인은 바로 인간의 마음속에 있다.

모든 다양한 형태의 식물들이 흙이라는 공통의 원천에서 영양분을 공급받고 흙에 의지해서 살아가고 자라나는 것처럼, 인간의 모든 다양한 활동도 공통의 한 원천, 즉 마음human heart에 뿌리를 두고 있고 거기에서 생명력을 얻는다. 모든 고통과 모든 행복의 원인은 인간 삶의 외면적 활동에 있는 것이 아니라, 마음과 정신의 내면적 활동에 있다. 모든 외부적인 힘과 작용은 그것이 인간의 행위에서 끌어 내는 생명에 의해 유지된다.

인간 내면에 조직화되어 있는 생명 원리는 억압된 생명 에너지를 쏟아 낼 수 있는 외부적인 경로를 스스로 만들며, 생명 에너지의 힘을 나타내고 경험을 쌓아 나갈 수 있게 해 주는 매개체를 스스로 만든다. 그 결과 우리는 종교적, 사회적, 정치적 조직을 갖고 있다.

그렇다면 인간 삶의 모든 외면적 표현은 결과들이다. 그러므로 그것들은 반사 작용은 지닐 수 있더라도 결코 원인이 될 수 없으며, 마음 깊은 곳에 있는 영구적인 원인에 의해 활기를 띠는, 수동적인 결과로 영원히 남아 있을 수밖에 없다.

통합의 중심인 동시에 인간 삶에 평화를 주는 해법을 확립하는 데 기초가 되는 근본 원인에 도달하는 대신, 인간의 문제에 대한 해법에 도달하기 위해 이러한 결과들을 재조정하고 그 순서를 바꾸는 행위만 끊임없이 반복하면서 이 결과의 세계에서 방황하고 그 환영幻影을 현실로 착각하는 것이 사람들의 습관이다.

세상에 존재하는 모든 형태의 투쟁은 그것이 전쟁이든, 사회적 반목이나 정치적 반목이든, 당파적인 증오이든, 개인적인 논쟁이나 상업적인 경쟁이든 간에 하나의 공통 원인, 즉 개인적인 이기심에서 유래한다. 나는 이기심이란 용어를 아주 넓은 의미에서 사용하고 있으며, 그 의미 속에 모든 형태의 자애심과 자기중심주의를 포함시키고 있다. 나는 이 용어를, 어떤 희생을 치르더라도 자기 개성을 따르고 이를 보존하려는 욕구라는 의미로 사용한다.

이기심이라는 이 요소는 경쟁의, 그리고 경쟁 법칙의 생명이자 영혼이다. 이기심이 없다면 그것들은 존재할 수 없었다. 그러나 마음속에 어떤 형태로든 이기심이 자리잡고 있는 모든 개인의 삶 속에서는 경쟁의 법칙들이 활동하며 개인은 거기에 종속된다.

지금까지 무수히 많은 형태의 경제 체제가 세상의 투쟁을 근절하는 데 실패해 왔으며, 또 실패할 수밖에 없다. 그 경제 체제들은 외부적인 정치 제도들이 투쟁의 원인이라는 잘못된 생각의 결과인데, 정치 제도들은 마음속에 있는 투쟁이 눈에 보이는 일시적 결과로 나타난 것일 뿐이며, 마음속의 투쟁이 스스로를 필연적으로 나타내는 경로에 불과하다. 그 경로를 파괴하는 것은 항상 무익할 수밖에 없다. 경로가 파괴되면 마음의 에너지는 즉시 다른 경로를 스스로 만들며, 그 경로가 파괴되면 또 다른 경로를 계속해서 만들기 때문이다.

인간의 마음속에 이기심이 소중히 간직되어 있는 한 투쟁은 그칠 수 없으며, 경쟁의 법칙이 우세할 수밖에 없다. 이기심이라는 요소를 무시하거나 해명하지 않은 채 시도하는 모든 개혁은 실패한다. 반면에 이기심을 인식하고 그것을 제거하기 위한 조치를 강구하고 나서 시도하는 모든 개혁은 성공할 것이다.

이기심은 경쟁의 근본 원인이고, 모든 경쟁 체제의 기초이며, 경쟁의 법칙을 유지시키는 원천이다. 모든 경쟁 체제, 그리고 사람과 사람 사이의 모든 투쟁들은 개인적인 이기심을 뿌리로 하여 지구 전체를 뒤덮고 있는 거대한 나무의 가지와 잎과 같은 것이며, 고통과 슬픔은 그 나무에서 무르익은 열매와 같다.

가지를 잘라 내는 것만으로는 이 나무를 죽일 수 없다. 이것을 죽이려면 뿌리를 없애야 한다. 외부 조건을 변화시키는 조치를 취하는 것은 가지를 쳐내는 것에 불과하다. 나무의 일부 가지들을 잘라 내면 남아 있는 가지에 활력이 더 생기듯이, 경쟁적인 투쟁을 줄이기 위해 취해진 수단들이 외부적인 결과들만을 처리할 때는 사람들의 마음속에서 그 뿌리가 항상 육성되고 자라나고 있는 나무에게 힘과 활력을 더해 줄 뿐이다.

심지어 법률 제정이 성취할 수 있는 최대한의 성과도 가지를 잘라 내서 나무가 제멋대로 무성하게 자라지 못하도록 막는 것에 불과하다.

요즈음 '전원 도시'를 세우려는 엄청난 노력들이 눈에 띄고 있다. 과수원으로 둘러싸인 에덴 동산과 같은 도시를 실제로 건설하여 거기에서 사람들이 안락하고 비교적 평온하게 살게 하려는 그런 시도들 말이다. 그런 노력들이 이타적인 사랑에서 우러나온 것이라면 실로 아름답고 칭찬할 만한 것이라 하겠다. 그러나 그 도시의 거주민 대다수가 마음속의 이기심을 정복하고 억제하지 않는다면, 그런 도시는 존재할 수 없거나 그 도시가 외형적으로 지향하는 목표인 에덴 동산과 같은 모습으로 오랫동안 유지될 수 없다.

주민들 사이에 이기심의 한 형태인 방종이 널리 퍼져 있으면, 그 방종은 도시의 기초를 철저히 잠식하여 과수원을 파괴하고, 아름다운 집들 중의 상당수를 경쟁적인 상업 중심지와 개인적인 욕구 충족을 위한 역겨운 오락 중심지로 변화시킬 것이다. 그리고 일부 건물들은 질서 유지를 위한 기관들로 변모하게 될 것이며, 도시의 공유지에는 감옥, 보호 시설, 고아원이 들어서게 될 것이다. 방종의 정신이 있는 곳에서는 타인의 이익이나 공동체의 이익을 배려하지 않은 채(이기심은 항상 맹목적이기 때문에) 방종의 충동을 만족시키는 수단이 즉시 채택되어, 조만간 그 만족의 열매를 거두게 되기 때문이다.

주민들이 자기 보호보다 자기 희생이 더 낫다는 사실을 깨닫고 먼저 그들 자신의 마음속에 이타적 사랑이라는 전원 도시를 건설하지 않는다면, 쾌적한 주택과 아름다운 정원을 많이 만드는 것만으로는 결코 전원 도시를 세울 수 없다. 충분한 수의 사람들이 마음속에 전원 도시를 건설하고 나면, 실제로 전원 도시가 생겨나서 융성하고 번창할 것이며 그 곳의 평화는 대단할 것이다. "삶의 모든 문제는 마음속에서 생겨나는 것"이기 때문이다.

이기심이 모든 경쟁과 투쟁의 근본 원인이라는 사실을 깨닫고 나면, 이 근본 원인을 어떻게 처리해야 하는지에 관한 의문이 자연스럽게 생겨난다. 원인이 소멸되면 그것의 모든 결과도 멈추며, 반대로 원인이 증식되면 아무리 그 결과의 외부 형태를 변경시켜도 그것의 모든 결과는 계속될 수밖에 없기 때문이다.

인생의 문제에 대해 깊이 생각해 보고 인류의 고통에 관해 동정심을 가지고 숙고해 본 사람이라면 누구나, 모든 슬픔의 근저에는 이기심이 있다는 것을 알게 된다. 사실 이것은 깊은 사유로 발견하게 되는 가장 기본적인 진실들 중 하나이다. 그리고 그러한 인식과 함께 마음속에는 이기심을 극복할 명확한 방법을 공식화하려는 열망이 생겨난다.

그런 사람이 가지게 되는 첫 번째 충동은 어떤 법률을 제정하거나 새로운 사회적 합의나 규정을 도입하기 위해 노력하는 것이다. 그것은 타인의 이기심을 억제하는 역할을 한다.

그가 가지게 되는 두 번째 경향은 자신이 직면하는 이기심의 강철같이 굳센 의지 앞에 스스로 철저하게 무력함을 느끼는 것이다.

이 두 가지 정신적 태도는 모두 이기심을 이루는 요소에 대한 불완전한 이해의 결과이다. 이러한 불완전한 이해가 그를 사로잡고 있는 이유는, 그가 자기 안에 있는 이기심의 조잡한 형태들을 극복할 만큼 고결하다 하더라도 좀더 깊고 미묘한 다른 방향에서는 아직도 이기적이기 때문이다.

이러한 '무력함'을 느끼고 난 뒤에는 두 가지 태도가 가능하다. 그 사람은 절망하여 포기하고 세상의 이기주의에 다시 동참하거나 아니면 이 난국에서 빠져 나갈 다른 방법을 찾을 때까지 계속 탐구하고 숙고할 것이다. 그리고 그는 그 방법을 발견할 것이다. 삶의 현실을 점점 더 깊이 계속 탐구하는 것, 숙고하고 깊이 생각하고 조사하고 분석하는 것, 진지하게 모든 어려움과 씨름하는 것, 그리고 진리에 대한 더 깊은 사랑을 매일 키워 나가는 것. 바로 이러한 방법들에 의해 그의 마음은 성장하고 그의 이해력은 확장되어, 결국 다음과 같은 사실을 깨닫게 될 것이다. 이기심을 없애는 방법이란 다른 사람들이 갖고 있는 이기심의 한 형태를 파괴하는 것이 아니라 자기 자신 안에서 이기심의 뿌리와 가지를 철저히 파괴하는 것이다.

이러한 진실을 인식하는 것은 영적인 깨달음이며, 일단 그것을 각성하고 나면, "곧고 좁은 길"이 모습을 드러내며 천국의 문이 멀리서 어렴풋이 보이기 시작한다.

그러면 그는 다음과 같은 말을 (다른 사람이 아닌) 자기 자신에게 적용하게 된다. "어찌하여 너는 형제의 눈 속에 있는 티는 보면서 자기 눈 속에 있는 들보는 깨닫지 못하느냐? 자기 눈 속에 있는 들보도 보지 못하면서 어떻게 형제에게 '네 눈 속의 티를 빼내어 주겠다'고 하겠느냐? 이 위선자야! 먼저 네 눈에서 들보를 빼내어라. 그래야 눈이 잘 보여 형제의 눈에서 티를 빼낼 수 있지 않겠느냐?"(마태복음 7장 3~5절)

어떤 이가 이 말을 자신에게 적용하고 이에 따라 행동하고, 자기 자신을 엄정하게 심판하면서 다른 사람을 결코 심판하지 않을 수 있다면, 그는 경쟁적인 투쟁의 지옥에서 빠져 나올 자신의 길을 찾게 될 것이고, 경쟁의 법칙을 초월하여 경쟁의 법칙을 무효로 만들 것이며, 더 차원 높은 사랑의 법칙을 찾아 내고 그 법칙에 스스로 복종하여 모든 악한 것들이 자신에게서 사라지도록 할 것이다. 그러면 이기적인 자가 헛되이 추구하는 기쁨과 축복이 항상 그를 뒤따를 것이다. 그뿐만이 아니라, 그는 자기 자신을 향상시킨 뒤에는 세상을 향상시킬 것이다. 그의 모범으로 말미암아 많은 사람들이 진리의 길을 보고 그 길을 걷게 될 것이다. 그리하여 어둠의 권세는 이전보다 더 약해질 것이다.

여기서 이런 질문이 나올 것이다. "하지만 자신의 이기심을 극복하여 경쟁적인 투쟁을 초월한 사람도, 주위 사람들의 이기심과 경쟁으로 인해 역시 고통 받지 않을까? 그는 자신을 정화시키기 위해 감내한 모든 수고에도 불구하고 불순한 자들로 인해 고통 받지 않을까?"

아니, 그렇지 않다. 신성한 질서의 공정함은 완벽하며 절대로 뒤집어질 수 없다. 그렇기 때문에 이기심을 극복한 자가 이기심에 의해 작동하는 법칙에 종속되는 것은 불가능하다. 바꿔 말하면, 각 개인은 오로지 자기 자신의 이기심에 의해 고통 받는다.

이기적인 사람들은 모두 경쟁 법칙의 지배를 받기 때문에, 서로가 어느 정도 타인에게 고통을 야기하는 도구의 역할을 하면서 집단적으로 고통을 겪는 것이 사실이다. 이로 인해 표면적으로는, 사람들이 자신의 죄보다는 타인의 죄 때문에 고통을 겪는 것처럼 보인다. 그러나 사실을 말하자면, 조화를 토대로 하고 모든 부분들의 완벽한 조정에 의해서만 유지될 수 있는 이 우주에서 각 단위체는 자신이 전체의 질서를 훼손한 정도만큼만 그 반작용을 받으며, 따라서 고통은 각자 스스로 초래한 것이다.

각 개인은 자기가 선택한 법칙의 지배를 받는 것이지, 결코 다른 사람의 법칙에 지배되지 않는다. 만약 그가 다른 사람들처럼 경쟁의 조건 속에서 살아가기로 선택한다면, 그는 다른 사람들처럼 고통을 겪을 것이고 더군다나 다른 사람에 의해 고통을 받을 것이다. 그러나 그가 경쟁의 조건을 버리고 다른 이들이 모르고 있는 보다 차원 높은 다른 조건 속에서 살기로 선택한다면, 그는 더 이상 저열한 경쟁의 법칙에 영향을 받거나 지배되지 않을 것이다.

이제 나무의 상징으로 되돌아가서 유추를 좀더 진행시켜 보자. 나뭇잎과 가지가 뿌리에서 양분을 공급받듯이, 뿌리는 나무가 필요로 하는 자양분을 위해 땅속 어둠을 더듬어 토양에서 자양분을 얻어 낸다. 이와 마찬가지로, 악의 나무와 고통의 나무의 뿌리인 이기심은 무지라는 어두운 토양으로부터 자양분을 얻는다. 이기심은 무지 속에서 자라나며 무지에 뿌리를 두고 무지 위에서 번성한다. 여기서 내가 사용하는 무지라는 말의 의미는 학식이 없다는 뜻과는 전혀 다르며, 앞으로 논의를 전개함에 따라 그 의미가 분명해질 것이다.

이기심은 항상 어둠 속에서 더듬거린다. 이기심은 참된 지식을 하나도 갖고 있지 않다. 이기심은 지적인 광명의 원천으로부터 본질적으로 차단되어 있다. 이기심은 아무것도 모르고 어떤 법칙에도 복종하지 않는 맹목적인 충동이다. 이기심은 아무것도 모르기 때문에 경쟁의 법칙에 얽매일 수밖에 없으며, 경쟁의 법칙으로 인해 고통이 초래되는 것은 바로 세계의 조화가 유지되기 위해서이다.

우리는 온갖 선한 것들로 가득 찬 세계에서 살고 있다. 영적, 정신적, 물질적 은총의 풍부함은 이 지구상의 모든 사람들이 각자에게 필요한 모든 선을 공급 받을 뿐만 아니라 넘치는 풍요 속에 살고도 남을 만큼 엄청나다. 그러나 이런 사실에도 불구하고, 우리는 얼마나 대단한 무지를 보게 되는가!

우리는 한편으로, 수많은 사람들이 계속되는 노예 상태에 매여서 자신의 헐벗은 몸을 가려 줄 옷과 보잘것없는 빈약한 음식을 얻기 위해 끊임없이 힘들게 일하는 것을 본다. 우리는 다른 한편으로 소수의 부자들이 스스로 필요한 것보다, 그리고 자신이 잘 관리할 수 있는 것보다 더 많이 가지고 있으면서도, 꼭 필요하지도 않은 더 많은 재산을 축적하기 위하여 진정한 삶의 은총과 자신의 재산이 허용하는 방대한 기회의 축복을 스스로 모두 끊어 버리는 모습을 보게 된다. 확실히 인간은 지혜롭지 않다는 점에서, 스스로 잘 처리할 수 있는 것보다 그리고 모두가 사이좋게 포식할 수 있는 것보다 더 많은 먹이를 눈앞에 두고 서로 싸우는 짐승과 하등 다를 바 없다.

그러한 상태는 깊고 어두운 무지의 상태에서만 발생할 수 있다. 그 무지는 너무도 어둡고 심각해서 오직 사리사욕이 없는 지혜와 진실의 눈으로만 꿰뚫어 볼 수 있다. 이렇게 집과 음식과 의복을 얻기 위해 애쓰는 일상적인 행위 가운데에, 보이진 않지만 강력하고 오류가 없는 정의의 법칙이 모든 것을 다스리며 작용하여, 모든 개인에게 각자의 공로와 잘못에 대한 응분의 상벌을 할당한다. 정의의 법칙은 공명정대하여 어떤 사사로운 호의도 베풀지 않고 어떤 부당한 벌도 주지 않는다.

정의의 법칙은 분노도 용서도 알지 못하며 철저히 진실할 뿐이다.
정의의 법칙은 모든 일의 한계를 결정하며, 오류 없는 저울로 판단한다.
시간은 무無와 같으며, 정의의 법칙은 내일,

또는 먼 훗날에 반드시 심판할 것이다.

부자와 가난한 자는 똑같이 그들 자신의 이기심 때문에 고통 받는다. 부자라고 해서 고통이 없는 것이 아니다. 부자도 가난한 자와 마찬가지로 나름대로의 괴로움을 가지고 있다. 더욱이, 부자들은 자신의 부를 조금씩 계속 잃고 있는 반면 가난한 사람들은 계속해서 부를 얻고 있다. 지금 가난한 사람이 미래에는 부자가 될 수 있고 그 반대도 가능하다.

지옥에는 안정성이나 안전함이 전혀 없다. 한 형태의 고통에서 다른 형태의 고통 사이에 가끔씩 짧은 휴식 기간이 있을 뿐이다. 또한, 두려움은 커다란 그림자처럼 사람들을 따라다닌다. 이기심의 힘으로 부를 얻은 사람은 항상 불안감에 사로잡히게 되며, 부를 잃을까 봐 끊임없이 두려워할 것이기 때문이다. 반면에, 물질적 부를 이기적으로 추구하거나 탐내는 가난한 사람은 빈곤에 대한 두려움에 시달릴 것이다. 이러한 투쟁의 지옥에서 살아가는 사람들은 모두 하나의 큰 공포, 즉 죽음에 대한 공포로 마음이 그늘져 있다.

무지의 어둠에 둘러싸인 채, 모든 존재의 시원始原인 동시에 생명을 유지시키는 영원한 원리에 대해 전혀 무지한 사람들은 인생에서 가장 중요한 본질적 요소가 음식과 옷이라는 미혹에 빠져 고통을 겪고 있다. 또한 사람들은 자신의 첫 번째 의무가 이것들을 획득하기 위해 노력하는 것이라는 미혹에 빠져, 이런 물질적인 요소가 모든 안락과 행복의 원천이자 근거라고 믿고 있다.

그것은 맹목적인 자기 보존(신체와 개성의 보존)의 동물적 본능이다. 이 본능으로 말미암아 각 개인은 "생계를 유지하기" 위해, 또는 "재산을 지키기 위해" 자기 자신을 다른 사람과 대립시킨다. 만약 자신이 다른 사람들을 부단히 경계하지 않고, 투쟁의 의지를 끊임없이 새롭게 하지 않는다면, 다른 사람들이 결국 "자신의 몫을 빼앗아 갈 것"이라고 믿고 있는 것이다.

이 최초의 망상으로부터 다른 모든 일련의 망상들이 생겨나고, 그로 인해 고통이 뒤따른다. 음식과 의복은 삶의 본질적인 요소가 아니며 행복의 근거도 아니다. 음식과 의복은 비본질적인 사물이며 결과에 불과하다. 그러므로 그것들은 자연 법칙의 작용에 의해 근원적 원인인 본질적 요소들로부터 생겨난다.

삶에서 본질적인 것은 인격을 이루는 영속적인 요소들이다. 즉, 성실성, 신념, 정의, 자기 희생, 동정심, 사랑이 바로 그것이다. 그리고 이것들로부터 모든 선한 것이 생겨난다.

음식과 의복, 돈은 죽어 있는 결과에 지나지 않는다. 그것들 자체에는 생명과 힘이 조금도 없으며 다만 우리가 그것들에 생명과 힘을 부여하는 한 대단하게 보일 뿐이다. 그것들은 악덕도 아니고 덕도 아니며, 은혜를 베풀 수도 해악을 끼칠 수도 없다. 사람들이 자기 자신의 존재와 동일시하여 소중히 대하고 오래오래 보존하고자 하는 육체마저도 머지않아 한 줌의 먼지로 돌아가야 한다. 그러나 좀더 차원 높은 인격적 요소들은 생명 그 자체이다. 그것들을 실천하고, 신뢰하고, 전적으로 그 안에서 살아가는 것은 천국의 삶이다.

"나는 무엇보다도 우선 상당한 재산을 모으고, 인생에서 좋은 지위를 확보한 다음에, 좀더 가치 있는 인격적 요소에 정력을 기울이겠다"라고 말하는 사람이 있다면 그는 좀더 가치 있는 요소들을 이해하지 못하는 사람이며, 실은 그것들이 좀더 가치 있다는 믿음도 없는 사람이다. 그것들이 좀더 가치 있다고 믿는 사람은 그것들을 무시하기가 불가능하기 때문이다. 그는 인생에서 재산과 명예를 늘리는 것이 더 가치 있다고 믿고 있으며, 그 때문에 돈과 명예를 먼저 추구하는 것이다. 그는 돈과 의복, 지위가 본질적으로 아주 중요하다고 믿고 있으며, 정의와 진리는 기껏해야 이차적으로만 중요하다고 생각하고 있다. 사람은 항상 더 중요하다고 생각하는 것을 위해 덜 중요하다고 생각하는 것을 희생시키기 마련이다.

음식과 의복을 얻는 것보다 정의가 더 중요하다는 것을 깨달은 사람은 그 즉시 음식과 의복에 대한 추구를 멈추고, 정의를 위해 살기 시작한다. 지옥과 천국을 나누는 경계선이 바로 이 지점이다.

어떤 사람이 정의의 아름다움과 영구적인 실재성을 일단 인식하고 나면, 자기 자신과 타인에 대한, 그리고 자신의 내면과 주위 사물에 대한 그의 정신적 태도 전체가 변화한다. 자신의 신체와 개성에 대한 애정이 점차 약해지고, 자기 보존의 본능은 사멸하기 시작하며, 사리사욕을 포기하는 습관이 그 자리를 대신한다. 그는 다른 사람을 위하여, 다른 사람의 행복을 위하여, 자신의 발전을 위하여, 자기 만족과 자아를 희생시켜 다른 사람들의 이익을 위해 봉사한다. 이와 같이 자아를 초월한 그는 이기심의 결과인 경쟁적인 투쟁을 초월하고 자아의 맹목적인 충동을 규제하기 위해 자아의 영역에서만 작동하는 경쟁의 법칙을 초월한다.

그는 높은 산의 정상에 올라 그 밑에 있는 계곡의 어지러운 기류위에 서 있는 사람과 같다. 구름이 비를 퍼붓고, 천둥이 치고 번개가 번쩍이며, 안개가 자욱하고, 태풍이 몰아친다 해도, 그것들은 계속되는 햇빛과 평온 속에 그가 머무르고 있는 고요한 고지까지는 도달하지 못한다.

그러한 사람의 인생에서는 저급한 경쟁의 법칙이 작용을 멈추며, 이제 그는 보다 차원 높은 법칙, 즉 사랑의 법칙의 보호를 받는다. 그가 사랑의 법칙을 성실히 따르는 한, 그의 행복에 필요한 모든 것은 그가 필요로 할 때마다 저절로 찾아온다.

세속적인 지위에 대한 욕망은 그의 정신 속에 들어오지 못한다. 그는 돈, 음식, 의복과 같은 인생의 외적인 필수품들에 대해서는 거의 생각하지 않는다. 그러나 그가 다른 사람의 이익을 위해 봉사하면서, 보답을 바라지 않고 자신의 모든 의무를 철저하게 수행하며 날마다 정의를 훈련하며 살아간다면, 삶에 부수적인 다른 모든 것들은 적절한 시기에 적절한 순서로 그를 뒤따른다.

고통과 투쟁이 그것들의 근본 원인인 이기심 안에 포함되어 있고 또 거기서 생겨나듯이, 행복과 평화는 그것들의 근본 원인인 정의 안에 포함되어 있고 또 거기서 생겨난다. 정의는 풍성하고 포괄적인 행복이며 이 행복은 삶의 모든 영역에서 완벽하고 완전하다. 도덕적, 정신적으로 올바른 것은 신체적, 물질적으로도 올바르기 때문이다.

도덕적, 정신적으로 올바른 사람은 자유롭다. 그는 근심, 걱정, 두려움, 의기소침과 같이 자아의 요소로부터 생명력을 끌어 내는 모든 정신적 동요에서 해방되어 있기 때문이다. 그는 지속적인 기쁨과 평화 속에 살아가며, 더군다나 세상의 경쟁적인 투쟁의 한가운데 살면서도 그러하다.

그가 지옥의 한가운데를 걷고 있을지라도, 지옥의 불꽃은 그의 머리카락 한 올도 그슬릴 수 없도록 그의 앞뒤와 주위에만 떨어진다. 이기심의 사자들이 득실대는 한 가운데를 걸어가더라도, 그의 앞에서는 사자들의 턱이 벌려지지 않고 그 사나움도 누그러진다. 격렬한 생존의 투쟁에 지친 사람들이 그의 주위 사방에서 쓰러지는 중에도 그는 쓰러지지 않으며 당황하지도 않는다. 어떤 치명적인 탄환도 그에게 닿을 수 없고 어떤 독화살도 그가 걸치고 있는 견고한 정의의 갑옷을 뚫을 수 없기 때문이다. 고통, 걱정, 두려움, 결핍 상태로 그늘진, 사소하고 개인적이며 이기주의적인 삶을 잃음으로써 그는 기쁨과 평화와 풍요로 빛나는, 광대하고 명예로우며 자아를 완성하는 삶을 찾은 것이다.

"그러므로 무엇을 먹을까, 무엇을 마실까, 또 무엇을 입을까 하고 걱정하지 말라. 하늘에 계신 아버지께서는 이 모든 것이 너희에게 있어야 할 것을 잘 알고 계신다. 너희는 먼저 하나님의 나라와 하나님께서 의롭게 여기시는 것을 구하여라. 그러면 이 모든 것도 곁들여 받게 될 것이다."(마태 복음 6장 31~34절)

영구불변의
원리 찾기

침묵하라, 나의 영혼이여. 그리고 평화가 내면에 있음을 알라. 굳세어라, 나의 마음이여. 그리고 신성한 힘이 네게 있음을 자각하라. 동요를 멈추라, 나의 정신이여. 그러면 영원한 안식을 찾게 될 것이다.

그렇다면 인간은 어떻게 하나님의 나라에 도달할 수 있는가? 인간은 어떤 과정을 통해 자신의 어둠을 소멸시킬 빛을 발견할 수 있는가? 그리고 마음속에 깊이 뿌리박힌 끈질긴 이기심을 어떤 방법으로 극복할 수 있는가?

인간은 자기 자신을 정화함으로써 하나님의 나라에 도달하게 되며, 자기 정화는 자기 반성과 자기 분석의 과정을 통해서만 가능하다. 이기심을 제거하려면 먼저 그것을 발견하고 이해해야 한다. 이기심은 스스로를 없앨 힘이 없으며, 저절로 사라지지도 않을 것이다.

어둠은 빛이 들어올 때만 사라진다. 마찬가지로 무지는 지식에 의해서만 없어질 수 있고, 이기심은 사랑에 의해서만 없어질 수 있다. 이기심 속에는 안전함도, 안정도, 평화도 없으므로 하나님의 나라를 구하는 과정 전체는 영구불변의 신성한 원리에 대한 탐구로 귀착된다. 그 원리는 인간이 자기 자신으로부터, 즉 개인적 요소로부터, 그리고 개인적인 자아가 강요하고 요구하는 횡포와 예속으로부터 벗어나 확고히 의지할 수 있는 원리이다.

자아(자신의 신성한 자아)를 찾으려는 사람은 무엇보다도 먼저 자아(자신의 이기적 자아)를 기꺼이 버려야만 한다. 그는 이기심이 집착할 가치가 없다는 것을, 이기심은 그의 봉사를 받을 가치가 전혀 없는 주인이라는 것을, 신성한 선만이 삶의 최고 주인으로서 그의 마음속에서 왕좌를 차지할 가치가 있다는 것을 깨달아야 한다.

이것은 그가 믿음을 가져야 한다는 것을 의미한다. 믿음이라는 장비가 없이는 발전도 성취도 이루어질 수 없다. 그는 순수성이 바람직한 것임을, 정의가 최고로 위대한 것임을, 성실성의 지구력을 믿어야 한다. 그는 이상과 완전한 선을 항상 염두에 두고서 지치지 않는 격정과 끊임없는 노력으로 그것을 이루기 위해 애써야 한다.

그는 이 믿음을 키워 나가야 하고 그 발전을 촉진시켜야 한다. 이 믿음은 정신의 등불과 같아서, 주의 깊게 심지를 다듬고 기름을 공급하여 마음속에서 계속 타오르도록 해야 한다. 이 등불의 불꽃이 사방으로 발산되지 않으면 어둠 속에서 전혀 길이 보이지 않아 자아로부터 벗어나는 길을 도무지 찾을 수 없기 때문이다. 이 불꽃이 점점 커지고 보다 안정된 빛을 발하며 타오름에 따라, 기력과 결단력, 자립심이 강해져 도움이 될 것이다. 한 걸음씩 나아갈 때마다 그의 진보는 가속화되어 결국에는 지식의 빛이 믿음의 등불을 대신하기 시작할 것이며, 어둠은 지식의 빛이 발산하는 날카로운 광휘 앞에 사라지기 시작할 것이다.

그의 정신적 시야 속으로 신성한 삶의 원칙들이 들어올 것이며, 그가 그 원칙들에 가까이 다가갈수록 그것들의 비길 데 없는 아름다움과 장엄한 조화가 그를 눈부시게 할 것이며, 그의 마음은 이제껏 알지 못했던 기쁨으로 가득 찰 것이다.

극기와 자기 정화의 이 길을 따라 모든 영혼은 천국으로 가는 길을 걸어야 한다. 이 길은 매우 좁고, 그 입구는 이기심의 잡초들로 뒤덮여 있어서 찾기가 힘들고, 찾는다 해도 매일 명상하지 않고는 이 여정이 유지될 수도 없다. 매일 명상하지 않는다면 정신적인 에너지는 점점 약해지고, 이 여정을 계속하는 데 필요한 힘을 잃게 된다. 육체가 유형의 음식물에 의해 유지되고 기운을 얻는 것처럼, 영혼은 영적 음식, 즉 영적인 존재와 사물에 대한 명상을 통해 힘을 회복하고 강해진다.

그러므로 천국을 찾기로 진지하게 결심한 사람은 명상을 하기 시작할 것이며, 그의 성취 목표인 최고 이상의 빛 안에서 자신의 마음과 정신과 삶을 엄격하게 살피기 시작할 것이다.

그 목적지로 가는 도중에, 그는 세 가지 포기의 길을 거쳐야 한다. 첫 번째는 욕구의 포기이고, 두 번째는 의견의 포기이며, 세 번째는 자아의 포기이다. 명상에 들어가면, 그는 자신의 욕구들을 검토하여 그것들이 마음속에서 일어나는 과정을 지켜보고 또 자신의 삶과 성격에 그것들이 미치는 영향을 철저하게 추적하기 시작할 것이다. 그리하여 그는, 욕구의 포기가 없이는, 인간이 자아와 환경과 상황의 노예로 남게 된다는 것을 재빨리 파악하게 될 것이다. 이 사실을 발견하고 나면 첫 번째 관문인 욕구의 포기라는 문 안으로 들어온 셈이다. 이 문으로 들어오고 나면, 그는 영혼의 정화에서 첫 단계인 자기 수양self-discipline의 과정을 받아들인다.

지금까지 그는 저급한 충동이 시키는 대로 먹고, 마시고, 자고, 쾌락을 좇으며, 마치 천박한 짐승처럼 살아왔다. 마음 내키는 대로 절도 없이 맹목적으로 욕구를 만족시키고, 자신의 행위에 의문을 갖지도 않고, 자신의 인격과 삶을 규제할 확고한 중심도 없이 살아온 것이다.

그러나 이제 그는 인간답게 살기 시작한다. 그는 자신의 성향과 격정을 제어하고 덕의 실천에 마음을 고정시킨다. 그는 쾌락의 추구를 멈추고, 이성의 지시를 따르며, 이상의 요구에 따라 자신의 행동을 규제한다. 그는 이렇게 자신의 삶을 규제하기 시작하면서, 어떤 습관들은 반드시 버려야 한다는 것을 즉시 인식하게 된다.

그는 자신이 먹을 음식을 선택하고 정해진 시간에만 식사하기 시작하며, 먹음직스런 음식에 접하고 식욕이 일어날 때마다 먹는 경우는 더 이상 없게 한다. 또, 하루에 먹는 식사의 횟수를 줄이고 먹는 양도 줄인다.

그는 밤이든 낮이든 유쾌한 게으름에 탐닉하기 위해 잠자리에 드는 일이 더 이상 없게 하고, 대신에 몸이 필요로 하는 휴식을 취하기 위해서만 잠자리에 든다. 그러므로 그는 수면 시간을 일정하게 유지하고, 일찍 일어나며, 깨어난 뒤에도 몽롱한 나태함을 즐기려는 동물적 욕구를 결코 만족시키지 않는다.

그는 폭식, 잔혹 행위, 만취 상태와 긴밀하게 관련된 음식과 음료는 모두 배제하고, 자연이 넘치도록 풍부하게 제공하는 부드럽고 신선한 음식을 선택할 것이다.

그는 이러한 예비 단계들을 당장 받아들일 것이다. 그리고 자제와 자기 반성의 길을 계속 걸음에 따라, 욕구의 본질과 의미와 결과에 대해 점점 더 명확히 인식하게 되어 마침내 자신의 욕구를 규제하는 것만으로는 전적으로 부적당하고 불충분하다는 것을, 욕구 그 자체를 버려야 한다는 것을, 욕구는 마음속에서 뿌리 뽑혀야 하고 인격과 삶에 아무 관계도 없어야 한다는 것을 깨닫게 될 것이다.

천국을 구하는 영혼이 유혹의 어두운 계곡 속으로 들어가게 되는 것은 바로 이 시점이다. 여러 욕구들은 지금까지 지녀온 힘과 권위를 거듭 주장하려는 몸부림과 격렬한 노력을 수없이 전개한 뒤에야 소멸할 것이기 때문이다. 따라서 여기서부터는 믿음의 등불에 기름을 계속 붓고 그 심지를 부지런히 다듬어 줘야 한다. 믿음의 등불이 발산하는 모든 빛은 이 어두운 계곡의 짙은 어둠 속에서 여행자를 안내하고 격려하는 데 필요할 것이기 때문이다.

처음에 그의 욕구들은, 마치 야수들처럼, 만족시켜 달라고 시끄럽게 요구할 것이다. 그것이 실패하면, 욕구들은 그를 거꾸러뜨리기 위해 자신들과 싸우도록 유혹할 것이다. 이 마지막 유혹은 첫 번째 유혹보다 더 크고 극복하기도 어렵다. 욕구들은 완전히 무시당하기 전까지는, 즉 주의를 받지 못한 채 버려지고, 무조건적으로 포기되어, 먹이가 부족해서 소멸하기 전까지는 진정되지 않을 것이기 때문이다.

천국을 구하는 자는 이 계곡을 통과하는 과정에서, 이후에 자신을 더욱 발전시키는 데 필요한 힘들을 계발하게 된다. 그 힘들은 바로 자제심, 자립심, 용기, 자주적인 사고思考이다.

또한 여기서 그는 비웃음과 조롱, 그릇된 비난을 경험해야 할 것이다. 그의 가장 친한 친구, 심지어 그가 가장 아낌없이 사랑하는 이들마저 그가 어리석고 일관성이 없다고 책망할 것이며, 동물적 욕구에 탐닉하는, 자기 본위의, 하찮은 개인적 투쟁의 삶으로 그를 되돌리기 위해 최선을 다해 설득할 것이다.

그의 주위에 있는 거의 모든 사람들은 그의 의무에 대해 자신들이 본인보다 더 잘 알고 있다고 생각할 것이다. 그리고 그들은 흥분과 고통이 뒤섞인 자신들의 생활보다 더 나은 다른 삶을 전혀 알지 못하기 때문에, 그를 다시 예전의 생활로 돌아오도록 설득하기 위해 안간힘을 쓸 것이다. 보다 나은 삶을 알지 못하는 그들은, 그가 인생의 즐거움과 행복을 상당 부분 놓치고 있고 그 대가로 아무것도 얻지 못하고 있다고 여길 것이다.

처음에는 주위 사람들의 이러한 태도가 그에게 격심한 고통을 일으킬 것이다. 그러나 그는 이 고통이 자신의 허영과 이기심에서 비롯된 것이며, 높이 평가 받고, 존경 받고, 좋은 사람으로 인식되고 싶은 미묘한 욕구의 결과라는 것을 재빨리 깨닫게 될 것이다. 이러한 깨달음에 도달하는 즉시, 그는 더 높은 의식 상태로 들어갈 것이며, 그 상태에서는 더 이상 이런 문제가 그에게 일어날 수도 없고 고통을 야기할 수도 없다. 그가 굳건히 서고, 이미 언급한 정신력들을 효과적으로 사용하기 시작하는 것은 이 시점이다.

그러므로 그는 친구들의 비난과 그의 내면에 있는 적들의 외침에 귀기울이지 말고, 용감하게 길을 재촉해야 한다. 열망하고, 탐구하고, 노력하면서, 성스러운 사랑의 눈으로 자신의 이상을 항상 바라보면서, 매일 자신의 정신과 감정에서 이기적인 동기와 불순한 욕망을 제거하면서, 가끔은 비틀거리기도 하고 가끔은 실패도 하지만 더 높은 곳을 향해 항상 나아가면서, 매일 밤 마음을 가라앉히고 그 날의 여정을 되돌아보면서 전진해야 한다. 날마다 성스러운 전투를 치렀다면 설령 졌더라도, 또 날마다 어떤 정신적 승리를 시도했다면 설령 이루지 못했더라도 절망하지 말아야 한다. 자아의 극복에 온 정신을 기울이는 사람에게는 오늘의 손실이 내일의 이득을 더해줄 것이다.

계곡을 지나가고 나면, 그는 마침내 슬픔과 고독의 들판에 이르게 된다. 그에게서 격려와 양식을 전혀 받지 못한 욕구들은 점차 약해졌고, 이제는 소멸해 가고 있다. 그는 계곡을 벗어나고 있으며 어둠은 옅어지고 있다. 그러나 지금 그는 처음으로 자신이 혼자라는 사실을 깨닫는다. 그는 밤중에 커다란 산의 가장 낮은 기슭에 서 있는 사람과 같다. 그의 머리 위로는 높은 산봉우리가 우뚝 솟아 있고, 그 너머에는 영원한 별들이 반짝이고 있다. 그의 발밑 약간 떨어진 곳에는, 그가 떠나온 도시의 눈부신 불빛이 반짝이고, 그 도시 사람들의 소음(외치는 소리, 비명 소리, 웃음소리, 자동차 소리, 음악 소리가 한데 뒤섞인)이 그에게 들려온다. 그는 지금 그 도시에서 제각기 나름대로의 쾌락을 추구하며 살아가는 친구들을 생각하며 산 위에 홀로 서 있는 것이다.

그 도시는 욕망과 쾌락의 도시이고 그 산은 포기의 산이다. 그 산을 오르는 사람은 자신이 속세를 떠났고, 앞으로 속세의 흥분과 투쟁은 자신에게 무가치한 것들이며, 더 이상 자신을 유혹할 수 없다는 것을 이제 알고 있다. 이 외로운 장소에서 잠시 쉬고 있는 동안, 그는 슬픔을 맛보고 슬픔의 비밀을 알게 될 것이며, 무자비함과 증오는 그에게서 떠나갈 것이다. 그의 마음은 점차 부드러워지고, 성스러운 연민의 생각이 처음으로 어렴풋이 생겨나 마음을 따뜻하게 하고 고양시킬 터인데, 이 자비심이 나중에는 그의 전 존재를 채우게 될 것이다. 그는 투쟁과 고통 속에 살아가는 모든 존재들을 동정하기 시작할 것이며, 이러한 동정심의 교훈을 배움에 따라 그의 슬픔과 고독은 타인에 대한 그의 위대하고 고요한 사랑 속에 점차 잊혀지고 사라질 것이다.

또한, 여기서 그는 개인과 국가의 운명을 지배하는 보이지 않는 법칙의 작용을 인식하고 이해하기 시작할 것이다. 자신의 내부에 있는 투쟁과 이기심의 저급한 영역을 초월한 그는 이제 다른 사람과 세상 속에 자리잡은 저급한 영역을 조용히 내려다보며 그것을 분석하고 이해할 수 있다. 그리하여 그는 이기적인 노력이 어떤 방식으로 세상의 모든 고통의 근저에 있는지를 알게 될 것이다.

다른 사람과 세상을 대하는 그의 마음가짐 전체가 이제 철저한 변화를 경험하고, 그의 마음속에서 연민과 사랑이 이기주의와 자기 방어를 대신하기 시작한다. 그 결과 그를 대하는 세상의 태도도 달라진다.

이 중대한 시점에서, 그는 경쟁의 어리석음을 인식하여 다른 사람을 능가하고 이기려는 노력을 멈추고, 이타적인 생각으로 다른 이들을 격려하기 시작할 것이며, 행동이 필요할 때는 정다운 행동으로 다른 이를 도울 것이다. 그는 심지어 이기적으로 그와 경쟁을 벌이려는 사람들에게도 이런 식으로 행동할 것이며, 더 이상 그들에 맞서 자신을 방어하지 않을 것이다.

이런 변화의 직접적인 결과로서 그의 세속적인 일들이 전에 없이 번영하기 시작한다. 처음엔 그를 조롱했던 친구들 중 상당수가 그를 존경하기 시작하고, 심지어는 사랑하게 된다. 그리고 그는 저급한 이기적 본성 속에서 살고 있을 때는 전혀 알지 못했던, 속세를 완전히 초월한 고귀한 타입의 사람들과 자신이 만나고 있다는 사실을 갑작스럽게 깨닫게 된다. 먼 거리에 있는 여러 곳으로부터 이런 사람들이 찾아와서 그를 섬기고 그들 또한 그에게 섬김을 받아 정신적인 친교와 사랑의 형제애가 그의 삶에 충만할 것이며, 그리하여 그는 슬픔과 고독의 들판을 넘어가게 될 것이다.

저급한 경쟁 법칙은 이제 그의 삶에 작용하지 않으며, 경쟁 법칙의 결과인 실패, 재난, 발각, 궁핍은 더 이상 그의 경험 속에 들어오거나 그의 경험의 일부가 될 수 없다. 이것은 단순히 그가 자기 내면의 저급한 이기적 성향들을 초월했기 때문만이 아니라, 그런 초월의 과정에서 어떤 정신력, 즉 좀더 강력하고 훌륭한 솜씨로 자신의 일을 관리하고 지배할 수 있는 힘도 개발했기 때문이다.

그러나 그는 아직 멀리 나아간 것이 아니다. 잠시라도 꾸준한 노력을 게을리한다면, 언제라도 그는 어둠과 투쟁의 낮은 세계로 다시 떨어져 그 곳의 공허한 쾌락에 다시 탐닉하고, 그 곳의 쓸모 없는 욕망들에 다시 사로잡힐 수 있다. 그리고 인간이 통과해야 하는 가장 큰 유혹, 즉 의심의 유혹에 그가 도달했을 때가 특히 위험하다.

두 번째 관문인 의견 포기의 문에 도달하기 전에, 혹은 그 문을 알아보기도 전에, 순례자는 의심의 사막이라는 거대한 영혼의 사막을 만나게 될 것이다. 그는 당분간 이곳에서 방황할 것이며, 낙담, 우유부단, 불안과 같은 우울한 심정이 구름처럼 그를 둘러싸서 한 치 앞의 길도 보이지 않을 것이다.

새롭고 기묘한 두려움도 아마 그를 덮칠 것이다. 그러면 그는 자신이 추구하고 있는 진로가 현명한 것인지에 대해 의문을 품기 시작할 것이다. 세상의 여러 유혹들이 가장 매혹적인 옷을 걸치고 다시 그의 앞에 나타날 것이며, 세속적인 다툼의 시끄러운 소음과 자극적인 흥분이 다시 한 번 매력적인 모습으로 보일 것이다.

"결국, 내가 옳았는가? 이렇게 해서 무슨 이득이 있는가? 인생 자체가 쾌락과 흥분과 다툼으로 이루어져 있는 게 아닌가. 그런데 이것들을 포기한다면 나는 모든 것을 포기하는 것이 아닐까? 나는 무의미한 그림자를 위해 인생의 실체를 희생시키고 있는 것이 아닌가? 결국, 나는 속고 있는 불쌍한 바보가 아닐까? 실속 있고, 확실하고, 쉽게 얻어지는 향락에 의지한 채 감각적인 생활을 하는 내 주위 사람들이 나보다 더 현명한 것이 아닐까?"

이러한 어두운 의심과 의문으로 그는 유혹받고 괴로워할 것이다. 그리고 이러한 의심은 그가 삶의 복잡한 문제들을 더욱 깊이 탐구하도록 자극할 것이고, 또한 그의 마음속에서 의지하고 피난할 수 있는 어떤 영구불변의 원리가 필요하다는 느낌이 생겨나게 할 것이다.

그러므로 그는 이 어두운 사막에서 방황하는 동안, 자신의 마음속에 있는 좀더 미묘하고 차원 높은 미혹인 지성의 미혹들을 마주치게 될 것이다. 그리고 이 미혹들을 자신의 이상과 대조시킴으로써 현실과 비현실, 환영과 실체, 결과와 원인, 덧없는 현상과 영원한 원리를 구별하는 법을 알게 될 것이다.

인간은 의심의 사막에서 모든 형태의 환상, 즉 감각의 환상뿐만이 아니라 추상적인 사고와 종교적인 감정의 환상에도 직면한다. 인간이 분별력, 영적 인식, 목표의 확고함, 침착성과 같은 좀더 높은 수준의 힘을 계발하는 것은 바로 이런 환상들을 검사하고, 해결하려 노력하고, 결국 파괴하는 과정을 통해서이다. 그리고 이러한 정신적 힘을 활용하면, 정신 세계와 물질적 외형의 세계 양쪽 모두에서 진실과 거짓을 정확히 구별할 수 있다.

이러한 힘을 획득하고, 그것을 신성한 정신적 전투에서 자아를 물리치는 무기로 사용하는 방법을 터득하고 나서, 그는 의심의 사막에서 빠져 나온다. 미혹의 안개와 신기루는 어느덧 그의 앞길에서 사라지고, 그의 눈앞에는 두 번째 관문인 의견 포기의 문이 모습을 드러낸다.

이 문에 가까이 다가가면, 그는 자신이 걷고 있는 길 전체를 눈앞에 보게 된다. 그리고 잠시 동안, 그는 얼핏 자신이 향하고 있는 영광스러운 성취의 언덕을 볼 것이다. 보다 차원 높은 삶의 신전이 장엄한 아름다움으로 빛나는 광경을 흘깃 보는 것이다. 그는 이미 마음속으로 자아 극복의 힘과 기쁨과 평화를 느끼고 있다. 이제 그는 갈라하드Galahad 경의 다음과 같은 말을 크게 외칠 수 있다. 자신이 결국에는 반드시 승리한다는 것을 알고 있으므로.

"나는 …… 성배를 보았다.

신성한 성배를 ……

…… 그리고 하나님이 나를 왕위에 앉힐 것이다.

저 멀리 영혼의 도시에서."

그는 지금까지 추구해 왔던 것과는 완전히 다른, 자아 극복의 과정에 이제 들어선다. 지금까지 그는 자신의 동물적 욕구를 극복하고, 변화시키고, 단순화시켜 왔다. 그런데 이제 그는 자신의 지성을 변화시키고 단순화시키기 시작한다. 그는 지금까지 자신의 감정을 자신의 이상에 맞추어 왔는데, 이제는 자신의 생각을 그 이상에 맞추기 시작한다. 또한, 이 시점에서 그 이상은 좀더 크고 아름다운 균형과 조화를 나타낸다. 그리하여 처음으로 그는 영구불변의 원리를 정말로 이루고 있는 것이 무엇인지 이해한다.

그는 자신이 애써 찾던 정의가 변하지 않는 고정된 것임을 깨닫는다. 또한 정의가 사람에게 적응하는 것이 아니라, 반대로 사람이 정의에 다가가야 하고 정의에 순응해야 한다는 것을 깨닫는다. 또 정의로움은 손실이나 이득, 보상이나 처벌에 관한 모든 고려를 배제한 정도에서 벗어나지 않는 행위의 길로 이루어져 있음을 깨닫는다. 또한 실제로, 정의는 자아를 구성하는 욕망과 의견과 이기주의의 모든 죄와 함께 자아를 버리고, 모든 인간과 생명체를 향해 완전한 사랑을 베푸는 결백한 삶을 영위하는 데 있음을 깨닫는다. 그러한 삶은 확고하고 순수하다. 그것은 굴곡이나 변화, 제한이 없는 삶이며, 죄 없는 완전한 행위를 필요로 하기 때문이다. 그러므로 그것은 세속적인 자아의 삶과 정반대인 셈이다.

이 사실을 인식한 구도자는, 자신이 비록 인류를 노예로 만들고 있는 저급한 격정과 욕망에서 벗어났다 하더라도 의견의 속박에 여전히 매여 있음을 알게 된다. 또한 극소수의 사람만이 열망하는, 세상이 이해하지 못하는 순수성으로 자신을 정화시켰다 하더라도 여전히 씻어 내기 어려운 더러움에 자신이 오염되어 있음을 알게 된다. 즉 그는 자신의 의견을 사랑하고 있고, 그 의견을 자신이 애써 찾고 있는 원리인 진리와 혼동해 왔던 것이다.

그는 아직 투쟁에서 벗어나지 못했고, 고차원적인 사고의 영역에서 일어나는 경쟁의 법칙에 여전히 휘말려 있다. 그는 자신이 (자신의 의견이) 옳고, 다른 사람의 의견은 틀리다고 여전히 믿고 있다. 그리고 그는 자기중심주의에 빠져 있어, 자신의 의견과 반대되는 의견을 가진 사람들에게 동정심을 느끼는 체할 만큼 타락하였다. 그러나 그가 자신을 속박하는 이런 식의 좀더 미묘한 이기심을 이해하고, 거기서 생겨나는 모든 일련의 고통을 인식하고, 값을 따질 수 없는 영적 통찰력을 얻고 나면, 경건하게 머리를 숙이고서 자신의 마지막 평화를 향한 두 번째 관문을 통과한다.

이제 그는 아무 색깔도 없는 겸손의 옷을 영혼에 걸치고, 자신의 모든 에너지를 이제까지 사랑하고 소중히 간직해 온 의견들을 마음속에서 뿌리 뽑는 데 기울인다.

그는 불변하는 유일의 진리와 진리에 관해 자신과 세상 사람들이 생각하는, 수없이 다양하고 변화하는 의견을 구별하는 법을 터득한다.

그는 선, 순수, 동정심, 사랑에 관한 자신의 의견이 그런 자질 자체와는 매우 다르며, 자신의 의견이 아닌 그 신성한 원리 자체에 의지해야 한다는 것을 이해한다. 지금까지 그는 자신의 의견이 아주 가치 있는 것이고 다른 사람의 의견은 무가치하다고 여겨 왔다. 그러나 이제 그는 다른 사람의 의견에 맞서 자신의 의견을 드높이고 방어하는 것을 그만두고, 자신의 의견을 철저히 무가치한 것으로 여기게 된다.

이러한 마음가짐의 직접적인 결과로서, 그는 저급한 욕망이나 미묘한 자기애와 뒤섞이지 않은 순수한 선을 실천하는 데서 위안을 구하고, 순수와 지혜, 동정심과 사랑의 신성한 원칙들을 삶의 토대로 삼아 그것들을 자신의 마음속에 통합시키고, 삶 속에서 그것들을 구현하게 된다.

이제 그는 (세상 사람들에게는 불가해한) 그리스도의 정의를 옷처럼 입고 있으며, 빠르게 성스러워지고 있다. 그는 욕망의 어둠을 깨달았을 뿐만 아니라 사변 철학의 공허함도 깨달았다. 그래서 실제적인 성스러움과는 아무 관련이 없고, 지금까지 그의 발전을 방해했으며, 삶 속의 영원한 진실들을 보지 못하게 만들었던 교묘한 형이상학적 분별을 마음속에서 모두 제거한다.

그리고 그는 자신의 의견과 추론을 하나씩 차례로 던져 버리고, 모든 존재를 향한 완전한 사랑의 삶을 살기 시작한다. 각각의 의견을 일종의 무거운 짐으로 여겨서 차례로 극복하고 버림에 따라 영혼은 점점 더 밝게 빛나며, 이제 그는 "자유롭다"는 것의 의미를 깨닫기 시작한다.

기쁨, 즐거움, 평화의 성스러운 꽃이 그의 마음속에서 자연히 피어나고, 그의 삶은 기쁨이 넘치는 노래가 된다. 마음속의 멜로디가 확대되고 점점 더 완전한 화음을 이루면, 그의 외면적인 삶은 내면의 음악과 스스로 조화를 이룬다.

그가 기울이는 모든 노력은 이제 투쟁에서 벗어나 있기 때문에, 그는 자신의 행복에 필요한 모든 것을 고통이나 걱정, 또는 두려움 없이 얻는다. 그는 경쟁의 법칙을 거의 전적으로 초월하였고, 사랑의 법칙이 이제 그의 삶을 지배하는 요인이 되어, 애써 노력하거나 어려움을 겪지 않고도 그의 모든 세속적인 일들은 조화롭게 조정될 것이다.

실로, 상업의 세계에서 발생하는 경쟁의 법칙은 그에게 오랫동안 잊혀져 왔고, 그의 경제적인 문제에 관해서도 전혀 영향을 끼치지 않게 되었다. 또한 여기서 그는 좀더 넓고 포괄적인 의식 상태로 들어가서, 그가 도달한 차원 높은 순수성과 이해의 관점에서 세계와 인류를 조망하면서, 모든 인간사에서 질서 정연한 법칙의 이치를 파악한다.

이러한 길을 계속 추구하다 보면 좀더 수준 높은 정신력, 즉 성스러운 인내심, 영적인 평정심, 무저항, 예언자적 통찰력이 생겨난다. 내가 말하는 예언자적 통찰력이란 앞으로 일어날 사건을 예언하는 능력이 아니다. 그것은 실로 모든 인간의 삶과 생명체의 삶에 작용하여 다양하고 보편적인 결과와 사건들을 발생시키는 숨겨진 원인들에 대해 직관적으로 인식하는 능력을 말하는 것이다.

이 시점에서 그는 사고의 세계에서 작용하는 경쟁의 법칙을 초월한다. 그리하여 경쟁의 법칙으로 인해 생기는 모든 형태의 폭력, 치욕, 슬픔, 모욕, 고민, 근심은 더 이상 그의 삶에 발생하지 않는다.

그가 앞으로 나아감에 따라, 세계의 기초와 구조를 이루는 불멸의 원리가 그에게 모습을 드러내고, 점점 더 균형 잡힌 조화와 비례를 나타낸다. 그에게 더 이상의 고뇌는 없으며, 어떤 악도 그의 근처에 얼씬거리지 못한다. 그리고 영구적인 평화의 조짐이 그에게 갑자기 나타난다.

그러나 그는 아직 자유롭지 않다. 그는 아직 여행을 끝마치지 않았다. 그는 여기서 쉴 수도 있다. 그것도 그가 원하는 만큼 오랫동안 쉴 수 있다. 그러나 얼마 안 가서 그는 마지막 노력에 박차를 가할 것이고, 마지막 성취 목표인 무아無我의 상태, 신성한 삶에 도달할 것이다.

그는 아직 자아로부터 자유롭지 않다. 예전보다 집착이 덜하기는 하지만, 여전히 개인적인 존재에 대한 사랑과 그의 개인적인 소유물에 대한 독점적인 권리에 집착하고 있다. 그가 마침내 그런 이기적 요소마저 버려야 한다는 사실을 깨달을 때, 그의 눈앞에는 세 번째 관문인 자아 포기의 문이 나타난다.

그가 지금 다가가고 있는 것은 어둠의 입구가 아니라, 성스러운 영광으로 빛나는 문, 지상의 어떤 광채와도 비교할 수 없는 눈부신 광휘로 빛나는 문이다. 그는 확신에 찬 걸음걸이로 그 문을 향해 나아간다. 의심의 구름은 오래 전에 흩어졌고, 유혹의 목소리는 저 아래 계곡에서 사라졌다. 그래서 그는 확고한 걸음걸이와 곧은 몸가짐, 말로 형용할 수 없는 기쁨에 가득 찬 마음으로, 천국의 입구를 지키는 문에 가까이 다가간다.

그는 합법적인 권리로 소유하고 있는 것들에 대한 사리사욕은 제외하고 나머지 모든 것을 포기했다. 그러나 이제 그는 어떤 것도 자신의 것으로 소유해서는 안 된다는 것을 깨닫는다. 그리고 그는 문 앞에서 잠시 멈추어 있을 때, 회피하거나 부인할 수 없는 다음과 같은 명령을 듣게 된다. "너에게 부족한 것이 한 가지 있다. 네가 완전한 사람이 되려면 가서 네 재산을 다 팔아 가난한 사람들에게 나누어 주어라. 그러면 네가 하늘에서 보물을 얻게 될 것이다."

이 마지막 큰 관문을 통과하고 나면, 그는 욕망과 의견과 자아의 압제로부터 벗어나, 영광스럽고, 찬란하고, 자유로운 상태가 된다. 이제 그는 악의 없고, 인내심 많고, 상냥하고, 순수한, 성스러운 인간이다. 그는 자신이 추구해 왔던 것(하나님의 나라와 하나님의 정의)을 마침내 찾은 것이다.

천국으로 가는 여행은 길고 지루할 수도 있지만, 짧고 빠르게 끝날 수도 있다. 1분이 걸릴 수도 있고, 천 년이 걸릴 수도 있다. 모든 것은 탐구자 자신의 신념과 믿음에 달려 있다. 대부분의 사람들은 "믿음이 없기 때문에" 들어가지 못한다. 정의를 믿지 않고, 정의를 실현할 가능성도 믿지 않는 사람들이 어떻게 정의를 실현할 수 있겠는가?

반드시 속세를 등지고 세상 속에서의 의무를 떠나야 하는 것은 아니다. 오히려 하나님의 나라는 사심 없는 마음으로 자신의 의무를 수행함으로써 찾을 수 있다. 믿음이 아주 강한 사람은, 이 진리를 접했을 때 모든 개인적인 요소를 마음속에서 거의 즉시 떨쳐 버리고 자신의 영적 유산인 천국에 바로 들어갈 수도 있다.

정의를 믿고 정의를 실현하고자 열망하는 모든 사람들은, 만약 그들이 세상의 의무를 모두 이행하는 중에도 정신을 잃지 않고 이상적인 선을 잊지도 않은 채 "완전한 삶을 향해 길을 재촉하기"로 확고히 결심하고 전진한다면, 조만간에 자아를 극복하고 정신적인 승리를 거두게 될 것이다.

천국에서 안식하면 모든 것이 더해진다

투쟁의 나라에서 사랑의 나라로 가는 전체 여정을 한 마디로 간단히 요약하자면, 행위의 규제와 정화의 과정이라 할 수 있다. 이 과정을 부지런히 수행하면 반드시 완전의 경지에 이르게 된다. 인간은 자기 내부에 존재하는 힘들에 대해 지배력을 얻고 나면, 그 힘들의 영역에서 작용하는 모든 법칙을 이해하게 되고, 자기 마음속에서 끊임없이 일어나는 원인과 결과의 작용을 이해될 때까지 지켜보고 나면, 심리적 요인이 인류의 문화와 역사 전체에서 보편적으로 작용하는 방식을 이해하게 된다.

더욱이 인간사를 지배하는 모든 법칙은 심리적 인과율의 직접적인 결과이므로, 자신의 심리적 필연성을 변화시킨 사람은 변화된 조건에 따라 작용하는 다른 법칙의 지도를 받는다. 자기 마음속의 이기적인 힘들을 지배하고 극복하고 나면, 그런 힘들을 다스리기 위해 존재하는 법칙에 더 이상 종속될 수 없는 것이다.

이 과정은 정신을 단일화하는 과정이기도 하다. 즉, 성격에서 본질적인 고귀한 요소만 제외하고 나머지 모든 것을 걸러내는 과정이다. 그리고 정신이 단일화되어 갈수록 도저히 이해할 수 없을 것처럼 보였던 삼라만상의 복잡성이 점점 더 단순해지며, 결국에는 전 세계의 모든 현상이 불변의 몇몇 원리들에 기초하고 있다는 것과 이 원리들은 사랑이라는 유일한 원리에 포함되어 있다는 것을 알게 된다.

이렇게 정신이 단일화된 사람은 평화에 도달하며, 그는 이제 진정으로 살기 시작한다. 영원히 포기해 버린 개인적 삶을 돌이켜보면, 끔찍한 악몽에서 깨어난 것처럼 여겨질 뿐이다. 그런데 그가 영혼의 눈으로 살펴보면, 다른 사람들은 여전히 그 악몽 속에 살고 있다. 그는 하나님이 인류에게 넘치도록 풍부히 베풀어 주는 것을 두고 사람들이 서로 다투고, 싸우고, 고생하고, 죽어 가는 모습을 본다. 모든 탐욕을 거두면 아픔이나 방해 없이도 얻을 수 있는 것을 두고서 말이다. 그리하여 그의 마음은 연민으로 가득 차지만 기쁨도 또한 샘솟는다. 인류가 결국에는 길고 고통스러운 악몽에서 깨어난다는 것을 그는 알고 있기 때문이다.

여정의 초반부에 그는 인류를 멀리 떠나온 것처럼 보였고, 혼자 외롭게 슬퍼했었다. 그러나 가장 높은 곳에 도달하고 목표를 달성한 지금, 그는 자신이 어느 때보다 더 인류와 가까워져 있음을 발견한다. 그는 인류의 마음 한가운데에 살면서 인류의 모든 슬픔에 공감하고 인류의 모든 기쁨을 더불어 기뻐하게 된다. 더 이상 방어해야 할 개인적인 입장이나 고려 사항이 전혀 없으므로 그는 전적으로 인류의 중심에서 살아간다.

그는 더 이상 자신을 위해 살지 않고 남을 위해서 살아간다. 그리고 그는 그렇게 살면서 최고의 행복과 가장 심오한 평화를 누린다.

한동안은 동정, 사랑, 행복, 진리를 추구하였으나 이제 그는 진실로 동정, 사랑, 행복, 진리가 되었다. 그에게는 모든 개인적인 요소가 소멸되었고 전적으로 보편적인 자질과 원리만이 남았으므로, 개인적인 존재로서 그의 삶은 끝났다고 말할 수 있다. 지금 그의 삶에서는 사랑이나 진리와 같은 보편적인 자질들이 표현되고 있으며, 앞으로는 그의 성격에서도 그런 자질들이 분명히 나타난다.

또한 그는 자기 방어를 그만두고, 항상 동정심과 지혜와 사랑 속에서 살아가면서 최고의 법칙, 즉 사랑의 법칙의 보호를 받는다. 그는 사랑의 법칙을 이해하고 의식적으로 그 법칙에 협력한다. 참으로, 그는 사랑의 법칙과 나뉘지 않고 동일시된다.

"자아를 버리면, 세계가 내가 된다." 동정, 지혜, 사랑을 본성으로 갖춘 사람은 어떤 보호도 전혀 필요치 않다. 지혜, 사랑, 동정 자체가 최상의 보호 수단이며, 그 원리들은 모든 사람들 속에 있는 실체이자 불멸의 신성이고, 우주의 질서 속에서 영구불변의 실체를 구성한다.

자신의 본성이 행복과 기쁨과 평화인 사람은 즐거움을 따로 추구할 필요도 없다. 다른 사람과의 경쟁에 관해 말하자면, 그가 자신을 모든 사람과 정답게 동일시하는데 누구와 경쟁할 수 있겠는가? 모든 이를 위해 자신을 희생시키는 그가 도대체 누구와 다투겠는가? 이미 모든 행복의 원천에 도달하였고, 필요한 모든 것을 하나님으로부터 받는 그가 다른 이의 맹목적인 오해에서 빚어진, 쓸데없이 걸어오는 경쟁을 두려워할 수 있겠는가?

그는 자아(그의 이기적인 개성)를 잃고서, 참 자아(그의 신성한 천성, 사랑)를 찾았다. 이제는 사랑과 그 사랑으로 인한 모든 결과가 그의 삶을 구성한다. 그는 이제 기쁜 마음으로 이렇게 외칠 수 있다.

나는 동정의 주님을 알게 되었고,
완전한 법칙의 의복을 걸쳤으며,
위대한 진실의 영역에 들어섰다.
안식을 이루자, 방황이 끝났다.
평화에 들어서자, 고통과 슬픔이 멈추었다.
통일성이 명백해지자, 혼돈이 사라졌다.
진리가 드러나자, 죄가 극복되었다!

조화의 원리, 정의, 또는 신성한 사랑을 발견하면, 모든 것이 있는 그대로의 모습으로 보인다. 착각을 일으키는 이기심과 의견의 매개 없이 바로 볼 수 있기 때문이다. 있는 그대로의 모습으로 보면, 세계 전체가 하나의 존재이며 세계의 모든 다양한 작용들은 단일 법칙의 현현顯現이다.

이제까지 나는 이 책에서 법칙에 대해 말할 때, '차원 높은'과 '저급한'이라는 용어를 적용했는데, 이런 구별은 불가피한 것이었다. 그러나 하나님의 나라에 도달하고 나면, 인간의 삶에서 작용하는 모든 힘들이 유일한 최고 법칙인 사랑의 다양한 표현임을 알게 된다. 인류가 고통을 겪고 있는 것도 이 법칙에 의한 것이다. 강렬한 고통의 경험을 통해, 인류는 정화되고 현명해질 것이며 고통의 원천인 이기심을 버리게 될 것이다.

세계의 법칙과 기초가 사랑이기 때문에 모든 이기주의는 이 법칙에 대립되며, 이 법칙을 이기거나 무시하려는 노력이다. 그 결과, 모든 이기적인 생각과 행위는 그에 상응하는 정확한 양의 고통을 수반한다. 이 고통은 그 생각과 행위의 결과를 무효로 만들어 우주의 조화를 유지하는 데 필요한 것이다. 그러므로 모든 고통은 사랑의 법칙이 무지와 이기심을 억제하는 작용이며, 이러한 고통스러운 속박에서 마침내 지혜가 생겨난다.

천국에는 투쟁과 이기심이 전혀 없으며, 따라서 고통이나 속박도 없다. 거기에는 완전한 조화와 균형과 안식이 있을 뿐이다. 천국에 들어간 사람들은 어떠한 동물적 성향도 따르지 않으며(그들은 따라야 할 성향이 아예 없다), 최고의 지혜와 조화를 이루어 살아간다. 그들의 본성은 사랑이며, 그들은 모든 존재를 향한 사랑 속에 살아간다.

그들은 결코 "생계를 꾸려 나가는 것"에 대해 걱정하지 않는다. 그들은 삶의 한가운데서 살고 있는, 삶 그 자체이기 때문이다. 어떤 물질적인 필요나 다른 필요가 발생하면, 그들이 걱정하거나 애써 수고하지 않아도 그것이 즉시 충족된다.

그들이 어떤 일을 떠맡도록 요구받았을 때는, 그 일을 수행하는 데 필요한 돈과 친구들이 어디선가 즉시 그들에게 오게 된다. 원칙을 어기는 행위를 그만둔 그들의 필요는 정당한 경로를 통해 충족된다. 그들에게 필요한 돈이나 도움은, 천국에 살고 있거나 천국의 실현을 위해 노력하고 있는 다른 선한 사람들을 통해 항상 오게 된다.

자아의 나라에서 살고 있는 사람들이 오로지 많은 투쟁과 고통을 통해서만 그들의 필요를 충족시키는 것과 마찬가지로, 사랑의 나라에서 살고 있는 사람들은 불안에서 완전히 해방된 상태에서 그들의 모든 필요를 사랑의 법칙을 통해 충족시킨다. 그들은 마음속의 근본 원인을 바꾸었기 때문에 내적 삶과 외적 삶의 모든 결과까지 바꾼 것이다. 자아가 모든 투쟁과 고통의 근본 원인이듯이 사랑은 모든 평화와 행복의 근본 원인이다.

천국에서 안식하고 있는 사람들은 외적인 소유물로 행복을 추구하지 않는다. 외적인 소유물이란 필요할 때는 왔다가 목적에 이바지하고 나면 사라지는 일시적 결과에 불과하다는 것을 그들은 알고 있다.

그들은 돈, 의복, 음식과 같은 외부적 사물을 참된 삶의 부속물이나 결과로 밖에 생각하지 않는다. 그러므로 그들은 모든 근심과 걱정에서 자유롭고, 사랑 안에 안식하기에 행복의 화신으로 살아간다.

그들은 불멸의 원리인 순수, 동정, 지혜, 사랑에 의지해 살아가기 때문에 죽지 않으며, 그들은 자신의 불멸성을 알고 있다. 그들은 하나님(최고선)과 일체를 이루며, 스스로가 하나님과 일체임을 알고 있다. 그들은 사물의 진정한 현실을 이해하고 있으므로, 어디에서도 비난의 여지를 찾을 수 없다. 그들은 세상에 일어나는 모든 작용들을, 심지어는 악惡이라고 불리는 작용들까지도 선한 법칙의 도구로 본다.

모든 인간은 본질적으로 신성하며, 그들이 자신의 신성한 본성을 알지 못한다 해도 그러하다. 인간의 모든 행위는 그것들 중 대부분이 어리석고 무력한 것이라 해도, 보다 가치 있는 어떤 선을 실현하려는 노력이다. 소위 악이라고 하는 것은, 심지어는 의도적으로 사악한 행위라 불리는 것들까지도, 모두 무지에 기초하고 있다. 천국에 사는 사람들은 이 사실을 이해한다. 따라서 그들은 아무도 비난하지 않으며 사랑과 동정만을 마음속에 간직한다.

그렇다고 해서 천국에 살고 있는 사람들이 안일하고 게으르게 산다고 생각하지는 말라(이 두 가지 죄는 천국에 대한 탐색을 시작할 때 가장 먼저 근절해야 할 것들이다). 그들은 평화롭게 활동하며 살아간다. 사실은 오직 그들만이 참으로 살고 있다고 말할 수 있다. 걱정과 슬픔, 두려움의 연속인 자아의 삶은 진정한 삶이 아니기 때문이다.

그들은 자아에 대한 생각 없이 지극히 성실하고 부지런한 자세로 자신의 모든 의무를 수행하며, 다른 사람들의 마음과 그들 주변의 세상에 정의의 나라를 세우는 데 자신의 모든 수단을 동원하고 예전보다 훨씬 더 강해진 힘과 능력도 전부 이용한다. 우선 스스로 모범을 보이고 그 다음엔 교훈을 줌으로써 정의의 나라를 넓히는 것, 이것이 그들의 일이다.

그들은 자신이 소유한 모든 것을 팔아서(자신의 소유물에 대한 모든 욕심을 버려서), 가난한 사람들에게 나누어 주고(영혼이 궁핍한 사람들, 지치고 절망에 빠진 자들에게 자신이 가진 풍부한 지혜와 사랑, 평화를 아낌없이 나누어 주고), 사랑이라는 이름의 그리스도를 따른다.

그들은 더 이상 슬픔을 느끼지 않고 끊임없는 기쁨 속에 산다. 세상의 고통을 알고는 있지만, 궁극의 행복과 사랑이라는 영원한 안식처도 알고 있기 때문이다. 준비된 자는 누구나 지금 당장 궁극의 행복과 영원한 안식처인 사랑에 도달할 수 있으며, 결국에는 모든 이가 그 곳에 이르게 될 것이다.

천국에 사는 사람들에 대해서는 그들의 생활을 보면 알 수 있다. 그들은 모든 상황과 인생의 변천 과정에서 '사랑, 기쁨, 평화, 인내, 친절, 선량함, 신의, 온유함, 절제, 자제'와 같은 영의 열매들을 나타낸다. 그들은 분노, 두려움, 의심, 질투, 변덕, 근심, 슬픔으로부터 완전히 벗어나 있다. 하나님의 정의 속에 살면서, 그들은 세상의 풍습과는 정반대가 되며 세상 사람들이 어리석음으로 간주하는 자질들을 나타낸다.

그들은 어떤 권리도 요구하지 않고, 자기 자신을 방어하지 않으며, 보복하지 않는다. 그들은 자신에게 상처를 입히려는 이들에게도 친절을 베풀며, 자신에게 대항하고 공격해 오는 이들에게도 자신과 사이가 좋은 사람에게 대하듯 똑같이 온화한 마음으로 대한다. 또 다른 사람들을 판단하지 않으며, 어떤 사람이나 어떤 제도도 비난하지 않으며 모든 사람과 사이좋게 살아간다.

천국은 완전한 신뢰, 완전한 인식, 완전한 평화이다. 그 곳은 온통 음악과 감미로움과 평온으로 충만해 있다. 짜증, 나쁜 기분, 거친 말, 의심, 정욕 등 불온한 요소는 조금도 천국에 들어올 수 없다.

천국의 자녀들은 서로 용서하고 용서받으며, 친절한 생각과 말과 행동으로 다른 이에게 봉사하며 완전한 사랑스러움 속에 살아간다. 그것은 모든 사람이 마땅히 누려야 할 정당한 유산이고, 지금 당장 들어갈 수도 있는 그들 자신의 왕국이다. 그러나 어떠한 죄도 그 곳에 들어갈 수 없다. 자아에서 비롯된 생각이나 행동은 천국의 황금빛 대문을 통과할 수 없으며, 어떠한 불순한 욕망도 천국의 찬란한 의복을 더럽힐 수 없다.

원하는 사람은 누구나 천국에 들어갈 수 있지만 누구나 그 대가를 치러야 한다. 그것은 바로 자아를 무조건 포기하는 것이다.

"완전한 사람이 되고 싶다면, 가진 것을 모두 팔아라." 하지만 세상은 이 말에 고개를 돌리며 "슬퍼한다. 세상은 가진 것이 아주 많기 때문이다." 세상은 스스로 지킬 수 없는 돈과 스스로 떨쳐 버리지 못하는 두려움을 많이 소유하고 있고, 탐욕스럽게 집착하는 이기적 사랑과 가능하다면 피하고 싶은 슬픈 이별이 풍부하며, 향락의 추구가 넘치고, 고통과 슬픔이 넘치고, 투쟁과 고생이 넘치고, 흥분과 고뇌가 넘치고, 참된 부가 아닌 것은 풍부하지만 천국에만 있는 참된 부는 빈약하다. 세상에는 어둠과 죽음에 속하는 것들이 넘쳐나지만 빛과 생명에 속하는 것들은 부족하다.

그러므로 천국을 실현하려는 자가 있다면 대가를 치르고 들어가도록 하라. 만약, 그가 강하고 신성한 믿음을 가진 사람이라면 지금 당장 천국을 실현할 수 있고, 또한 그가 지금까지 집착해 온 자아를 마치 옷을 벗듯이 벗어 던지고 자유로워질 수 있다. 만약, 그가 믿음이 약한 사람이라면 좀더 천천히 자아를 극복해야 하며, 매일매일의 노력과 끈기 있는 연구를 통해 천국을 찾아야 한다.

정의의 신전이 세워지면, 신전의 벽 네 개는 각각 순수, 지혜, 동정, 사랑의 네 가지 원리이다. 그 신전의 지붕은 평화이고, 바닥은 확고한 마음이며, 입구는 사심 없는 의무 수행이며, 그 곳의 분위기는 영감이며, 그 곳의 음악은 완전한 삶의 기쁨이다.

그 신전은 흔들릴 수 없으며, 영원하고 파괴될 수 없기 때문에, 더 이상 스스로를 보호하기 위해 내일의 일을 미리 염려할 필요가 없다. 마음속에 천국이 세워지면, 물질적인 생활 필수품을 얻으려는 생각은 더 이상 하지 않게 된다. 최고의 가치를 발견하고 나면, 그런 것들은 원인에 대한 결과로서 더해지기 때문이다. 그러면 생존 경쟁은 중지되고, 영적인, 정신적인, 그리고 물질적인 필요는 우주의 풍요로운 보고로부터 매일 충족된다.

오랫동안 저는 당신을 찾았습니다. 거룩한 성령이여,

온유하고 겸손한, 영계의 주여

인간의 비애에 대해 깊이 생각하면서,

묵묵히 슬픔을 느끼며 당신을 찾아 헤맸습니다.

저는 비애와 나약함의 무게에 짓눌려

불안과 의심과 슬픔 속에서

저는 살고 있었지만, 어디선가 당신의 기쁨이

기다리고 있음을 알았습니다. 저와 같이 찢기고 슬픈 마음을

가진 이들을 당신이 어디선가 맞이해 줄 것을 알았습니다.

죄와 괴로움을 뒤로 한 채,

어떻게든 당신을 찾게 될 줄을,

그리고 마침내 당신의 사랑이 나에게

신성한 안식처로 들어오라고 명하게 될 줄을 알았습니다.

미움, 조롱, 그리고 비난이

당신을 찾는 내 영혼을 마구 괴롭히고, 더럽혔습니다.

당신이 활동하고 머물러야 할

당신의 신전인 내 영혼을.

기도하고, 노력하고, 희망하고, 외쳐 부르면서,

실패 속에서 고통 받고 슬퍼하면서,

여전히 나는 당신을 찾아

어두운 지옥의 심연을 맹목적으로 더듬거리며 헤맸습니다.

당신을 발견하게 될 때까지 나는 당신을 찾아 나섰습니다.

그러자 나를 둘러싼 어두운 힘들은 사라졌고,

고요와 평화 속에 남겨진 나는

당신에 관한 성스러운 주제들에 대해 생각했습니다.

제가 당신에 대한 의심을 버렸을 때

저의 내면과 외부에서

어두운 힘들이 모두 사라졌습니다.

그리하여 저는 꿈에 그리던 위대한 주±,

찬란한 영광을 드러내는 당신을 마침내 찾아냈습니다!

그렇습니다. 저는 당신을 보았습니다, 거룩한 성령이여,

아름답고, 순수하고, 겸손한 당신을.

당신의 즐거움과 평화와 기쁨을 발견했고,

당신의 안식처에서 당신을 보았고,

당신의 사랑과 겸손의 힘을 발견했습니다,

그리하여 저의 고통과 비애와 나약함은 사라졌고,

저는 오직 성자들만 걸었던 그 길을 걷게 되었습니다.

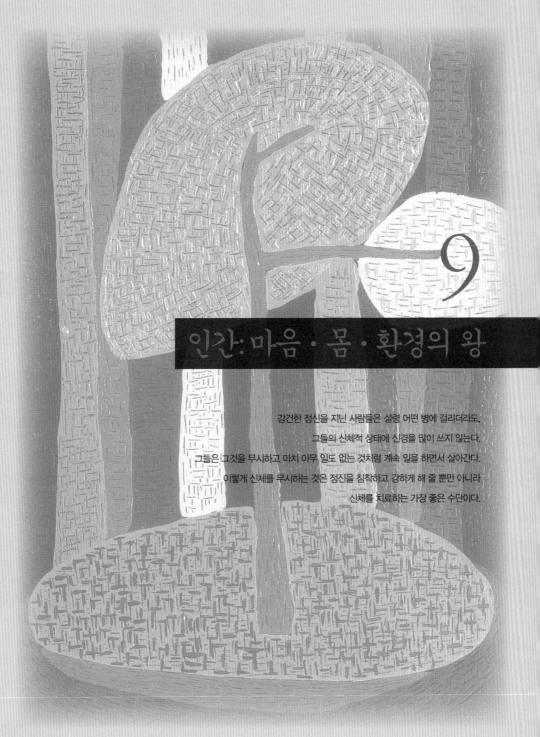

9

인간 : 마음 · 몸 · 환경의 왕

강건한 정신을 지닌 사람들은 설령 어떤 병에 걸리더라도,
그들의 신체적 상태에 신경을 많이 쓰지 않는다.
그들은 그것을 무시하고 마치 아무 일도 없는 것처럼 계속 일을 하면서 살아간다.
이렇게 신체를 무시하는 것은 정신을 침착하고 강하게 해 줄 뿐만 아니라
신체를 치료하는 가장 좋은 수단이다.

서문

　인생의 문제는 살아가는 방법을 배우는 데 있다. 그것은 학생에게는 덧셈뺄셈 문제와도 같다. 완전히 익히고 나면 모든 어려움이 사라지고 문제도 소멸한다. 삶의 모든 문제는 그것이 사회적인 것이든, 정치적인 것이든, 종교적인 것이든 무지와 옳지 않은 생활에서 비롯된다. 개개인의 마음에서 삶의 문제가 해결되면 인류에게 닥친 문제도 해결될 것이다. 현재 인류는 고통스러운 '배움'의 단계에 있다. 인류는 자신의 무지라는 어려움에 직면해 있다. 개개인이 올바르게 사는 법을 배우고, 지혜의 빛으로 자신의 힘을 다스리면서 제 역할과 능력을 다하는 법을 배운다면 인류 전체도 올바른 방향으로 나아가고 그것이 숙달되어 모든 '악의 문제'가 종식될 것이다. 지혜로운 사람에게서는 이런 문제가 사라지기 때문이다.

—제임스 앨런

내부의 정신세계

    인간은 행복과 불행의 창조자이다. 더욱이 인
간은 자신의 행복과 불행을 만들고 지속시키는 당사자이다. 행복과 불행은
외부적으로 강요된 것이 아니다. 그것들은 내면적 상태이다. 그것들의 원
인은 신도 악마도 환경도 아니고 바로 생각이다. 행복이나 불행은 행위의
결과이며, 행위는 생각이 외부로 드러난 측면이다. 고정된 사고방식이 행
동방식을 결정하고 행동방식으로부터 행복과 불행이라고 불리는 반작용이
나온다. 사정이 그러하기 때문에, 반작용인 결과를 변화시키려면 작용의
원인인 생각을 변화시켜야 한다. 불행을 행복으로 바꾸려면 불행의 원인인
고정된 사고방식과 습관적인 행동방식을 반대 방향으로 전환하는 것이 필
요하며, 그렇게 하면 반대의 결과가 마음과 삶에 나타날 것이다. 인간은 이
기적으로 생각하고 행동하면서 동시에 행복할 수 있는 힘은 갖고 있지 않
다. 또한 인간은 이타적으로 생각하고 행동하면서 불행할 수는 없다. 원인
이 있는 곳은 어디든지 결과가 나타나게 마련이다. 인간은 결과를 폐기할
수는 없지만 원인을 바꿀 수는 있다. 인간은 자신의 본성을 정화할 수 있고
자신의 성격을 고칠 수 있다. 자기 자신을 정복하면 거대한 힘을 갖게 되

며, 자기 자신을 보다 나은 방향으로 변화시키는 것에는 큰 기쁨이 있다.

각 사람은 자신의 생각의 크기만큼 정신적 시야가 제한되지만, 자신의 시야를 점차 넓힐 수가 있고, 자신의 정신세계를 확장하고 향상시킬 수 있다. 낮은 정신세계를 떠나서 높은 정신세계로 올라갈 수 있으며, 어둡고 증오에 찬 생각을 품고 사는 것을 그만두고 밝고 아름다운 생각들을 마음속에 품을 수 있다. 그리고 그렇게 하면, 힘과 아름다움이 있는 더 높은 정신세계로 들어가서 더 완전하고 완벽한 세계를 의식하게 될 것이다.

사람은 각자가 지닌 생각의 성질에 따라 낮은 세계나 높은 세계에서 살고 있다. 세상이 어둡고 좁다고 생각하는 사람에게는 세상이 어둡고 좁은 것으로 나타나며, 이해력이 큰 사람에게는 그만큼 광대하고 찬란한 세계가 나타난다. 각 사람이 보고 체험하는 모든 것은 각자의 생각에 물들어 나타난다.

의심이 많고 탐욕스럽고 시기심이 강한 사람을 상상해 보자. 그 사람에게는 얼마나 모든 것이 작고 초라하고 따분하게 보이겠는가. 자기 안에 위대함이 전혀 없으니, 그는 어디에서도 위대한 것을 전혀 보지 못한다. 자기 자신이 저열하기 때문에 그는 어떤 존재에게서도 고귀함을 볼 수 없다. 그런 사람은 신도 뇌물을 써서 달랠 수 있는 탐욕스러운 존재인 것으로 생각하며, 다른 모든 사람들도 자기처럼 작고 이기적인 마음씨를 가진 것으로 판단한다. 그래서 그는 다른 사람이 이타적인 동기에서 가장 숭고한 행위를 하더라도 그것이 비열하고 천한 동기에서 나온 것으로 본다.

의심하지 않으며 관대하고 도량이 큰 사람을 또 상상해 보자. 그가 보는 세계는 얼마나 놀랍고 아름답겠는가. 그는 모든 존재와 피조물에서 어떤 고귀함을 알아본다. 그는 다른 사람들을 참된 존재로 보며, 그에게는 다른 사람들이 참되게 행동한다. 그 사람 앞에서는, 가장 비열한 사람도 순간적인 정신적 고양 속에 자신의 본성을 잊고 잠시 그 사람처럼 되어, 고차적인 현상의 질서를, 헤아릴 수 없을 정도로 더 고귀하고 행복한 삶을 어렴풋이

나마 예감한다.

위에서 예를 든 비열한 사람과 마음이 큰 사람은, 비록 같은 사회 안에서 이웃으로 살고 있지만, 서로 다른 두 세계에 살고 있다. 그들의 의식은 전적으로 서로 다른 원리를 받아들인다. 그들의 행위는 서로 정반대이다. 그들의 도덕적 안목은 정반대이다. 그들은 각각 서로 다른 사리事理를 바라본다. 그들의 정신세계는, 마치 분리된 두 원처럼 분리되어 있고 절대로 섞이지 않는다. 한쪽은 지옥에 있고 다른 한쪽은 천국에 있으며, 실로 언제나 그렇게 분리되어 있을 것이고, 이 둘 사이에 이미 존재하는 간격은 죽음 이후에 더 넓어지는 것도 아니다. 비열한 사람에게는 세상이 도둑들의 소굴로 보인다. 마음이 큰 사람에게 세상은 신들의 거주지이다. 비열한 사람은 권총을 휴대하고, 남에게 강탈당하거나 사기당할 가능성에 항상 대비하고 있다. 자신이 항상 스스로를 약탈하고 속이고 있다는 사실을 모르고서 말이다. 마음이 큰 사람은 가장 좋은 가능성을 펼칠 준비를 한다. 그는 재능, 아름다움, 천재성, 미덕에 마음의 문을 연다. 그의 친구들은 인간 품성의 최상층부이다. 그것들은 그의 일부가 되었다. 그것들은 그의 사고 영역에, 그의 의식 세계에 있다. 그의 마음으로부터 고귀한 말과 행동이 흘러나오고, 그것은 그를 사랑하고 존경하는 다수의 사람들에 의해 열 배로 그에게 되돌아간다.

자연적으로 사회에 형성되어 있는 계급의 구분은 단지 의식 세계의 차이를, 그리고 의식 세계를 나타내는 행동 양식의 차이를 보여 주는 것이다. 프롤레타리아 계급이 이러한 구분에 반발할 수도 있지만, 그러한 구분을 변경시키지는 못할 것이다. 자연적인 친화력이 전혀 없고 삶의 근본 원리가 서로 달라서 구분되어 있는 의식 상태를 인공적인 요법으로 평등하게 만들 수는 없다. 법을 지키는 사람과 법을 지키지 않는 사람은 영원히 구분되어 있다. 그들을 구분하는 것은 미움도 오만도 아니고 바로 도덕적 원리의 면에서 서로 아무 관계없이 존재하는 지성의 상태와 행동 양식의 차이이다. 무례하고 버릇없는 사람들은 그들 자신의 심성이라는 넘어설 수 없는 벽에 의해 예의바르고 세련된 사람들의 세계에서 차단된다. 이 벽은 끈기 있는 자기수양을 통해 제거할 수도 있지만, 절대로 야비하게 침입해서 넘어갈 수는 없다. 천국은 폭력으로 얻어지는 것이 아니다. 천국의 원리에 순응하는 사람만이 그곳에 입장할 수 있다. 악한은 악한의 공동체로 들어간다. 반면에 성자는 신성한 음악과 영적으로 교제하는 선택된 형제단의 일원이다. 모든 사람은 그들 자신의 외양에 따라 반사하는 거울들이다. 즉 모든 사람은, 다른 사람과 사물을 볼 때, 실은 그들 자신의 영상을 되돌려 비추는 거울을 들여다보고 있다.

각자는 자신의 생각의 크기만큼 좁거나 넓은 사고 범위 안에서 움직이며, 그 범위 바깥의 모든 것은 그에게 존재하지 않는 것과 마찬가지다. 각 사람은 자신의 존재 범위만큼만 알 수 있고, 자신이 아직 되어 보지 못한 것은 알 수 없다(원문은 He only knows that he has become. 직역하면 "각자는 자신이 이미 된 것만 안다." 자신이 아직 도달하지 못한 상태나 존재를 이해할 수는 없다는 뜻 — 옮긴이주).

생각의 한계가 좁으면 좁을수록, 더 이상의 한계나 다른 영역은 없다고 더욱더 확신하게 된다. 더 작은 것은 더 큰 것을 포함할 수 없으므로 작은 정신은 보다 큰 정신을 이해할 방법이 전혀 없다. 보다 큰 정신을 이해하게 되는 것은 오직 성장을 통해서만 가능하다. 아주 넓게 확장된 의식 세계에서 움직이는 사람은 자신이 과거에 체험하고 지나온 보다 작은 모든 사고 범위를 이해한다. 보다 큰 경험 속에는 보다 작은 모든 경험들이 포함되어 있고 보존되어 있기 때문이다. 그리고 그의 사고 범위가 완전한 인격의 영역에 접촉했을 때, 그가 결백한 품행과 심오한 이해를 가진 사람들과 사귀고 대화하는 데 필요한 준비를 하고 있을 때, 비로소 그의 지혜는 자신이 아직 어렴풋이 의식하고 있거나 전혀 모르는 보다 넓은 의식 세계가 더 있다는 걸 스스로 납득할 만큼 충분히 성장해 있을 것이다.

사람은, 어린 학생처럼, 자신의 지식과 무지의 수준에 따라 특정한 단계에 처해 있는 스스로를 발견하게 된다. 6학년의 수업과정은 1학년의 아이에게는 수수께끼와 같아서 그의 이해 범위 밖과 위에 있다. 그러나 그 아이가 배움에 끈기 있게 노력하고 꾸준히 성장한다면 6학년의 과정을 이해하게 된다. 2학년부터 5학년 과정까지를 숙달하고 정복함으로써, 그 아이는 마침내 6학년 과정에 도달하여 그 내용을 자기 것으로 만들 수 있다. 그리고 그 위에는 선생님의 영역이 있다.

마찬가지로 인생에서도, 나쁘고 이기적인 행위를 하는 사람들, 격정과 사리사욕에 가득 찬 사람들은 밝고 이타적인 행위를 하는 사람들과 고요하고 깊고 순수한 정신을 가진 사람들을 이해할 수가 없다. 그러나 그들도 올바른 품행에 힘써 노력함으로써, 생각의 범위와 도덕적 판단력을 향상시킴으로써 보다 높은 단계에, 이 폭넓은 의식에 도달할 수 있다. 그리고 보다 낮고 보다 높은 모든 단계들 너머에 인류의 스승들, 우주적 지도자들, 각 종교의 신도들이 숭배하는 구세주가 있다. 학생들 사이에 단계가 있는 것처럼 스승들 사이에도 단계가 있어서 정신적 지도자의 지위와 위치까지는 아직 도달하지 못했지만 진정한 도덕적 품성을 갖추어 안내자 겸 스승의 역할을 하는 사람들도 있다. 그러나 설교자의 역할을 맡는 것이 한 인간을 스승으로 만들지는 못한다. 한 인간이 스승으로 되는 것은 인류에 대한 존경심과 경외심을 불러내는 도덕적 위대성 덕분이다.

각 사람은 그가 하는 생각의 수준만큼 낮거나 높고, 작거나 위대하고, 비천하거나 고귀하다. 그 이상도 그 이하도 아니다. 각 사람은 자신의 사고 영역 내에서 움직이며 그 영역이 그의 세계이다. 자신의 사고 습관을 형성하는 그 세계에서 그는 자신의 친구들을 발견한다. 그는 자신의 개인적인 성숙도와 조화를 이루는 영역에 거주하게 된다. 그러나 그는 보다 낮은 세계에 반드시 머물러 있을 필요는 없다. 그는 자신의 생각을 고양시키고 상승시킬 수 있다. 그는 보다 높은 세계를 향해 올라가서 보다 행복한 거주지에 들어갈 수 있다. 그가 선택하고 원할 때, 그는 이기적인 생각이라는 껍질을 깨부수고, 보다 광대한 삶의 보다 순수한 공기를 호흡할 수 있다.

외부의 물질세계

　　　물질세계는 정신세계의 반대편이다. 내면의 정신세계가 외부의 물질세계를 형성한다. 더 큰 것이 더 작은 것을 포함한다. 물질은 정신의 상대편이다. 사건들은 생각의 흐름이다. 각자가 처해 있는 상황은 그의 여러 생각들이 함께 빚어낸 결과이다. 각자가 관련되어 있는 다른 사람의 행위와 외부 조건들은 그 자신의 정신적 요구와 발전에 밀접하게 관련되어 있다. 사람은 그를 둘러싼 환경의 일부이다. 사람은 그의 동료와 친구들로부터 분리되어 있는 것이 아니라, 독특한 친밀성과 행위의 상호작용에 의해, 그리고 인간 사회의 기초를 이루는 근본적인 '생각의 법칙'에 의해, 밀접하게 결합되어 있다.

　사람은 자신의 일시적인 변덕과 바람에 맞추어 외부의 현상을 변경시킬 수는 없지만, 자신의 변덕과 바람을 제쳐 놓을 수는 있다. 외부의 현상에 대한 자신의 마음자세를 변화시킴으로써 외부 현상이 다른 양상을 띠도록 할 수 있는 것이다. 사람은 자신에 대한 다른 사람의 행위를 마음대로 주무를 수는 없지만, 다른 사람에 대한 자신의 행위를 올바르게 조정할 수는 있다. 사람은 자신을 둘러싼 상황이라는 벽을 허물 수는 없지만, 자신을 그 상황에 현명하게 적응시킬 수 있고, 또는 자신의 정신적 지평을 확장함으로써 보다 나은 상황 속으로 탈출하는 길을 찾을 수도 있다.

사물과 현상은 생각을 따른다. 당신의 생각을 바꿔라. 그러면 외부 현상은 새롭게 조정될 것이다. 거울이 대상을 정확히 비추려면 거울 자체가 완벽한 수평 상태여야 한다. 휘어진 거울은 왜곡된 이미지를 비추게 된다. 불안하고 산란한 마음은 왜곡된 모습의 세상을 바라본다. 마음을 가라앉히고 다스려 고요하게 하라. 그러면 더 아름다운 세상의 모습을 보게 되고 세계의 질서를 더 완벽하게 알아보게 될 것이다.

사람은 자기 마음의 세계 안에서는 마음을 정화하고 완성하는 데 필요한 모든 힘을 갖고 있다. 그러나 다른 사람의 마음이라는 바깥 세계에서 그가 행사할 수 있는 힘은 제한적이고 종속적이다. 이 사실은, 우리 각자가 많은 사람들과 사물의 세계 안에 포함되어 있는 스스로를 발견한다는 것, 즉 수많은 비슷한 단일체들 사이에 있는 한 단일체로서 스스로를 발견한다는 것을 생각해 보면 명백해진다. 이러한 단일체들은 독립적으로 마음대로 행동하는 것이 아니라 다른 단일체에 공감하고 반응하여 행동한다. 나의 동포들은 내 행위에 영향을 받고 그것을 처리한다. 만약 내 행위가 그들에게 위협이 된다면 그들은 나에 대항해서 보호 수단을 채택할 것이다. 사람의 몸이 죽은 세포를 몰아내는 것처럼 국가도 반사회적인 구성원들을 본능적으로 쫓아낸다. 그대의 잘못된 행위는 국가에 가해진 상처들이고, 그 상처의 치료가 바로 그대의 고통과 슬픔이 될 것이다.

이러한 윤리적인 인과관계는, 가장 단순한 사람도 잘 알고 있는 물리적인 인과관계와 다르지 않다. 그것은 동일한 법칙의 연장일 뿐이며, 인류라는 보다 큰 몸에 적용된 사례이다. 어떤 행위도 고립되어 있지 않다. 그대의 가장 은밀한 행위도 지켜보는 영적 존재가 있으며, 좋은 행위는 기쁨 속에 보호되고 나쁜 행위는 고통 속에 파괴된다. "생명의 책"에 모든 생각과 행위가 기록되고 심판된다는 옛날 이야기 속에는 위대한 윤리적 진리가 담

186

겨 있다. 그대의 행위는 그대 자신에게만 속한 것이 아니라 인류와 우주 전체에도 속하기 때문에 그대는 외부적인 결과를 피할 힘이 전혀 없다. 그러나 그대는 마음속의 원인을 고치고 변경하는 데는 전능하며, 자기 자신의 행위를 완전하게 하는 것이 사람의 최고 의무이자 가장 탁월한 성취인 것도 이 때문이다.

이러한 진실(그대에게는 외부적인 현상과 다른 사람의 행위를 제거할 힘이 전혀 없다는 것)의 이면은, 외부적인 현상과 다른 사람의 행위는 그대를 해칠 힘이 전혀 없다는 것이다. 그대의 속박의 원인은 해방의 원인과 마찬가지로 그대 내부에 있다. 다른 사람을 통해 그대에게 오는 해악은 그대 자신의 행위가 되돌아온 것이며, 그대의 마음자세가 반사된 것이다. 그것들은 도구이며 그대 자신이 원인이다.

행위라는 씨앗이 자라서 익은 것이 바로 운명이다. 삶의 열매는, 쓰라린 것과 감미로운 것 모두, 각자가 뿌린 대로 정확히 각자에게 돌아간다. 정의로운 사람은 자유롭다. 아무도 그를 해칠 수 없다. 아무도 그를 파괴시킬 수 없다. 아무도 그에게서 평화를 빼앗아 갈 수 없다. 다른 사람들에 대한 그의 태도는, 올바른 이해에서 우러나온 것이기에, 그를 해칠 수도 있는 그들의 힘을 무력하게 만든다. 다른 사람들이 그에게 상해를 입히려 해도 그것은 그들 자신에게 되돌아가 스스로 상처 입을 뿐, 그를 다치게 하거나 건드리지 못한다. 그에게서 나오는 선은 그가 누리는 행복의 영원한 원천이고 그가 지닌 힘의 영원한 근원이다. 그 선의 뿌리는 평정심이고 그 꽃은 기쁨이다.

다른 사람이 자신에게 가하는 행위에서 발견하는 해악은 (예를 들자면, 비방이나 명예훼손) 그 행위 자체에 있는 것이 아니라 그것을 받아들이는 그의 마음자세에 있다. 손해와 불쾌함은 그 자신의 생각이 만들어 낸 것이며, 행위의 본질과 힘에 관한 그의 무지에 기인한다. 그는 그 행위가 자신의 인격을 영구히 손상시키거나 훼손할 수 있다고 생각한다. 그러나 그 행위는 그

인간: 마음·건강·환경의 왕·

럴 힘이 조금도 없다. 사실을 말하자면 그 행위는 오직 그 행위자만 해치거나 파멸시킬 수 있다. 자신이 피해를 입었다고 생각함으로써 그 사람은 짜증나고 불쾌해지며 그 피해를 무마하기 위해 힘들게 수고하게 된다. 그리고 이러한 수고는 그 비방이 사실인 것처럼 보이게 하여, 명예훼손을 저지하기보다 오히려 돕게 된다. 그가 느끼는 모든 짜증과 불안은 그 행위 자체 때문에 실제로 발생한 것이 아니라 그가 그 행위를 받아들이는 자세 때문에 발생한 것이다.

의로운 사람들은 비방이나 중상을 당하더라도 조금도 동요하지 않음으로써 이 사실을 증명해 왔다. 의로운 사람은 이해하기 때문에 그것을 무시한다. 그것은 의로운 사람이 더 이상 거주하지 않는 영역에, 그가 더 이상 약간의 호감도 갖지 않는 의식 세계에 속한다. 의인은 비방을 받아들이지 않으며 피해를 입었다고 생각하지 않는다. 의인은 그런 행위가 번성하는 정신적 어둠을 초월하여 살아간다. 그런 행위가 의인을 해치거나 방해하지 못하는 것은, 어린 소년이 태양에 돌을 던져서 태양에 해를 입히거나 진로를 바꿀 수 없는 것과 같다. 부처는 생애의 마지막 날까지 제자들에게 다음과 같은 가르침을 거듭 반복해서 강조했다. 그것은 어떤 이가 "나는 피해를 입었다", "나는 사기를 당했다", 또는 "나는 모욕을 당했다"는 생각이 마음속에 일어날 수 있는 한, 그는 아직 진리를 이해하지 못했다는 것이다.

그리고 다른 사람의 행위와 마찬가지로 외부 현상 (주위 환경과 상황) 도 의인을 해치거나 방해하지 못한다. 외부 현상 자체는 좋은 것도 나쁜 것도 아니며, 그것을 좋거나 나쁘게 만드는 것은 정신적인 태도와 마음의 상태이다. 어떤 사람은 만약 외부 상황 (돈의 부족, 시간 부족, 영향력 부족, 가족 관계로부터 생기는 의무) 때문에 방해받지만 않는다면 자기가 큰일을 할 수 있을 거라고 생각한다. 실은, 그 사람이 이러한 외부 상황 때문에 방해받는 것은 결코 아니다. 그는 외부 상황이 실제로 갖고 있지 않은 힘을 그것에 돌리고, 외부 상황에 굴복하는 것이 아니라 그것에 대한 자신의 의견에, 즉 자기 본성의 약한 요소에 굴복하는 것이다. 그를 방해하는 진짜 요인은 올바른 마음자세의 결핍이다. 그가 주변 상황을 자신의 잠재력을 계발하게 하는 자극으로서 간주할 때, 소위 '장애물'을 자신이 성공적으로 목표지점에 도달하기 위해 밟고 지나갈 계단으로 이해할 때, 그때서야 그의 필요는 발명을 낳게 되고 '방해물'은 도움을 주는 수단으로 변모한다. 그 사람 자신이 가장 중요한 요인이다. 그가 신중하고 올바른 마음자세를 가지고 있다면, 외부 상황에 대해 투덜대거나 한탄하지 않을 것이며, 그것을 극복하고 벗어날 것이다. 자신이 처한 상황을 불평하는 사람은 아직 진정한 성인이 되지 않았다. 운명은 그가 어른다운 힘을 획득할 때까지 괴롭게 하고 채찍질할 것이며, 그 후에야 그에게 복종할 것이다. 환경은 나약한 사람에게 엄한 감독관이며 강한 사람에게는 순종적인 하인이다.

우리를 속박하거나 자유롭게 하는 것은 외부 상황이 아니라 그것에 대한 우리의 생각이다. 우리는 자신의 굴레를 만들고 자신의 감옥을 짓고 자신을 죄수로 만들기도 한다. 또는 자신의 속박을 풀고 자신의 궁전을 짓거나 모든 사건과 상황을 통해 자유롭게 돌아다니기도 한다. 만약 나의 주변 상황이 나를 속박할 만큼 강력하다고 생각한다면, 그 생각이 나를 속박할 것이다. 만약 내가 주변 상황을, 내 생각과 실제 삶 속에서, 극복하고 벗어날 수 있다고 생각한다면, 그 생각이 나를 자유롭게 할 것이다. 사람은 자신의 생각에 대해 다음과 같이 점검해 봐야 한다. "내 생각들은 속박으로 향하고 있는가, 해방으로 향하고 있는가?" 그리고 나서, 속박하는 생각들은 버리고 자유롭게 해 주는 생각들을 선택해야 한다.

만약 우리가 동포들을, 여론을, 가난을, 친구들과 영향력의 상실을 두려워한다면, 우리는 정말로 속박되며, 깨달은 사람들의 내면적인 행복과 의로운 사람들의 자유를 알 수가 없다. 그러나 만약 우리의 생각이 순수하고 자유롭다면, 삶의 반작용과 불운 속에서도 우리를 괴롭히거나 두렵게 하는

인간 · 마음 · 건강 · 환경의 왕 ·

189

것을 전혀 보지 못하고, 오히려 모든 것을 우리의 발전을 돕는 것으로 본다면, 우리가 삶의 목표를 성취하지 못하게 막을 수 있는 것은 아무것도 없다. 그때 우리는 진실로 자유롭기 때문이다.

습관: 습관의 속박과 습관의 자유

인간은 습관의 법칙에 종속되어 있다. 그렇다면 인간은 자유로운가? 그렇다. 인간은 자유롭다. 인간은 삶과 삶의 법칙들을 만들지 않았다. 그것들은 영원하다. 인간은 자신이 삶의 법칙들 속에 연루되어 있음을 발견하며, 그것들을 이해하고 따를 수 있다. 인간의 힘은 존재의 법칙들을 만들지는 못한다. 인간의 힘은 분별하고 선택하는 데 있다. 인간은 우주의 법칙이나 조건들 중의 미세한 일부라도 창조하지 못한다. 그것들은 현상의 본질적 원리들이며, 만들어지지도 해체되지도 않는다. 인간은 그것들을 만드는 것이 아니라 발견한다. 이 세상의 고통은 그것들에 대한 무지에서 온다. 그것들을 무시하는 것은 어리석음이요 속박이다. 조국의 법률을 무시하는 도둑이 더 자유로운가, 아니면 그것을 따르는 정직한 시민이 더 자유로운가? 자기가 원하는 대로 살 수 있다고 생각하는 바보가 더 자유로운가, 아니면 옳은 행위만 선택하는 현명한 사람이 더 자유로운가?

인간은, 현상의 본질 면에서 볼 때, 습관의 존재이며 인간이 이 사실을 변경할 수는 없다. 그러나 인간은 자신의 습관을 변경할 수 있다. 인간은 자기 본성의 법칙을 변경할 수는 없지만 자기 본성을 그 법칙에 순응시킬 수는 있다. 어느 누구도 중력의 법칙을 변경시키고자 하지 않으며, 모든 이가 그것에 순응한다. 사람들은 중력의 법칙을 무시하거나 거역하는 대신, 그것에 순응함으로써 그것을 이용한다. 사람들은 중력의 법칙이 자신들을 위해 변할 거라는 희망을 품고 벽을 향해 달려가거나 절벽에서 뛰어내리지는 않는다. 사람들은 벽과 나란히 걸으며 절벽에 가까이 가지 않는다.

인간이 습관의 법칙에서 벗어날 수 없는 것은 중력의 법칙에서 벗어날 수 없는 것과 같다. 그러나 인간은 습관의 법칙을 현명하게 또는 어리석게 이용할 수 있다. 과학자와 발명가들이 자연의 여러 힘과 법칙을 따르고 이용함으로써 자연의 힘을 지배하듯이 현명한 사람들은 정신의 여러 힘과 법칙을 같은 방법으로 지배한다. 나쁜 사람은 습관의 노예로 고통을 당하는 반면 좋은 사람은 습관을 현명하게 지배하고 다스린다. 좋은 사람은 습관의 법칙을 만든 주체가 아니고 그것을 마음대로 좌우하는 사람도 아니며, 복종에 기초한 지식 덕분에 그것을 지배하고 자기 훈련을 거쳐 그것을 이용하는 사람이다. 생각과 행위의 습관이 나쁜 자가 나쁜 사람이다. 반대로, 생각과 행위의 습관이 좋은 자가 좋은 사람이다. 나쁜 사람은 자신의 습관을 변화시킴으로써 좋은 사람이 된다. 그는 법칙을 바꾸지는 못한다. 그는 자기 자신을 바꾼다. 그는 습관의 법칙에 순응한다. 이기적인 방종에 빠지는 대신, 그는 도덕 원리들을 준수한다. 그는 보다 높은 것을 위해 봉사하는 데 참여함으로써 보다 낮은 것을 지배하게 된다. 습관의 법칙은 동일하게 남아 있지만 그는 그 법칙에 재적응함으로써 나쁜 사람에서 좋은 사람으로 변모한다.

습관은 반복이다. 인간은 동일한 생각들, 동일한 행위들, 동일한 경험들을 거듭 반복함으로써 마침내 그것들은 그의 존재와 하나가 되고, 마침내 그것들은 그의 일부로서 그의 인격 속에 포함되어 들어간다. 능력이란 고정된 습관이다. 진화는 정신적인 축적이다. 오늘날 인류의 상태는 생각과 행위가 무수히 반복되어 온 결과이다. 인간은 기성품이 아니다. 인간은 만들어지는 존재이며 지금도 변해 가고 있다. 인간의 인격은 자신의 선택에 의해 방향이 예정된다. 어떤 이가 선택한 생각과 행위는 습관에 의해 결국 그 사람 자신이 된다.

이와 같이 각 사람은 각자의 생각과 행위가 축적된 결과이다. 각자가 본능적으로 그리고 자연스럽게 나타내는 특성은, 오랜 반복에 의해 자동적이 된 일련의 생각과 행위이다. 습관이 된 생각과 행위는 마침내 당사자가 어떤 명백한 선택이나 노력을 하지 않는데도 스스로를 반복할 만큼 무의식적인 것이 된다. 이것이 바로 습관의 본질이다. 그리고 적당한 시간이 지나면, 당사자가 그 습관을 없애려고 해도 소용이 없을 만큼 습관이 그 사람을 완벽하게 소유하게 된다. 좋은 습관이든 나쁜 습관이든, 이것이 모든 습관의 진상이다. 나쁜 습관에 사로잡혔을 경우, 그 당사자는 나쁜 습관이나 부도덕한 정신의 '희생자'가 되었다고 사람들은 말한다. 좋은 습관에 사로잡혔을 경우, 그 당사자는 천성적으로 '좋은 성격'을 가졌다고 사람들은 말한다.

모든 사람은 좋은 습관이든 나쁜 습관이든, 자기 자신의 습관에 종속되며 앞으로도 계속 그러할 것이다. 다시 말해서, 사람은 자신이 반복하고 축적하는 생각과 행위에 종속된다. 현명한 사람은 이 사실을 알기에 자신을 좋은 습관에 종속시킨다. 그러한 봉사는 기쁨, 행복, 그리고 자유이기 때문이다. 반면에 나쁜 습관에 종속되는 것은 불행, 비참, 노예 상태이다.

이 습관의 법칙은 은혜로운 것이다. 그것은 한 인간이 스스로를 노예적인 습관에 속박되도록 할 수 있는 반면에, 옳은 일들을 무의식적으로 하게 될 만큼, 즉 조심이나 노력 없이 완벽한 행복과 자유 속에서, 옳은 일들을 본능적으로 하게 될 만큼 좋은 습관 안에 확고히 머물게도 할 수 있기 때문이다. 어떤 사람들은 인생에서 이러한 자동적 활동을 관찰하고 나서, 인간 주체의 의지나 자유의 존재를 부정해 왔다. 그런 사람들은 인간이 천성적으로 좋은 사람이나 나쁜 사람으로 태어난다고 말하며, 인간이 무의식의 맹목적인 힘에 무기력하게 휘둘리는 존재라고 생각한다.

인간이 정신적인 여러 힘의 도구라는 것, 또는 더 정확히 말해서, 인간이 정신적인 힘들 그 자체라는 것은 사실이다. 그러나 정신적인 힘들은 맹목적이지 않다. 인간은 그 힘들을 다스릴 수 있고 새로운 방향으로 재조정할 수 있다. 간단히 말해서, 인간은 자신의 습관을 직접 만들 수 있고 재구성할 수도 있다. 인간이 어떤 주어진 성격을 지니고 태어난다는 것도 사실이다. 그 성격은 무수한 전생前生 동안 수많은 선택과 노력을 통해 서서히 형성되어 온 것이며, 지금의 생애에서 새로운 경험을 통해 상당히 수정될 것이다.

어떤 사람이 나쁜 습관이나 나쁜 성질 (이 둘은 본질적으로 같다)의 횡포 밑에서 아무리 명백하게 무기력한 모습을 보이더라도, 그는 제정신이 있는 한, 그 습관을 깨고 나와서 자유롭게 되어 정반대의 좋은 습관으로 그 나쁜 습관을 대치할 수 있다. 나쁜 습관이 과거에 그를 사로잡았듯이 좋은 습관이 이제 그를 사로잡는다면, 그 습관을 벗어날 필요도 바람도 없을 것이다. 그 습관의 지배는 지속적인 불행이 아니라 영원한 행복일 것이기 때문이다.

자기 마음속에 형성했던 것은, 본인 스스로 원하고 결심할 때 그것을 허물고 다시 형성할 수 있다. 그런데 인간은 나쁜 습관이라 할지라도 그것을 유쾌한 것으로 간주하는 동안에는 그것을 버리고 싶어하지 않는다. 그것이 자신을 고통스럽게 지배하고 있는 것으로 나타날 때에야 비로소 탈출의 길을 찾기 시작하고 결국 더 좋은 습관을 위해 나쁜 습관을 버리게 된다.

무력하게 속박당하고 있는 사람은 아무도 없다. 스스로를 구속하는 노예가 되게 한 바로 그 법칙을 통해 스스로를 해방시킨 주인이 될 수 있다. 이것을 알려면, 실제로 해 보는 수밖에 없다. 즉 생각과 행위의 옛 습관을 신중히 온 힘을 다해 끊어 버리고 보다 나은 새 습관을 부지런히 형성해야 한다. 하루, 일주일, 한 달, 일 년, 또는 오 년 안에 이 일을 성취하지 못한다 해도 낙심하거나 실망해서는 안 된다. 새로운 반복이 확고히 자리 잡고 예전의 반복이 부서져 사라지려면 시간이 필요하다. 그러나 습관의 법칙은 확실하고 절대로 오류가 없다. 끈기 있게 추구하고 결코 포기하지 않는 일관된 노력은 반드시 최후에는 성공하게 된다.

일종의 결여에 불과한 나쁜 상태가 자리를 잡고 확고해질 수 있다면, 긍정적 원리인 좋은 상태는 얼마나 더 확실히 자리를 잡고 강력해질 수 있겠는가! 인간은 자기 자신을 무기력한 존재로 간주하는 동안만 자기 안의 그릇되고 불행한 요소를 극복하지 못한다. "난 할 수 없어!"라는 생각이 나쁜 습관에 더해진다면 그 나쁜 습관은 계속 남을 것이다. 무기력하다는 생각이 마음속에서 뿌리 뽑히고 폐지될 때까지는 아무것도 극복될 수 없다. 큰 걸림돌은 습관 그 자체가 아니라 그것을 극복할 수 없다는 믿음이다. 그것이 불가능하다고 믿는 한 어떻게 나쁜 습관을 극복할 수 있겠는가? 어떤 이가 나쁜 습관을 스스로 극복할 수 있음을 알고 그렇게 하기로 결심했을 때 무엇이 그의 성취를 막을 수 있겠는가? 인간으로 하여금 스스로를 노예로 만들게 하는 주요한 생각은 "나는 내 죄를 극복할 수 없다"이다. 이 생각을 이성적으로 검토하여 그 본질을 탐구하면, 그것은 악의 힘에 대한 믿음이자 선의 힘에 대한 불신으로 드러난다. 자신은 잘못된 생각과 잘못된 행동을 극복할 수 없다고 믿거나 말하는 것은 악에 굴복하는 것이며 선을 포기하고 저버리는 것이다.

그러한 생각과 그러한 믿음에 의해, 인간은 스스로를 속박한다. 정반대의 생각과 정반대의 믿음에 의해, 인간은 스스로를 해방시킨다. 변화된 마음자세는 성격과 습관과 삶을 변화시킨다. 인간은 자기 자신의 구원자이다. 인간은 자신의 노예 상태를 스스로 만들었으며, 또한 스스로 자신의 해방을 가져올 수 있다. 모든 시대를 통해 인간은 외부의 구원자를 찾아왔으며 지금도 찾고 있지만 여전히 속박되어 있다. 위대한 구원자는 마음속에 있다. 그 구원자는 진리의 영이며, 진리의 영은 선의 영이다. 그리고 좋은 생각과 그 결과인 좋은 행위 속에 머무는 것이 습관으로 된 사람은 선의 영 속에 있다.

인간은 자신의 잘못된 생각들 외부의 어떤 다른 힘에 의해 속박되는 것이 아니며, 이 잘못된 생각들로부터 스스로를 해방시킬 수 있다. 그리고 무엇보다도, 인간이 벗어날 필요가 있는 노예적인 생각들은 다음과 같다. "나는 훌륭하게 될 수 없어", "난 나쁜 습관에서 벗어날 수 없어", "나는 내 성질을 바꿀 수가 없어", "나는 내 자신을 다스리고 극복할 수 없어", "나는 죄를 벗어날 수 없어." 이 모든 "할 수 없어"는 실제로 그런 일들 속에 있는 것이 결코 아니며, 오직 생각 속에만 존재하는 것이다.

이러한 부정적 사고들은 근절될 필요가 있는 나쁜 사고 습관이다. 그 자리엔 "난 할 수 있어"라는 긍정적 사고가 뿌리를 박아야 한다. 그리고 이 긍정적 사고는, 강력한 습관의 나무로 자라나 올바르고 행복한 삶이라는, 생기를 주는 좋은 열매를 맺을 때까지 돌봐 주고 키워야 한다.

습관은 우리를 속박한다. 습관은 우리를 자유롭게 한다. 습관은 일차적으로 생각에 있고 이차적으로 행위에 있다. 생각을 나쁜 것에서 좋은 것으로 바꿔라. 그러면 행위는 즉각 바뀔 것이다. 나쁜 생각을 고집하면 그것은 그대를 점점 더 강력히 속박할 것이다. 좋은 생각을 고집하라. 그러면 그것은 점점 더 넓어지는 자유의 세계로 그대를 데려갈 것이다. 자신의 속박을 사랑하는 사람이 있으면, 속박된 채 남아 있게 하라. 자유를 갈망하는 사람이 있으면, 좋은 생각을 거쳐 자유롭게 하라.

몸과 마음의 관계

　　　　　　　　　오늘날에는 육체를 치유하는 데 몰두하는 서
로 다른 여러 학파가 있는데, 이 사실은 신체적인 고통이 널리 만연하고 있
음을 보여 준다. 사람의 마음을 위안하는 데 전념하는 수많은 종교가 있는
것은 정신적인 고통이 그만큼 보편적이라는 것을 나타내듯이 말이다. 이러
한 각 학파는, 설령 악을 근절하지는 못할지라도, 고통을 줄이는 데 효과가
있는 한 존재한다. 많은 종교가 있음에도 불구하고 죄와 슬픔이 여전히 남
아 있는 것처럼, 육체의 치유에 전념하는 모든 학파의 노력에도 불구하고
질병과 고통의 현실은 우리 곁에 남아 있다.

　질병과 고통은 죄나 슬픔과 마찬가지로, 너무 뿌리가 깊어서 일시적으로
완화시키는 방책으로는 제거될 수가 없다. 우리의 병은 마음속에 깊이 뿌
리를 내린 윤리적인 원인을 갖고 있다. 그렇다고 해서 내가 물질적인 조건
은 질병에서 아무 역할도 못한다고 생각하는 것은 아니다. 물질적인 조건
은 인과관계의 연쇄에서 여러 요인으로서, 즉 수단으로서 중요한 역할을
한다. 흑사병을 옮긴 세균은 불결함의 도구였고, 그 불결함은 일차적으로
도덕적 질병이다. 물질은 눈에 보이는 마음이며 우리가 질병이라고 부르는

육체적 혼란은 죄와 관련된 정신적 혼란과 인과관계에 있다. 인간의 현재 수준인 자의식의 상태에서, 인간의 마음은 서로 격렬하게 투쟁하는 욕망들로 인해 끊임없이 어지럽혀지고 있고, 인간의 육체는 병을 옮기는 세균들의 공격을 받고 있다.

인간은 정신적 부조화와 육체적 불안의 상태에 처해 있다. 야생의 원시 상태에서 사는 동물들은 부조화가 없기에 질병이 없다. 야생 동물은 주변 환경과 조화를 이루며 도덕적 책임감이나 죄의식이 전혀 없으며, 인간의 조화와 행복을 심하게 파괴하는 후회, 슬픔, 실망과 같은 격렬한 소동도 겪지 않는다. 그래서 야생 동물의 육체는 괴로움을 겪지 않는다. 인간이 신적인 의식이나 우주적인 의식의 상태로 상승하면, 후회나 슬픔 같은 모든 정신적 갈등을 초월하고 죄와 모든 죄의식을 극복할 것이며 후회와 슬픔을 없애 버릴 것이다. 이와 같이 정신적 조화를 회복하면, 신체적 조화가 이루어져 건강이 회복될 것이다.

신체는 마음의 이미지이다. 그러므로 숨겨진 생각들은 신체 안에서 눈에 보이는 특징들로 나타내게 된다. 외면의 신체는 내면의 생각에 따라 작용하기 때문에, 지금보다 훨씬 진보한 미래의 과학자는 모든 신체적 질병을 정신 속의 윤리적 원인과 각각 대응시킬 수 있을 것이다.

정신적 조화, 또는 도덕적인 건강은 신체의 건강에 이바지한다. 이바지한다는 표현을 쓴 이유는, 마치 약 한 병을 마시면 건강이 회복되는 것처럼, 도덕성이 신체의 건강을 신기하게 만들어내는 것은 아니기 때문이다. 하지만 심성이 점점 더 침착하고 안정되어 간다면, 도덕 수준이 점점 높아지는 중이라면, 이제 신체적 건강의 확실한 기초가 마련되고 있는 중이며, 정신의 힘은 보존되어 있고 보다 나은 방향으로 조정되고 있다. 그리고 완벽한 건강이 얻어지지 않는다 해도 신체의 혼란은 그것이 어떤 것이든지 간에, 강해지고 고양된 정신을 해칠 힘을 잃게 될 것이다.

신체의 고통을 겪는 어떤 사람이 도덕적이고 조화로운 원칙들에 자기 마음을 맞추기 시작한다고 해서, 반드시 고통이 금방 치유되는 것은 아니다. 정말로 한동안, 신체가 전환기의 위기를 맞고 이전의 부조화가 남긴 결과들을 털어 버리는 동안에는, 병적인 상태가 오히려 강화되는 것처럼 보일 수도 있다. 사람이 정의의 길에 들어서자마자 완전한 평화를 얻는 것은 아니고, 드문 경우를 제외하면, 고통스러운 조정의 시기를 통과해야 하는 것처럼 역시 드문 경우를 제외하면, 그 사람도 완벽한 건강을 즉시 얻는 것은 아니다. 정신적인 재조정뿐만 아니라 신체적 재조정에도 시간이 필요하다. 그가 아직 건강을 얻지 못했다 해도 조만간 건강을 얻게 될 것이다.

정신이 강건해지면 신체의 상태는 부차적이고 종속적인 위치를 차지하게 되어, 다른 많은 사람들의 경우와는 달리, 더 이상 일차적인 중요성을 갖지 않을 것이다. 질병이 치유되지 않는다 해도, 정신은 그것을 초월할 수 있고 그것 때문에 약해지는 것을 거부할 수 있다. 사람은 질병에 걸린 상태에서도 행복하고 강하고 유능할 수 있다. 신체의 건강 없이는 유능하고 행복한 삶이 불가능하다고 건강 전문가들이 자주 말하지만, 역사상 가장 위대한 업적을 이루었던 사람들 (천재들 및 각각의 분야에서 우수한 재능을 지녔던 사람들) 중 상당수가 신체적인 질병으로 고통을 겪었으며, 이 사실을 오늘날 보여 주고 있는 사람들도 꽤 있다. 때때로 신체적 고통은 정신 활동에 자극제로 작용하여, 정신의 작업을 방해하기보다 오히려 돕는 경우가 있다. 유능하고 행복한 삶을 신체의 건강에 의존하게 하는 것은 정신보다 물질을 우선하는 것이고 영혼을 육체에 종속시키는 것이다.

강건한 정신을 지닌 사람들은 설령 어떤 병에 걸리더라도, 그들의 신체적 상태에 신경을 많이 쓰지 않는다. 그들은 그것을 무시하고 마치 아무 일도 없는 것처럼 계속 일을 하면서 살아간다. 이렇게 신체를 무시하는 것은 정신을 침착하고 강하게 해줄 뿐만 아니라 신체를 치료하는 가장 좋은 수단이다. 우리가 완벽하게 튼튼한 신체를 가질 수는 없다 해도, 건전한 정신을 가질 수 있고, 건전한 정신은 건전한 신체에 이르는 가장 좋은 길이다.

병든 정신은 병든 신체보다 더 한탄할 만한 것이며, 결국 신체의 질병으로 이어진다. 정신이 병든 것은 신체가 병든 것보다 훨씬 더 불쌍한 상태이다. 환자들 중에 실제로는 아무 병도 없는 이가 있다는 것을 모든 의사들은 알고 있다. 그런 환자들은 강건하고 비이기적이고 유쾌한 마음자세로 스스로를 고양시키기만 하면 자기 몸이 건강하고 아무 문제도 없음을 발견하게 된다.

인간다운 인간이라면 누구든지, 자기 자신과 신체와 음식에 대한 병약한 생각들을 없애 버려야 한다. 자신이 먹고 있는 건전한 음식이 몸에 해가 될 거라고 생각하는 사람은 정신력을 길러서 신체의 활기를 회복할 필요가 있다. 거의 모든 가정에서 흔히 먹지 않는 어떤 특별한 음식을 먹음으로써 자기 신체의 건강과 안전을 도모하는 것은 부질없는 혼란을 가져온다.

감자를 먹을 용기가 없다고, 저 과일은 소화 불량을 일으킨다고, 저 사과는 너무 시다고, 저 콩은 독이 있다고, 초록색 채소는 싫다고 말하는 채식주의자는 자신이 지지한다고 공언하는 고상한 목적을 좌절시키고 있으며, 고기를 먹으면서도 그러한 병약한 공포와 병적인 자기 점검 없이 건강하게 사는 사람들의 눈에는 채식주의가 우스꽝스러운 것이다. 배고프고 식욕이 있을 때 먹는, 대지의 산물이 건강과 생명에 해롭다고 생각하는 것은 음식의 본성과 가치를 완전히 오해하고 있는 것이다. 음식의 가치는 몸을 훼손하거나 파괴하는 것이 아니라 몸을 유지하고 보존하는 것이다. 그 오해는 식이요법을 통해 건강을 추구하는 사람들이 흔히 갖고 있는 이상한 망상(신체에 해로운 영향을 끼치기 마련인 망상)인데, 가장 단순하고 가장 자연적이고 가장 순수한 음식들 중 어떤 것이 그 자체로 나쁘다는, 즉 삶의 요소가 아닌 죽음의 요소가 그 안에 들어 있다는 망상이다. 이러한 음식 개혁가들 중 한 명은, 내게 한때 이렇게 말했다. 자신의 병은 (수많은 다른 사람들의 병과 마찬가지로) 빵을 먹는 데서 비롯되었다고, 즉 빵을 과식하는 습관에서 비롯된 것이 아니라 빵을 먹는 습관 그 자체에서 비롯된 것으로 믿는다고 말이다.

그런데 그 사람이 먹는 것은 집에서 만든 견과맛의 통밀빵이었다. 우리의 질병을 그런 무해한 원인으로 돌리기 전에, 우리의 죄를, 우리의 병약한 생각들을, 우리의 방종과 바보 같은 무절제를 없애자.

자신의 사소한 고통과 질병에 신경을 많이 쓰는 것은 나약한 인격의 징후이다. 그런 것에 대해 생각을 많이 하면 그것들에 관해 자주 말하게 되고, 그러면 그것들이 더 생생한 인상을 마음속에 남기게 되고, 그 후엔 신체를 애지중지 아끼는 것 때문에 정신이 조만간에 나약해진다. 불행과 질병만큼이나 행복과 건강에 유념하는 것도 쉽고 그것들에 관해 이야기하는 것도 마찬가지로 쉬우며, 그렇게 하는 것이 훨씬 더 유쾌하고 이롭다.

"그렇다면 행복하게 살자, 우리를 미워하는 사람들을 미워하지 말고!
우리를 미워하는 사람들 사이에서 미움 없이 자유롭게 살아가자!"
"그렇다면 행복하게 살자, 아픈 사람들 사이에서 질병 없이!
아파하는 사람들 사이에서 질병 없이 자유롭게 살아가자!"
"그렇다면 행복하게 살자, 욕심 많은 사람들 사이에서 탐욕 없이!
욕심 많은 사람들 사이에서 탐욕 없이 자유롭게 살아가자!"

도덕 원리들은 행복의 토대일 뿐만 아니라 건강을 위한 가장 안정된 토대이다. 그것들은 품행의 참된 표준이며 삶의 모든 사소한 일까지 포함한다. 만약 누군가가 그것들을 진지하게 신봉하고 이성적으로 이해한다면, 그것들은 그 사람으로 하여금 가장 사소해 보이는 일상사까지 포함한 삶 전체를 개혁하도록 강요한다. 그것들은 그의 일상적인 음식물도 명확히 규제하면서 신경질, 특정한 음식에 대한 공포, 어리석은 변덕들, 음식의 유해성을 포함한 근거 없는 의견들을 없애 버릴 것이다. 건전한 도덕성이 확립되어 방종과 자기 연민이 근절되면, 모든 자연식품은 있는 그대로, 즉 육체를 해롭게 하는 것이 아니라 육체에 자양분을 주는 것으로 보일 것이다.

그러므로 신체적인 상태를 개선하려면 불가피하게 정신에 주의를 돌려야 하고, 더 나아가 무적의 보호로서 정신을 강화하는 윤리적 덕목을 고려해야 한다. 도덕적으로 올바른 사람은 신체적으로 건강하다. 삶의 일상사를, 고정된 윤리적 원리들과는 상관없이, 일시적인 견해와 변덕의 관점에서 끊임없이 되풀이하는 것은 혼란 속에서 허우적거리는 것이다. 그러나 일상의 사소한 일까지도 도덕 원리에 맞게 실행하려고 훈련하는 것은, 영적인 빛의 시각으로, 모든 일상사를 그것들의 적절한 위치와 위계질서 안에서 보는 것이다.

도덕적 질서를 인식하는 능력은 오직 도덕 원리들에게만 주어져 있고 그들만의 영역에 속해 있다. 현상의 원인들을 꿰뚫어 보는 통찰력은 오직 도덕 원리들 안에만 있다. 자석이 강철의 줄밥을 끌어당기고 분극화시키듯이, 모든 세부 항목을 그것들의 위계질서와 위치에 맞게 한번에 배치하는 힘은 도덕 원리에만 있다.

육체를 치료하는 것보다도 육체를 초월하는 것이 더 낫다. 육체의 포악한 지배를 받는 것이 아니라 육체의 주인이 되는 것, 육체에 영합하지 않는 것, 육체를 잘못 사용하지 않는 것, 절대로 육체의 요구를 덕보다 우선하지 않는 것, 육체적 쾌락을 절제하고 적절히 조절하는 것, 그리고 육체적인 고통에 압도당하지 않는 것, 한마디로 말해서, 강력하고 균형 잡힌 도덕적 능력 속에서 살아가는 것, 이것이 육체의 치유보다 더 낫고 또한 안전한 치유 방법이며, 이것은 마음의 활기와 정신적인 평온의 영구적인 원천이다.

고귀한 가난은 아름답다

　　　　　　모든 시대를 통해 위인들 중 상당수가 그들의 숭고한 목적을 보다 잘 성취하기 위하여 부를 포기하고 가난을 택했다. 그렇다면 왜 가난은 끔찍한 악으로 간주되는가? 이러한 위인들은 가난을 축복으로 간주하여 신부로 택했는데, 대부분의 사람들이 가난을 재앙과 저주로 간주하는 이유는 무엇인가? 대답은 간단하다. 가난에는 두 종류가 있다. 첫째 경우의 가난은, 가난에서 모든 악한 양상을 제거할 뿐만 아니라 가난을 고양시키고 좋고 아름다운 것으로 나타나게 하며 부와 명예보다 더 매력적이고 더 바람직스럽게 보이게 하는 고귀한 정신성과 관련되어 있다. 그러한 가난은 극히 매력적으로 보이기 때문에, 고귀한 탁발승의 위업과 행복을 보고서 상당수의 사람들이 그를 닮고자 그와 같은 삶의 방식을 택했다. 둘째 경우의 가난은, 비열하고 반항적인 모든 것 (욕설, 술주정, 음탕한 생각, 게으름, 부정직, 범죄)과 관련된 대도시의 가난을 말한다. 그렇다면 가난과 죄 중에서 무엇이 일차적인 악인가? 당연히 죄이다. 가난에서 죄를 제거해 보라. 그러면 가난의 아픔은 사라진다. 즉 이전과는 달리 가난이 커다란 악이 되지 않고 오히려 선하고 고귀한 목적에 이용될 수 있다. 공자는 가난한 제자들 중 한 명인 안회를 고매한 덕을 지닌 사람의 모범적 예로 부유한 학생들에게 제시하면서 이렇게 말했다. "그는 한 그릇의 밥과 한 바가지의 물을 먹으며 누추한 곳에 살았으나 불평하지 않았다. 다른 이들은 그런 괴로움을 참지 못하거늘 안회는 그 즐거움을 고치지 않으니 어질도다." 가난은 고귀한 성품을 손상시킬 수 없고, 고귀한 성품을 더 돋보이게 한다. 마치 어두운 배경 앞에 놓인 찬란한 보석처럼, 안회의 덕은 가난 속에서 그만큼 더 밝게 빛났다.

사회 개혁가들은 가난과 관련된 죄의 원인은 가난이라고 생각하는 경우가 많다. 그런데 그런 개혁가들은 부자들의 부도덕성이 부富에서 비롯되었다고 말한다. 원인이 있는 곳에 결과가 나타나기 때문에, 만약 부가 부도덕성의 원인이고 가난이 타락의 원인이라면 모든 부자는 부도덕해지고 모든 가난한 사람은 타락하게 될 것이다.

악인은, 그가 부유하든 가난하든 중산층이든 간에, 어떤 환경에서도 악을 저지를 것이다. 의인은 그가 어떤 상황에 처하든지 올바르게 행동할 것이다. 극한 상황은 드러날 기회를 기다리며 마음속에 잠재해 있는 악에게 표현의 기회를 줄 수 있을 뿐, 악을 일으킬 수도 만들어 낼 수도 없다.

자신의 경제적 상황에 대한 불만족은 가난과 다르다. 책임이 막중한 직업에 종사하지 않으면서도 일 년 수입이 칠백 파운드에 달하는, 어떤 경우엔 수천 파운드까지 이르는 사람들 중 상당수가 스스로를 가난하다고 생각한다. 그들은 자신의 고통이 가난 때문이라고 생각한다. 그러나 그들의 진정한 고통은 탐욕이다. 그들을 불행하게 만든 것은 가난이 아니라 부에 대한 갈망이다. 가난은 돈의 많고 적음보다 마음속에 있는 경우가 더 많다. 더 많은 돈을 갈망하고 있는 한 스스로를 가난하다고 생각할 것이며, 그런 의미에서 그는 가난하다. 탐욕은 마음의 가난이기 때문이다. 구두쇠가 백만장자가 될 수도 있지만, 그는 무일푼이었을 때만큼 가난한 사람이다.

다른 한편, 빈곤과 타락 속에 살고 있는 많은 사람들의 문젯거리는 그들이 자신의 상태에 만족하고 있다는 점이다. 비열한 행위, 무질서, 게으름, 추잡한 방종, 음란한 생각과 말에 탐닉하기 그리고 불결한 환경 속에 있으면서도 스스로에게 만족하는 것은 한탄스러운 일이다.

여기서 다시 '가난'은 정신적 상태로 귀착된다. 따라서 가난을 해결하는 방법은 외적인 상태보다는 당사자의 내면적 향상에서 구해야 한다. 내면적인 상태가 깨끗해지고 예민해지면, 외면의 더러움과 타락을 더 이상 당연히 여길 수 없게 된다. 사람이 자신의 마음을 정리정돈하고 나면, 자기 집을 정돈하게 될 것이다. 그가 주변 환경을 올바르게 정돈한 것을 보고 그가 마음을 바로잡았음을 본인 자신과 이웃들 모두 알게 될 것이다. 그의 변화된 마음은 그의 변화된 삶에 나타난다.

물론, 스스로를 속이지도 스스로를 타락시키지도 않는데 여전히 가난한 사람들이 있다. 그런 사람들 중 상당수는 가난하게 사는 데 만족한다. 그들은 만족하며 부지런하고 행복하며 그 밖의 아무것도 바라지 않는다. 그러나 그들 중 불만을 느끼고 보다 나은 환경과 더 큰 활동 범위를 열망하는 사람들은 가난을 자신의 재능과 정신력을 실현하는 자극제로 이용해야 하며 또 대개는 그렇게 한다. 자기수양과 주의 깊은 의무 이행을 통해, 그들은 자신이 바라는 보다 풍요롭고 더 책임이 무거운 삶으로 상승할 수 있다. 의무에 헌신하는 것은 사람을 구속하는 것으로 간주되는 그 가난으로부터 탈출하는 길일 뿐만 아니라 부, 영향력, 지속적인 기쁨, 그리고 심지어는 인격 완성 그 자체에까지 이르는 지름길이기도 하다. 의무 이행을 가장 깊은 의미에서 이해하면, 삶에서 가장 좋고 가장 고귀한 모든 것에 그것이 관련되어 있음을 알게 된다. 그것은 힘, 근면, 일생의 과업에 대한 주의 집중, 목표의 단일성, 용기와 성실성, 결단력과 자립심, 그리고 모든 진정한 위대함의 열쇠인 자기 부정을 포함한다. 뛰어나게 성공한 어떤 사람은 "당신의 성공 비결은 무엇입니까?"라는 질문을 받고서 이렇게 답했다. "아침 6시에 일어나기, 그리고 내 일에 몰두하기였습니다." 성공, 명예, 그리고 영향력은 자신의 직무에 부지런히 주의를 집중하면서, 타인의 의무에 간섭하는 일을 절대적으로 피하는 사람에게 온다.

가난하게 사는 사람들 중 대다수가 어떤 특별한 일에 전념해 볼 시간이나 기회를 갖지 못한다는 주장이 여기서 제기될 수 있고, 또 그런 주장이 실제로 제기되고 있다. 그러나 그 주장은 잘못이다. 시간과 기회는 언제나 가까이 있고 모든 사람과 항상 함께 하고 있다. 위에서 언급된 가난한 사람들 중에서 자신이 처한 환경에 만족하는 사람들은 공장에서 노동하는 일에 항상 부지런하고 집에서는 맑은 정신으로 행복하게 살 수 있지만, 다른 분야에서 더 잘할 수 있다고 느끼는 사람들은 여가 시간에 스스로 공부함으로써 그 직업을 준비할 수 있다. 가난한 사람들 중에 자신의 시간과 에너지를 절약하여 유익하게 이용할 필요가 있는 사람들이야말로 혹사당하는 사람이다. 그런 가난에서 벗어나고 싶은 젊은이는 술, 담배, 성적 부도덕, 늦은 시간까지 무도회장이나 클럽, 게임 파티에서 시간 보내기와 같은 어리석고 낭비적인 방종을 처음부터 멀리해야 한다. 그리고 자신의 실력 향상에 필요한 공부를 하면서 정신을 향상시키는 데 저녁 시간을 활용해야 한다. 이 방법으로, 역사상 가장 영향력 있는 인물 중 상당수가 거의 누구나 겪는 가난에서 스스로 벗어났다. 이 사실은 궁핍의 시기가, 사람들이 흔히 생각하고 말하듯이, 파멸의 기회가 아니라 오히려 기회의 시간이라는 것, 그리고 가난이 깊으면 깊을수록, 자신에게 불만을 느끼고 성취를 지향하는 사람들에게는 더 큰 동기가 부여된다는 것을 입증하고 있다.

가난은 가난하게 사는 사람의 성격과 마음자세에 따라 악이기도 하고 그렇지 않기도 하다. 부 역시 마찬가지로 악이기도 하고 그렇지 않기도 하다. 톨스토이는 자신의 부유한 환경에 대해 마음이 불편했다. 그는 부유한 환경을 거대한 악으로 보았다. 그는 탐욕스러운 사람이 부를 동경하듯 가난을 동경했다. 그러나 악덕은 언제나 악이다. 왜냐하면 악덕은 그것을 실행하는 당사자를 타락시키는 동시에 사회에도 위협이 되기 때문이다. 가난이라는 현상을 논리적으로 깊이 연구하면, 언제나 근본 원인을 가난에 처한 당사자에게서, 그리고 인간의 마음에서 발견하게 될 것이다. 사회 개혁가들이 부자들을 지금 비난하듯이 악덕을 비난하게 될 때, 낮은 임금을 폐지하고 싶어하는 만큼 그릇된 삶을 없애고 싶어할 때, 비로소 우리 문명의 오점들 중 하나인 타락한 가난이 줄어들 거라고 기대할 수 있다. 그런 가난이 완전히 없어지려면, 먼저 인간의 마음이 진화의 과정 동안 철저한 변화를 겪어야 한다. 마음이 탐욕과 이기주의로부터 정화되고 나면 과음, 음란함, 나태, 방종이 지상에서 영원히 쫓겨나게 되면, 가난한 자와 부자의 구별이 더 이상 없게 될 것이다. 그리고 모든 사람이 (마음이 이미 순수해진 소수의 사람들을 제외하고) 현재의 인류가 아직 모르는 풍요롭고 깊은 기쁨 속에서 자기 의무를 수행할 것이며, 모든 사람이 숭고한 자존심과 완벽한 평화 속에 자기 노력의 대가를 즐길 것이다.

인간의 정신적인 주권

　　인간이 당연한 주권을 가지고 다스리도록 운명지어진 왕국은 인간 자신의 마음과 삶이라는 왕국이다. 그런데 이 왕국은 우주와 단절되어 자기 자신에게만 한정된 것이 아니다. 그것은 인류 전체에, 자연에, 그것이 당분간 연루되어 있는 사건들의 흐름에, 그리고 거대한 우주에 밀접하게 연결되어 있다. 그러므로 이 왕국을 다스리는 것은 삶에 대한 철저한 이해를 포함한다. 그것은 인간을 최고로 지혜로운 상태로 끌어올려, 마음에 대한 통찰력이라는 선물을 주고, 선과 악을 구별하는 힘, 선과 악을 둘 다 초월하는 것을 파악하는 힘, 그리고 행위의 본질과 결과를 아는 힘을 준다.

　　현재 대부분의 사람들은 반항적인 생각의 지배를 다소 받고 있으며, 이런 반항적인 생각을 극복하는 것이야말로 삶에서 최고의 승리를 얻는 것이다. 현명하지 못한 사람들은 세상의 모든 것을 지배할 수 있되 자기 자신을 지배할 수는 없다고 생각한다. 그래서 그들은 외부적인 환경을 변화시킴으로써 자기 자신과 타인의 행복을 추구한다. 외부의 결과를 바꾸는 것은 영구적인 행복을 가져올 수도 지혜를 줄 수도 없다. 죄에 물든 육체를 가꾸고귀하게 보살피는 것은 건강과 행복을 낳을 수 없다. 현명한 사람들은 자아가 극복되기 전에는 진정한 승리가 없다는 것을, 자아가 극복되어야 비로소 외부적인 것의 정복도 궁극적으로 확실해진다는 것을 안다. 그래서 그들은 자기 자신 안에서 영원히 샘솟는 행복을, 성덕聖德의 고요한 힘 안에서 구한다. 그들은 죄를 피하고 본능적인 격정의 동요를 초월함으로써 육체를 정화하고 강화시킨다.

인간은 자신의 마음을 지배할 수 있다. 즉 자기 자신의 주인이 될 수 있다. 인간은 자기 마음을 잘 다스리기 전까지는, 삶이 불만족스럽고 불완전하다. 인간의 정신적 영토는 자신의 본성을 구성하는 정신적인 여러 힘들의 왕국이다. 육체는 결코 원인이 되는 힘이 아니다. 육체를 다스리는 것, 즉 욕망과 격정을 다스리는 것은 정신적인 여러 힘들을 다스리는 것이다. 내면에 있는 적대적인 정신적 요소들을 억제하고 수정하고 방향을 바꾸고 변화시키는 것은 모든 사람이 조만간 착수해야 하는 경이롭고 중대한 일이다. 오랫동안 인간은 스스로를 외부적인 여러 힘의 노예로 생각했지만, 그의 정신적인 눈이 뜨이는 날이 오게 된다. 그러면 그는 자신이 오랫동안 다른 누구도 어떤 것도 아닌, 바로 제멋대로 날뛰는 불순한 자아의 노예로 지내왔다는 것을 알게 될 것이다. 그날이 오면, 그는 일어나서 자신의 정신적인 왕좌에 오른다.

이제 그는 더 이상 스스로의 정욕, 욕망, 격정의 노예로서 복종하지 않고, 앞으로는 그것들을 그의 백성으로 다스린다. 슬피 우는 거지로서 그리고 매 맞는 노예로서 방황하는 것에 익숙한 정신적 왕국이, 군주다운 자제심의 권한으로 자신의 것임을 그는 발견한다. 질서를 바로잡아야 할, 조직화하고 조화시켜야 할, 내부의 불일치와 고통스러운 모순을 폐지하고 평화의 상태로 만들어야 할 자신의 왕국임을 발견하는 것이다.

이렇게 깨어나 그의 당연한 정신적 권위를 행사하여, 그는 어느 시대에나 자아를 극복하고 인격 완성을 이루었던 왕다운 사람들의 대열에 속하

게 된다. 그들은 무지, 어둠, 번뇌를 극복하고 진리 속으로 상승한 사람
들이다.

체념이 아닌 승리

　　자아 극복이라는 최상의 과업에 착수한 사람
은 어떤 악에도 자신을 내맡기지 않는다. 그는 오직 선한 것만 따른다. 체
념하고 악에 복종하는 것은 가장 저열한 나약함이다. 선을 따르는 것은 최
고의 힘이다. 죄와 슬픔에, 무지와 고통에 자신을 내맡기는 것은 사실상 다
음과 같이 말하는 것이다. "난 포기한다. 난 패배한다. 삶은 악이다. 그래서
난 항복한다." 이렇게 악에 체념하는 것은 종교의 정반대이다. 악과 싸우기
를 포기하는 것은 선을 직접적으로 부정하는 것이다. 악을 우주에서 최고
의 위치에 올려놓는 것이다. 이렇게 악에 항복하는 것은 이기적이고 슬픈
삶, 즉 유혹에 저항하는 힘도 결여되고 선의 지배를 받는 정신의 표현인 기
쁨과 평온도 결여된 삶에 나타난다.

　인간의 본성은 영구적인 체념과 슬픔에 적합하지 않다. 인간에게는 궁극
적인 승리와 기쁨이 알맞다. 우주의 모든 영적 법칙들은 선한 사람의 편이
다. 선은 모든 것을 보존하고 보호하기 때문이다. 악의 법칙이 따로 존재하
지는 않는다. 악의 본성은 파괴하고 황폐하게 하는 것이다.

　자기 인격이 악을 피하고 선을 향하도록 의식적으로 변화시키는 기술은

현재의 학교 교육 과정에는 전혀 들어 있지 않다. 심지어 교회의 교사들마저도 이러한 지식과 수행을 상실했기 때문에 그것에 관해 가르칠 수가 없다. 도덕적 성장은, 지금까지 대다수 사람들의 경우에, 삶의 스트레스와 투쟁을 통해 무의식적으로 이루어져 왔다. 그러나 인격을 의식적으로 형성하는 기술이 청소년의 교육 과정에서 중요한 과목이 될 날이 올 것이다. 그날이 오면 몸에 밴 자제심, 결백한 성실성, 드높은 순수성을 갖추어 인격 형성에 관한 건전한 가르침을 줄 수 있는 사람 외에는 어느 누구도 설교자의 자리를 차지할 수 없을 것이다. 그때는 인격 형성이 종교의 주된 특징이 될 것이다.

내가 여기서 설명하는 교의敎義는 악에 대한 승리와 죄의 절멸에 대한 교의이며, 인간을 선에 대한 이해와 영원한 평화의 기쁨 안에 영구히 안주하게 하는 것에 대한 교의이다. 이것은 어느 시대에나 종교적 지도자의 가르침이다. 깨달음을 얻지 못한 사람들이 아무리 그것을 가리고 왜곡해 왔어도, 그것은 과거에 존재했던 모든 인격 완성자들의 교의이며, 앞으로 올 모든 인격 완성자들의 교의일 것이다. 그것은 진리의 교의이다.

그리고 지금 말하고 있는 승리는 외부의 악에 대한 것이 아니고 내부의 악에 대한 것이다. 즉 악한 사람들, 악한 귀신들, 또는 악한 어떤 것들에 대한 것이 아니고 악한 생각, 악한 욕망, 악한 행위에 대한 것이다. 모든 사람이 자기 마음속의 악을 파괴했을 때, 어느 누가 이 거대한 우주 전체에서 어딘가를 가리키며 "여기 악이 있다"고 말할 수 있겠는가? 모든 사람이 마음속의 선만이 남게 되는 그 위대한 날에, 지상에서 모든 악의 자취가 사라질 때, 죄와 슬픔은 알려지지 않을 것이며, 보편적인 기쁨이 영원토록 존재할 것이다.

10

아침·저녁의 사색

마음의 평온은 지혜의 아름다운 보석 중 하나이다.
사람은 자신의 존재가 바로 생각이 전개되고 발전한 결과임을
이해하는 정도만큼 마음이 평온해진다. 모든 날은 새로운 시작이다.
하루를 올바르게 시작하면 하루 전체를 잘 살게 된다.
마음을 순수하게 하고, 악을 내쫓고, 선을 실천하라.

그대 자신을 극복하라
그러면 알게 되리라.
낮은 곳을 떠나
높은 곳으로 올라가라.
가장 높은 곳에 이를 때까지
죄와 슬픔, 눈물과 고통을 극복하려 분투한 사람은
정신적인 해방으로 황홀한 무아경에 이르게 되리라.

—제임스 앨런

《아침 · 저녁의 사색》에 쓰일 자료들을 발췌하고자 제임스 앨런이 쓴 책들을 자세히 읽으면서 나는 페이지마다 담겨 있는 진실의 힘을 반복적으로 느꼈다. 그 누구보다도 저자를 잘 아는 사람으로서, 그리고 여러 해 동안 모든 상황, 즉 일할 때와 한가할 때, 기쁠 때와 슬플 때, 쾌활할 때와 공상에 잠겨 있을 때에도 그를 지켜본 사람으로서 나는 그 글들이 결코 빈둥대는 머리에서 나온 것이 아니고, 다른 사람의 글에서 모아온 것도 아니며, 여기저기서 골라낸 내용도 아니라는 사실을 잘 알고 있다. 제임스 앨런의 글들은 그 자신이 마음속 깊이 체험한 경험이며, 그가 몸소 실천한 후 쓴 것들이다. 따라서 나는 이 작은 책이 반드시 사명을 다할 것임을 알기에 세상에 내보내기로 했다. 나는 이 책 내용들이 저자가 몸소 실천한 만큼 생생하게 살아 있다는 것을 잘 안다. 그리고 이 책을 매일 묵상하는 사람은 반드시 그 힘을 느끼고 축복을 실감하게 될 것이라고 확신한다. 이 책은 한 개인이 삶에서 실제로 체험한 내용들이기 때문이다.

—릴리 L. 앨런

1일 아침

　행복한 삶을 추구할 때, 고려해야 할 그리고 바르게 실행해야 할 가장 간단한 첫 출발은 우리 모두가 매일 하고 있는 것, 즉 하루하루의 시작을 잘하는 것이다. 모든 날은 새로운 삶의 시작으로 간주될 수 있는 의미가 있다. 보다 현명하고 보다 고양된 정신 속에서 새롭게 생각하고 행동하고 살수 있는, 새로운 삶의 시작으로 모든 날을 맞이할 수 있는 것이다. 하루를 올바르게 시작하면 가정에는 밝고 따뜻한 기운이 충만하여 명랑함이 깃들 것이고, 그날의 일과 의무를 강하고 확신 있는 정신으로 수행하게 될 것이며, 하루 전체를 잘 살게 될 것이다.

1일 저녁

　희생이 없이는 아무런 진보도, 성취도 있을 수 없다. 한 인간의 현세적인 성공은 그가 자신의 혼란스럽고 동물적인 생각들을 얼마나 희생했는지, 그리고 자신의 계획을 실현해 나가는 것과 결단력과 자립심을 강화하는 데 얼마나 정신을 집중했는지에 달려 있다. 그리고 생각의 수준을 더 높이 고 양시킬수록, 더 용감하고 더 올바르고 더 정의로운 사람이 되며, 더 큰 성 공을 이루고, 더 복되고 더 영속적인 성취를 이루게 될 것이다.

2일 아침

옳은 생각 뒤에는 오직 옳은 행위만 나올 수 있고, 옳은 행위만 하면 오직 옳은 삶이 뒤따르지 않을 수 없으며, 옳은 삶을 영위함으로써 모든 행복이 성취된다.

마음은 삶을 형성하고 만드는 제일원인第一原因이다.

그리고 사람은 마음 그 자체이다.

언제나 생각이라는 도구를 들고 자신이 뜻하는 바를 구체화하면 수많은 기쁨과 수많은 불행을 낳는다.

사람은 남몰래 생각하지만 그 생각은 결국 실현되고 만다.

각자가 처한 환경은 다만 그의 거울일 뿐이다.

2일 저녁

마음의 평온은 지혜의 아름다운 보석들 중 하나이다. 사람은 자신의 존 재가 바로 생각이 전개되고 발전한 결과임을 이해하는 정도만큼 마음이 평 온해진다. 사람은 올바른 이해력을 계발하여, 인과관계의 작용에 의한 모 든 현상의 내적 관계를 점점 더 명확히 보게 될 때, 비로소 애태우고 성질 내며 걱정하고 슬퍼하는 일이 없어지고, 침착하며 확고하고 평온한 마음을 변함없이 유지한다.

3일 아침

모든 상황에서 당신 내면의 가장 고귀한 충동을 따르는 것, 언제나 당신 내면의 신성한 자아에 충실하게 사는 것, 양심의 소리와 내면의 빛에 의지하는 것, 그리고 당신의 모든 생각과 노력에 대해 미래에 정당한 갚음이 있을 거라는 사실을 믿으면서 대담하고 편안한 마음으로 당신의 목표를 추구하는 것, 우주의 법칙은 절대로 실수하거나 어긋나는 일이 없다는 것과 따라서 당신의 몫이 당신에게 아주 정확히 돌아오게 됨을 아는 것, 이것이 바로 신앙이며 신앙의 삶이다.

3일 저녁

자신의 일을 철저히 이해하고 그것을 완전히 자신의 것으로 만들어라. 절대적으로 신뢰할 수 있는 안내자인 양심의 소리를 항상 따르면서 앞으로 나아갈 때, 당신은 승승장구할 것이며, 한 걸음씩 보다 높은 곳에 오르게 될 것이고, 당신의 시야는 계속 더 넓어져, 본질적인 아름다움과 인생의 목적이 점차 눈앞에 드러날 것이다.

자신을 정화하라. 그러면 건강이 찾아올 것이다. 극기하라. 그러면 힘이 생길 것이며 당신이 하는 모든 일이 번영할 것이다.

만약 내가 스쳐가는 매 순간마다
사랑과 인내를 굳게 고수하고 결백하게 산다면,
그리고 드높은 고결함에서 결코 벗어나지 않는다면,
건강, 성공, 그리고 능력이 내가 오기를 기다리고
있는 곳에 설 수 있으리.
그리하여 나는 영원한 생명의 나라를 보게 되리라.

4일 아침

혀를 잘 다스리고 현명하게 절제할 때, 이기적인 충동과 무가치한 생각들이 더 이상 자기 목소리를 요구하며 튀어나오지 않을 때, 말이 악의 없고 순수하고 우아하며 친절하고 의미 있을 때, 그리고 모든 말이 성실함과 진실 속에서만 우러나올 때, 그때서야 비로소 덕 있게 말하는 법 5단계가 완성된다. 그때서야 진리의 두 번째 위대한 교훈을 배우고 숙달한 것이다.

그대의 마음을 순수하게 하라.

그러면 그대의 삶이 풍요롭고 유쾌하며 아름다운 것이 될 것이다.

4일 저녁

한 인간이 겸손이라는 옷을 걸치고 나면, 그가 자신에게 던지는 첫 질문은 이런 것들이다. "나는 다른 사람들에게 어떻게 행동하고 있는가?", "나는 지금 다른 사람들에게 무슨 행동을 하고 있는가?", "나는 다른 사람들을 어떻게 생각하고 있는가?", "다른 사람들에 대한 나의 생각과 행동은 이타적인 사랑에 의해 동기부여가 되고 있는가?" 마음을 고요히 가라앉힌 가운데 이런 날카로운 질문을 스스로에게 던지면, 지금까지 어디서 실패했는지를 정확히 알게 될 것이다.

5일 아침

항상 사랑 안에 머물고 모든 존재를 사랑으로 대하는 것이야말로 진정한 삶을 사는 것이며 생명 그 자체를 소유하는 것이다. 선한 사람은 이 사실을 알기에 자기 자신을 사랑의 영靈에게 무조건적으로 넘겨 주고, 모든 존재에 대한 사랑 안에 살며 어느 누구와도 다투지 않고 아무도 비난하지 않으며 모든 사람을 사랑한다.

그리스도 정신인 사랑은 모든 죄악에만 종지부를 찍는 것이 아니라 모든 분열과 논쟁에도 종지부를 찍는다.

5일 저녁

죄와 자아를 버릴 때, 마음은 불멸의 기쁨을 회복한다.

기쁨은 자아를 비운 마음에 와서 그 마음을 채운다. 기쁨은 평화를 좋아하는 사람들과 함께 머물며, 기쁨은 마음이 순수한 사람들을 다스린다.

기쁨은 이기적인 사람들을 피한다. 기쁨은 논쟁을 좋아하는 사람들을 떠난다. 기쁨은 마음이 불순한 사람들의 눈에 보이지 않는다.

기쁨은 이기적인 사람과 함께 머물 수 없다. 기쁨은 사랑과 하나로 결부되어 있다.

6일 아침

순수한 마음에는 개인적인 판단이나 증오가 자리를 잡을 여지가 전혀 없다. 왜냐하면 순수한 마음에는 친절과 사랑이 가득 차 흘러넘칠 것이기 때문이다. 순수한 마음은 악한 것을 보지 못한다. 사람은 타인에게서 악한 것을 전혀 보지 못하는 경지에 이르렀을 때만, 비로소 죄와 슬픔과 고통으로부터 자유로워질 것이다.

죄를 짓는 마음은 반드시 슬픔을 겪게 된다는 것을,
증오에 찬 마음은 미래에 아무 좋은 열매도 맺지 못해
슬피 울고 굶주리며, 쉬지도 잠들지도 못한다는 것을
사람들이 이해하기만 한다면,
부드러운 마음이 그들의 존재를 가득 채울 것이다.
그들은 연민의 시선으로 다른 사람을 보게 될 것이다.

그들이 이해하기만 한다면.

6일 저녁

진리를 마주 대하며 서는 것, 무수한 방황과 고통 끝에 지혜와 더없는 행복에 이르는 것, 결국 패배하여 버려지는 것이 아니라 내면의 모든 적을 궁극적으로 이기는 것, 이것이 인간의 신성한 운명이고 이것이 인간의 영광스러운 목표이다. 그리고 이것은 모든 성자, 현자, 구세주가 단언한 바이다.

인간은 불평하거나 욕하는 것을 그만두고 자신의 삶을 규제하는 숨겨진 정의를 찾기 시작할 때에야 비로소 인간다운 인간으로 존재하기 시작한다. 그리고 인간은 삶을 규제하는 그 요인에 자기 마음을 순응시켜감에 따라, 자기 처지에 대해 남을 탓하는 일을 그만두고서 강하고 고귀한 생각으로 인격을 도야하게 된다. 즉 환경과 상황에 반항하기를 그만두고 자신의 좀 더 빠른 발전을 돕는 도구로서, 그리고 자기 내면의 숨겨진 힘과 가능성을 발견하는 수단으로서 그것들을 이용하기 시작한다.

7일 아침

악을 향한 의지와 선을 향한 의지 둘 다 그대 안에 있다. 그대는 어떤 의지를 쓸 것인가?

그대는 무엇이 옳고 무엇이 그른지 알고 있다. 그대는 어떤 것을 사랑하고 육성할 것인가? 어떤 것을 파괴할 것인가?

그대는 그대의 생각과 행위를 선택하는 주체이다. 그러므로 그대는 자신의 정신적 상태를 창조하는 주체이다. 원하는 존재가 될 수 있는 힘은 그대의 것이다. 그대는 진실과 사랑을 확립하든지 아니면 거짓말을 하고 미워한다.

7일 저녁

예수의 가르침은 우리에게 정의 혹은 올바른 행동이란 전적으로 개개인의 품행의 문제이지 개인의 사고나 행동과는 동떨어진 신비한 어떤 것이 아니라는 단순한 진리를 사람들에게 상기시켜 주었다.

평정심과 인내는 우선 노력을 통해 고요하고 인내심 있는 생각을 파악하여 붙잡고, 그 다음엔 "습관이 제2의 천성이 될 때까지" 끊임없이 그것을 생각하고 그 생각 안에 생활함으로써 자연스러운 습관이 될 수 있다. 그렇게 되면, 분노와 성급함은 영원히 사라진다.

8일 아침

사람의 성공과 실패는 다름 아닌 자기 자신에게 달려 있다. 사람은 생각이라는 무기 공장에서 자기 자신을 파괴할 무기를 만들기도 하고, 기쁨과 힘과 평화라는 천국 같은 마음 상태를 실현하는 데 쓸 도구를 만들기도 한다. 올바른 생각을 선택하여 참되게 적용하면 신적인 완벽함에 이르지만, 그릇된 생각을 선택하여 잘못 적용하면 짐승보다 못한 수준으로 전락한다. 이 양극단 사이에 모든 수준의 인격이 있으며, 사람은 바로 자기 인격을 만드는 당사자이며 주인이다.

사람은 힘과 지성과 사랑의 존재이자 자기 생각의 주인이기에, 모든 상황에 대한 열쇠를 쥐고 있다.

8일 저녁

당신의 마음속 가장 깊은 곳에 품고 있는 모든 생각은 필연적인 반작용의 법칙에 의해 머지않아 당신의 외적인 삶에 그 형상을 만들게 된다.

모든 영혼은 제각기 자신에게 속한 것만을 끌어당기며, 영혼에 이질적인 것은 결코 그 영혼에 도달할 수 없다. 이 점을 깨달으면 신성한 법칙의 보편성을 깨닫게 된다.

만약 당신이 세상을 바로잡고,
모든 악과 불행을 내쫓고 싶다면,
황무지에 꽃이 피게 하고 적막한 불모지가
장미꽃이 만발하듯 번영하게 만들고 싶다면,
먼저 당신 자신을 바로잡으라.

9일 아침

당신의 삶을 고단하게 만드는 조건이 무엇이든 간에, 당신은 자기 정화와 극기라는 변형의 힘을 당신 내면에서 계발하고 이용함으로써 그런 조건을 벗어날 수 있다.

순수한 마음의 신성한 광휘 앞에서는 모든 무지의 어둠이 사라지고 모든 번뇌의 구름이 흩어져 소멸되며, 자기를 이긴 사람은 세상도 이긴 것이다.

극기의 길에 확고히 발을 들여놓은 사람, 신앙의 도움을 받으며 자기 희생의 정도를 걷는 사람은 최상의 성공을 확실히 이룰 것이며 풍요롭고 영구적인 기쁨과 행복을 성취하게 될 것이다.

9일 저녁

모든 존재와 사건을 나타나게 하는 원동력은, 보이지 않고 들리지 않으면서도 무엇보다도 강한 생각의 힘이다. 우주는 사고에서 생겨났다.

선善의 전능성과 주권에 대한 완전하고 변치 않는 믿음에 당신의 모든 생각을 맞추는 것이, 바로 그 전능한 선과 협력하는 것이고 또한 당신 내면에서 모든 악을 해체하고 파괴하는 것이다.

마음속으로 악을 부인하는 것으로는 충분하지 않다. 매일 실천하고 극복하고 깨달아야 한다. 마음속으로 선을 긍정하는 것만으로는 불충분하다. 확고한 노력으로 선 속에 들어가고 선을 이해해야 한다.

10일 아침

당신이 하는 모든 생각은 밖으로 방출되는 힘이다.

인생길에서 당신이 어떤 처지에 놓여 있든지 간에, 어느 정도의 성공과 유능함, 힘을 갖게 되길 원하기 전에 먼저 당신은 침착함과 평온을 길러 둠으로써 생각의 힘을 집중시키는 방법을 터득해야 한다.

생각의 힘을 고요하고 강력하게 집중시키면 아무리 큰 어려움이라도 무너지게 되어 있으며, 정당한 목적이라면 무엇이든지 영혼의 힘을 지혜롭게 사용하고 다스림으로써 빠르게 실현시킬 수 있다.

좋은 생각들을 하라. 그러면 그것들은 좋은 상황이라는 형태로 당신의 외적인 삶에 빠르게 실현될 것이다.

10일 저녁

그대가 미래에 될 모습과 되고 싶은 모습, 그것을 바로 지금 실현할 수도 있다. 그 이상理想을 성취하지 못하고 있는 것은 당신이 끊임없이 미루고 있기 때문이다. 그리고 성취를 미룰 힘이 있다는 것은, 당신이 성취할 −영구적으로 성취할− 힘도 가지고 있다는 것이다. 이 사실을 깨달아라. 그러면 당신은 오늘, 그리고 매일, 당신이 꿈꾸어 왔던 그 이상적인 존재가 될 것이다.

스스로에게 이렇게 말하라. "나는 이제 내 이상 가운데 살아가리라. 나는 바로 지금 내 이상을 나타내겠다. 나는 바로 지금 내 이상이 되리라. 내 이상으로부터 나를 멀어지게 유혹하는 모든 것에 귀기울이지 않으리라. 오직 내 이상의 목소리에만 귀기울이겠다."

11일 아침

한 송이의 꽃처럼, 감미로움 속에 존재하며 매일 성장하는 것에 만족하라.

만약 그대가 완전한 지식을 얻고자 한다면, 먼저 완전한 사랑의 능력을 갖추도록 하라. 만약 그대가 최고의 경지에 도달하고자 한다면, 사랑하는 마음과 동정심을 끊임없이 함양하라.

모든 것을 희생하면서 선을 선택하는 사람에게는, 모든 것을 포함하면서 모든 것 이상인 것이 주어진다.

11일 저녁

우주의 위대한 법칙은 어느 누구에게도 불공정한 대우를 하는 법이 없다.

인생은 올바르게만 살면 참으로 아름답고 단순하다.

삶의 완전한 단순성을 이해하고 그 법칙에 순종하며, 이기적 욕망의 어두운 길과 복잡한 미로에 **빠져** 들지 않는 사람은 어떤 해악도 미칠 수 없는 곳에 있게 된다.

거기엔 충만한 기쁨, 넘치는 풍요, 풍부하고 완전한 행복이 있다.

12일 아침

모든 인간은 자신의 생각과 행위가 낳은 결과를 거둬들이며, 자신의 잘못된 생각과 행위로 인해 고통을 겪는다.

올바르게 생각하고 행동하며 옳게 사는 사람은 행복한 결과를 기대하거나 추구할 필요가 없다. 복된 결과가 이미 가까이 와 있기 때문이다. 그것은 올바른 생각과 행위의 결과로서 뒤따른다. 그것은 삶의 필연성이자 현실이다.

자기 마음에서 정욕과 미움과 어두운 욕망들을 완전히 몰아낸 사람의 휴식은 달콤하며 그의 행복은 깊고 풍부하다.

12일 저녁

그대는 그대의 그림자를 만드는 당사자이다. 욕망에 빠지면 슬픔을 겪고, 욕망을 포기하면 기뻐하게 될 것이다.

영혼에 관한 모든 아름다운 진실 중에서도, "사람은 자기 생각의 주인이자 성격 형성의 주체이며, 삶의 조건과 환경과 운명을 창조하고 형성하는 당사자"라는 진실만큼 기쁘고 보람된 것은 없다. 그것은 신성한 경지에 이를 수 있다는 희망과 확신을 낳는다.

13일 아침

어둠은 스쳐가는 그림자에 불과한 반면 항상 존재하는 실체는 빛이듯이, 슬픔은 스쳐가는 덧없는 것이지만 기쁨은 영원히 남는다. 참된 것은 그 어떤 것도 사라지거나 소멸될 수 없다. 거짓된 것은 그 어떤 것도 영원히 지속되거나 보존될 수 없다. 슬픔은 거짓이며 따라서 그것은 지속될 수 없다. 기쁨은 진실이며 따라서 그것은 소멸될 수 없다. 기쁨은 잠시 숨겨질 수도 있지만 언제든지 되찾을 수 있다. 슬픔은 일정 기간 동안 머무를 수도 있지만, 초월될 수 있고 흩어 없앨 수 있다.

그대의 슬픔이 계속될 거라고 생각하지 말라. 그것은 구름처럼 사라질 것이다. 죄의 고통이 영원히 그대의 운명이라고 믿지 말라. 죄의 고통은 끔찍한 악몽처럼 사라질 것이다. 깨어나라! 일어나라! 경건하고 즐거운 사람이 되라.

13일 저녁

제거될 필요가 있는 자아의 껍데기가 남아 있는 한 고난과 시련은 계속된다. 낱알과 껍질이 모두 분리되었을 때 탈곡기가 작동을 멈추듯이, 영혼에서 마지막 불순물까지 다 떨어져 나왔을 때, 고난은 그 사명을 다 했으니 더 이상 존재할 필요가 없어지고, 그때서야 비로소 영원한 기쁨이 실현된다.

고통을 가장 잘 이용하는 유일한 방법은 쓸모 없고 불순한 모든 생각을 정화하고 태워 없애는 것이다. 영혼이 순수해지면 모든 고통은 멈춘다. 영혼에서 불순물을 다 제거한 후에는 더 태워 없앨 것이 남아 있지 않기 때문이다.

14일 아침

사람들이 자제심에 대해 오해하는 경우가 많은데, 자제는 본능을 파괴적으로 억압하는 것이 아니라 건설적으로 표현하는 것이다.

사람의 행복과 지혜와 탁월함은 그의 자제심에 비례한다. 반대로 자신의 동물적 본성이 자신의 생각과 행동을 지배하게 내버려 두는 만큼 불쌍하고 어리석고 초라한 존재가 된다.

자기 자신을 지배하는 사람은 자신의 삶, 자신의 환경, 자신의 운명을 지배한다. 그리고 그는 어디를 가든지 자신의 행복을 영구적인 소유물로 지니고 다닌다.

새로운 생활에 앞서 옛 습성의 포기가 우선 이루어져야 한다.

사람들이 방탕, 흥분, 하찮은 쾌락에의 탐닉 속에서 추구하는 영구적인 행복은 이 모든 것을 거꾸로 하는 삶, 즉 자제의 삶 속에서만 발견된다.

14일 저녁

우주를 지배하는 원리는 불변의 법칙이지 혼돈이 아니다. 불의가 아닌 정의가 삶의 영혼이자 본체이다. 세상을 영적으로 통치하며 세상을 움직이고 형성하는 힘은 부정이 아닌 올바름이다. 그러므로 우주가 정의롭다는 진실을 발견하려면 사람은 자신을 똑바로 세우는 수밖에 없다.

내가 순수해지면, 삶의 신비를 풀게 되리라.
내가 증오와 탐욕과 다툼으로부터 자유로워지면
나는 진리 안에 머물고 진리는 내 안에 머물게 되리라.
내 마음이 순수해질 때,
나는 안전하고 분별력을 지니고 완전히 자유로워지리라.

15일 아침

자신의 증오와 분노가

자신의 평화와 즐거운 만족감을 살해하고

스스로에게 상처를 입히고, 다른 사람을 돕지 못하고

단 한 명의 외로운 형제도 위로하지 못한다는 것을

사람들이 이해하기만 한다면,

어떤 후회도 남기지 않는 좋은 행위라는

더 나은 방법을 추구하리라.

그들이 이해하기만 한다면.

사랑이 어떻게 모든 것을 정복하는지,

사랑의 힘이 얼마나 우세한지,

냉혹한 증오가 얼마나 사람을 괴롭히는지,

동정심이 어떻게 슬픔을 종식시키고 사람을 현명하게

만들며 격정의 고통을 피하는지

사람들이 이해하기만 한다면,

그들은 사랑 안에 영원히 살고 결코 미움 속에 살지 않으리라.

그들이 이해하기만 한다면.

15일 저녁

예수 그리스도 안에 있던 성덕聖德과 아름다움이라도, 만약 그것들이 당신 안에 없다면, 당신에게 이해될 수 없고 당신에게 아무런 가치도 될 수 없다. 그리고 그것들을 실천하기 전까지는 당신 안에 그것들이 결코 자리 잡을 수 없다. 왜냐하면, 실천이라는 문제를 제외하고라도, 선을 구성하는 자질들이 당신에게 아직 존재하지 않을 것이기 때문이다. 예수 그리스도의 성덕을 흠모하는 것은 진리를 향해 상당히 전진한 것이지만, 그런 자질을 실천하는 것은 진리 그 자체이다. 다른 사람의 완벽한 덕을 깊이 흠모하는 사람은 자신의 불완전함에 안주하지 않을 것이며, 그 타인을 닮도록 자기 영혼을 변화시켜 나갈 것이다.

그러므로 예수 그리스도의 신성한 자질을 흠모하는 그대여, 그런 자질을 몸소 실천하라. 그러면 그대 또한 신성한 존재가 될 것이다.

16일 아침

삶이 총체적으로 마음에서 생겨난다는 것을 누군가 깨닫는다면, 그에게는 축복의 길이 열린다. 그때서야 그는 마음을 다스릴 힘과 자신의 이상에 맞게 마음을 변화시킬 힘이 스스로에게 있다는 것을 발견할 것이기 때문이다. 그리하여 그는 극히 탁월한 생각과 행위라는 좁은 길을 강하고 단호한 신념을 갖고 걷기로 결정할 것이다. 그에게는 삶이 아름답고 신성한 것이 된다. 그리고 조만간 그는 모든 악, 혼란, 고통을 날려 버릴 것이다. 자기 마음의 문을 한결같이 부지런히 지키는 사람이 자유, 진리, 평화에 도달하지 못하는 일은 있을 수 없기 때문이다.

16일 저녁

끊임없이 자아를 극복하는 과정에서, 인간은 자기 마음의 미묘하고 복잡한 작용에 대한 지식을 얻는다. 인간이 평정심 가운데 안주할 수 있게 해 주는 것은 바로 이 신성한 지식이다.

자기 마음에 대한 이해가 없으면 지속적인 마음의 평화가 있을 수 없으며, 격렬한 격정에 좌우되는 사람은 평온함이 충만한 신성한 경지에 다가갈 수 없다. 나약한 사람이란 사나운 말에 올라타서 그 말이 자기를 태우고 마음대로 가도록 내버려 두는 사람과 같다. 강한 사람이란 말에 올라타서 능숙한 솜씨로 말을 제어하고 자신이 명령하는 방향과 속도로 말이 움직이도록 만드는 사람과 같다.

17일 아침

하나님 나라에는 투쟁과 이기심이 전혀 없으며, 거기에는 완전한 조화와 균형과 안식이 있을 뿐이다.

사랑의 나라에서 살고 있는 사람들은 그들의 모든 필요를 사랑의 법칙을 통해 충족시킨다.

자아가 모든 투쟁과 고통의 근본 원인이듯, 사랑은 모든 평화와 행복의 근본 원인이다.

하나님 나라에서 안식하고 있는 사람들은 외적인 소유물로 행복을 추구하지 않는다. 그들은 모든 근심과 걱정에서 자유롭고, 사랑 안에 안식하기에 행복의 화신으로 살아간다.

17일 저녁

그렇다고 해서 하나님 나라에 살고 있는 사람들이 안일하고 게으르게 산다고 생각하지는 말라. −이 두 가지 죄는 하나님 나라를 찾기 시작할 때 가장 먼저 근절해야 할 것들이다. − 그들은 평화롭게 활동하며 살아간다. 사실은, 오직 그들만이 참으로 살고 있다고 말할 수 있다. 걱정과 슬픔, 두려움의 연속인 자아의 삶은 진정한 삶이 아니기 때문이다.

하느님 나라에 사는 사람들에 대해서는 그들의 생활을 보면 알 수 있다. 그들은 모든 상황과 인생의 변천 과정에서 '사랑, 기쁨, 평화, 인내, 친절, 선량함, 신의, 온유함, 절제, 자제'와 같은 영靈의 열매들을 나타낸다.

18일 아침

예수 그리스도의 복음은 삶과 행함의 복음이다. 만약 그렇지 않다면 그 복음은 영원한 진리를 말한 것이 아닐 것이다. 그 복음의 신전은 정화된 행위이며, 그 입구는 자아포기이다. 그리스도의 복음은 인간이 죄를 떨쳐 버리도록 권유하며 그 결과로서 기쁨과 행복과 완전한 평화를 약속한다.

천국은 완전한 신뢰, 완전한 인식, 완전한 평화이다. 그러나 어떠한 죄도 그곳에 들어갈 수 없다. 자아에서 비롯된 생각이나 행동은 천국의 황금빛 대문을 통과할 수 없으며, 어떠한 불순한 욕망도 천국의 찬란한 의복을 더럽힐 수 없다. 원하는 사람은 누구나 천국에 들어갈 수 있지만, 누구나 그 대가를 치러야 한다. 그것은 바로 자아를 무조건 포기하는 것이다.

18일 저녁

상황은 단지 당신 스스로 허용할 경우에만 당신에게 영향을 끼칠 수 있다. 나는 이 말이 진실임을 안다. 당신은 생각의 본질, 효용, 힘을 올바로 이해하지 않고 있기 때문에 상황에 좌우되는 것이다. 당신은 외부 상황이 당신의 삶을 성공으로 이끌거나 망치게 하는 힘이 있다고 믿는다(그리고 믿음이라는 이 단어 하나에 따라 우리들의 모든 슬픔과 기쁨이 결정된다). 그렇게 믿음으로써 당신은 외부 상황에 굴복하고, 외부 환경이 당신을 절대적으로 조종하는 주인이며 당신은 노예라고 스스로 인정하고 있다. 또한 그렇게 믿음으로써 당신은 아무런 힘도 없는 외부 상황에 힘을 부여한다. 그런데 당신이 굴복하는 대상은 실은, 상황 그 자체가 아니라 당신의 정신세계가 외부 상황에 투사한 우울함이나 기쁨, 두려움이나 희망, 장점이나 약점이다.

19일 아침

만약 당신이 사후에 존재하는 더 행복한 세계를 간절히 바라고 기대하는 사람들 중 한 명이라면, 당신을 위한 기쁜 소식이 여기 있다. 즉 당신은 바로 지금 그 행복의 세계에 들어가서 그 세계를 실감할 수도 있다. 그 행복의 세계는 온 우주를 채우고 있고, 당신 안에 있으며, 당신이 찾아서 인정해 주고 소유해 주길 기다리고 있다.

존재의 내적인 법칙을 알았던 사람은 이렇게 말했다. "사람들이 여기로 오라 저기로 오라 말할 때, 그 뒤를 쫓아가지 말라. 하나님 나라는 네 안에 있다."

19일 저녁

천국과 지옥은 마음의 상태이다. 자아와 모든 이기적 욕망에 빠져들라. 그러면 당신은 지옥에 빠져들 것이다. 그 의식 상태를 초월하여 자아를 전적으로 부정하고 잊으라. 그러면 천국에 들어설 것이다.

사사로운 행복만을 이기적으로 계속 추구하는 동안에는, 행복이 당신에게서 멀어질 것이며 당신은 본의 아니게 불행의 씨앗들을 뿌리고 있을 것이다. 반면에 당신이 다른 이들을 위해 봉사하는 가운데 자아를 잃는다면, 그만큼의 기쁨이 당신을 찾아올 것이며, 머지않아 당신은 행복이라는 수확을 거둬들이게 될 것이다.

20일 아침

동정심을 베푸는 것은 결코 헛되이 낭비된 것일 수 없다.

동정심의 한 측면은, 괴로워하거나 고통에 짓눌린 사람들을 대할 때 그들의 고통을 덜어 주거나 도와 주려는 욕구를 갖는 연민이다. 세상은 이런 성스러운 자질을 더 많이 필요로 한다.

"연민은 약한 자에게 세상을 부드럽게 만들어 주고, 강한 자에게는 세상을 고귀한 것으로 만들어 주기 때문이다."

동정심의 다른 한 형태는, 우리 자신보다 더 성공적인 사람들을 대할 때 그들의 성공이 우리 자신의 성공인 것처럼 함께 기뻐하는 것이다.

20일 저녁

친구들과의 교제, 쾌락, 그리고 물질적 안락은 달콤하기는 하지만, 그것들은 변하고 사라져 간다. 순수성, 지혜, 진리에 대한 앎이 더 달콤하며, 이것들은 결코 변하거나 사라지는 법이 없다.

영적인 것들을 소유하게 된 사람은 자신의 행복의 원천을 결코 빼앗길 수 없다. 그는 행복의 원천과 이별할 가능성이 없다. 그리고 그는 전 우주의 어디를 가든 자신의 영적 재산을 지니고 다닐 것이다. 그런 사람의 영적인 목표는 기쁨의 충만일 것이다.

21일 아침

당신이 모든 증오, 격정, 비난에서 벗어나 온 세상을 사려 깊은 애정으로 껴안을 때까지, 한없이 넓어지는 사랑으로 당신의 마음이 자라나고 확장되게 하라. 꽃이 아침의 햇빛을 받아들이기 위해 꽃잎을 펴듯이, 당신의 영혼이 진리의 영광스러운 빛을 더욱더 많이 받아들이도록 마음을 열라. 열망의 날개를 타고 위로 높이 솟아올라라. 아무것도 겁내지 말고 가장 고귀한 가능성을 믿으라.

21일 저녁

마음은 스스로 만든 옷을 입는다.

마음은 삶을 조정하는 주체이다. 마음은 외적인 상황을 창조하고 형성하며, 그 결과를 수용하는 당사자이다. 마음은 진실을 인식하는 힘과 환상을 만드는 힘, 둘 다 포함하고 있다.

마음은 운명이라는 옷감을 짜는 확실한 당사자이다. 생각은 실이며 좋은 행위와 나쁜 행위는 날줄과 씨줄이고, 인생이라는 베틀 위에 짜여진 직물은 인격이다.

그대의 마음을 순수하게 하라. 그러면 그대의 삶은 투쟁으로 훼손되는 일 없이, 풍요롭고 감미로우며 아름다운 것이 될 것이다.

22일 아침

당신의 비전을 소중히 간직하라. 당신의 이상을 소중히 간직하라. 당신의 가슴 속에서 울려 퍼지는 음악을, 당신의 정신 속에서 형성된 미를, 당신의 가장 순수한 생각들을 감싸고 있는 사랑스러움을 소중히 간직하라. 모든 즐거운 상황과 모든 천국 같은 환경이 그것들로부터 자라날 것이며, 당신이 그것들에 대해 성실성을 지킨다면, 당신의 세계는 결국 그것들을 재료로 해서 만들어질 것이다

그대의 마음을 잘 보호하여 고귀하고 강하며 자유로운 존재가 되라.

그러면 그 어떤 것도 그대를 해치거나 방해하거나 정복하지 못하리라.

그대의 모든 적은 그대의 마음과 정신 속에 있기 때문이다.

그대는 마음과 정신 속에서 그대의 구원도 발견하게 될 것이다.

22일 저녁

숭고한 꿈을 꾸어라, 그러면 당신은 바라는 모습대로 될 것이다. 당신의 비전은 언젠가 이루어질 당신의 모습에 대한 약속이며, 당신의 이상은 마침내 드러날 당신의 모습에 대한 예언이다.

인류의 가장 위대한 업적도 처음에는 그리고 한동안은 꿈이었다. 참나무

가 도토리 안에서 잠자고 있고 새는 알 속에서 부화를 기다리듯이, 영혼의 가장 높은 비전 안에서는 활짝 깨어 있는 천사가 활동하고 있다.

지금의 처지가 당신의 성미에 맞지 않을 수도 있지만, 당신이 자신의 이상을 깨닫고 거기에 도달하려고 애쓴다면 그런 상황은 오래 계속되지 않을 것이다.

23일 아침

의심과 두려움을 정복한 사람은 실패를 정복한 사람이다. 그의 모든 생각은 힘과 결합되어 있어서, 그는 모든 난관을 용감하게 대처하여 지혜롭게 극복한다. 이런 사람의 목적은 제때에 파종되어 꽃을 피우고, 익기도 전에 땅에 떨어지는 일 없이 풍성한 열매를 맺는다.

생각이 두려움 없이 목적과 결합하면 창조적인 힘이 된다. 이것을 아는 사람은 흔들리는 생각과 동요하는 감정 덩어리 이상의 좀 더 고귀하고 강한 존재가 될 준비를 갖춘 상태이다. 생각과 목적을 두려움 없이 결합시킨 자는 자신의 정신력을 지혜롭게 의식적으로 제어하고 사용하는 사람이 된다.

23일 저녁

우주에서 인간의 진정한 위치는 노예가 아닌 왕의 자리이다. 악의 영역에서 무기력하게 이용당하는 도구가 아닌, 선의 법칙을 따르는 지휘자가 인간의 진정한 본분이다.

나는 어린이가 아닌 어른을 위해, 즉 배우기를 열망하고 성취하는 것에 진지한 사람들, −세상의 선을 위해− 사소한 개인적 방종, 이기적 욕구, 비열한 생각들을 떨쳐 버리고, 마치 그것들이 존재하지 않는 것처럼, 갈망이나 후회 없이 살아가려는 사람들을 위해 글을 쓴다.

인간은 주인이다. 만약 그렇지 않다면,
우주의 법칙에 거역해서 행동할 수도 없을 것이다.
악과 나약함은 자기 파괴적인 것이다.
우주는 선과 힘을 갖추고 있으며,
우주는 선한 사람과 강한 사람을 보호한다.
화를 잘 내는 사람은 약한 사람이다.

24일 아침

학식이 있다고 해서 악을 이기는 것은 아니다. 많이 연구한다고 해서 죄와 슬픔을 극복하는 것은 아니다. 오직 자기 자신을 이겨야만 악을 이길 수 있다. 올바른 생각과 행위를 실천해야만 슬픔에 종지부를 찍게 된다.

승리한 삶은 똑똑한 사람, 학식이 있는 사람, 자신감 넘치는 사람의 것이 아니다. 그것은 마음이 순수한 사람, 덕스럽고 현명한 사람의 것이다. 전자에 속하는 사람은 삶에서 어떤 특정한 분야의 성공을 이룬다. 그러나 후자에 속하는 사람만이 위대한 성공을 이루며, 외관상 패배한 것으로 보이는 순간마저도 나중에 더해질 승리로 빛나는 그런 완전하고 무적인 성공을 이룬다.

24일 저녁

진정한 침묵은 혀를 침묵시키는 것이 아니라, 정신이 침묵하는 것이다. 마음이 불안하고 짜증을 느끼는 가운데 단지 혀만 침묵시키는 것은 나약함을 고치는 방책이 될 수 없으며, 힘의 근원이 될 수도 없다. 강해지기 위해서는 침묵을 지키는 것이 정신 전체를 감싸야 하며 마음의 구석구석에 속속들이 스며들어야 한다. 그 침묵은 평화의 침묵이 되어야 한다. 이러한 넓고 깊고 영구적인 침묵에 도달하는 것은, 오직 자기 자신을 이겨야만 가능한 일이다.

25일 아침

인간은 자기 혀를 제어함으로써 자제심을 획득한다.

어리석은 이는 실없이 지껄이고 잡담하며 논쟁하고 말싸움을 한다. 바보는 남과 토론할 때 자신이 상대의 논리를 제압하여 꼼짝 못하게 했다는 사실을 자랑한다. 그는 자신의 어리석음을 크게 기뻐하며, 언제나 방어적이고, 유익하지 않은 여러 일에 자신의 에너지를 낭비한다. 그는 불모의 땅을 계속 일구고 거기에 헛되이 씨 뿌리는 농부와 같다.

현명한 사람은 무의미한 말, 잡담, 헛된 논쟁, 그리고 자기 방어를 피한다. 그는 외관상 패배하는 것에 불만을 갖지 않으며, 자신이 패배했을 때도 기뻐한다. 자신의 잘못 하나를 또 발견하고 제거하게 되었으니 그것으로 좀더 현명해졌음을 알기 때문이다.

대화 가운데 상대보다 우월한 위치를 차지하려 애쓰지 않는 이는 복되다.

25일 저녁

욕망은 소유에 대한 갈망이다. 반면 열망이란 평화에 대한 마음의 갈망이다. 물질적인 것에 대한 갈망은 인간을 점점 더 평화로부터 멀어지게 만들고, 결국 상실과 궁핍에 이르게 될 뿐만 아니라 그 자체로 영구적인 결핍의 상태이다. 그 갈망이 끝날 때까지는 안식과 만족이 불가능하다. 물질적인 것에 대한 갈망은 결코 만족될 수 없다. 그러나 평화에 대한 갈망은 만족될 수 있으며, 그 만족은 모든 이기적 욕망을 포기할 때 이루어지며 다시 잃어버릴 염려 없이 완전히 성취된다. 그러면 충만한 기쁨, 넘치는 풍요, 풍부하고 완전한 행복이 실현된다.

26일 아침

인간은 자기 자신을 정화함으로써 하나님의 나라에 도달하게 되며, 자기 정화는 자기 반성과 자기 분석의 과정을 통해서만 가능하다. 이기심을 제거하려면 먼저 그것을 발견하고 이해해야 한다. 이기심은 스스로를 없앨 힘이 없으며, 저절로 사라지지도 않을 것이다.

어둠은 빛이 들어올 때만 사라진다. 마찬가지로 무지는 지식에 의해서만 없어질 수 있고, 이기심은 사랑에 의해서만 없어질 수 있다.

자아 ─자신의 신성한 자아─ 를 찾으려는 사람은 무엇보다도 먼저 자아 ─자신의 이기적 자아─ 를 기꺼이 버려야만 한다. 그는 이기심이 집착할 가치가 없다는 것을, 이기심은 그의 봉사를 받을 가치가 전혀 없는 주인이라는 것을, 신성한 선만이 삶의 최고 주인으로서 그의 마음속에서 왕좌를 차지할 가치가 있다는 것을 깨달아야 한다.

26일 저녁

침묵하라, 나의 영혼soul이여,
그리고 평화가 내면에 있음을 알라.
굳세어라, 나의 마음heart이여,
그리고 신성한 힘이 네게 있음을 자각하라.
혼란에서 벗어나라, 나의 정신mind이여,
그러면 영원한 안식을 찾게 될 것이다.

마음의 평화를 찾으려는 사람은 평화의 정신을 실천해야 한다. 사랑을 찾으려는 사람은 사랑의 정신 속에 머물러야 한다. 고통을 피하려는 사람은 다른 사람에게 고통을 주지 말아야 한다. 인류를 위해 고귀한 일들을 하려는 사람은 자기 자신을 위해 야비한 짓을 하는 것을 그만둬야 한다. 자기 영혼의 잠재력을 계발하기만 한다면, 인간은 하고자 하는 모든 것을 이룩하는 데 필요한 모든 자원을 영혼 속에서 발견하게 될 것이며, 하고자 하는 모든 것을 안전하게 그 위에 이룩할 견고한 중심 기반도 영혼 속에서 발견하게 될 것이다.

27일 아침

사람들은 많은 교제를 추구하고 새로운 흥밋거리를 찾아다니지만 평화에 대해서는 잘 알지 못하고 있다. 사람들은 여러 가지 쾌락 속에서 행복을 찾지만 마음의 안정을 얻지는 못하고 있다. 사람들은 갖가지 다양한 웃음과 열광적인 흥분을 통해 기쁨과 삶을 찾아 방황하지만 쓰라린 눈물을 수없이 흘리며, 또한 죽음을 피하지 못한다.

개인적인 욕망을 추구하면서 삶의 바다에서 표류하다가, 사람들은 삶의 폭풍우에 휘말리게 되며 갖가지 소동과 많은 상실을 겪은 뒤에야, 피난의 반석인 그리스도에게 날아간다. 그 반석은 인간 영혼의 깊은 침묵 속에 있다.

27일 저녁

신성한 실재實在에 초점을 둔 명상은 기도의 본질이자 생명이다. 그것은 영혼이 하나님을 향해 조용히 다가가는 행위이다.

명상이란 어떤 생각이나 주제에 대해, 그것을 철저히 이해하겠다는 목적을 가지고, 마음속으로 아주 깊이 생각하는 것이다. 그런데 당신이 자신에 대해 어떤 주제를 가지고 끊임없이 명상을 하면 그것이 무엇이든 간에 결국 이해하게 될 뿐만 아니라 당신은 점점 더 그것과 비슷하게 닮아질 것이다. 왜냐하면 그 생각이 당신의 존재 안에 합쳐질 것이고, 사실은, 바로 당신 자신이 될 것이기 때문이다. 그러므로 이기적이고 타락한 생각을 계속해서 하는 사람은 결국 이기적이고 타락한 존재가 된다. 또한 순수하고 이타적인 생각을 끊임없이 하는 사람이라면 틀림없이 순수하고 이타적인 존재가 된다.

28일 아침

고요하고 강력하게 생각을 집중시키면 아무리 큰 어려움이라도 해결되기 마련이다. 그리고 자신의 정신력을 현명하게 사용하고 다스린다면, 정당한 목표는 무엇이나 신속하게 실현할 수 있다.

그대의 맡은 일이 무엇이든, 그대의 온 정신을 거기에 집중시켜라. 그대의 온 힘을 거기에 쏟아 붓도록 하라. 작은 일들을 흠잡을 데 없이 완성하면 좀 더 큰 일을 반드시 맡게 된다. 서두름 없이 꾸준히 노력함으로써 향상하도록 하라. 그러면 그대는 결코 넘어지지 않을 것이다.

28일 저녁

모든 존재의 중심에 사랑이 있다는 것을 알고, 모든 것을 충족시키는 그 사랑의 힘을 깨달은 사람은 마음속에 비난이 자리잡을 여지가 없다.

만약 당신이 어떤 사람을 사랑하고 칭찬하다가, 그가 어떤 식으로든 당신을 훼방하거나 당신이 찬성하지 않는 행위를 할 경우엔 그를 싫어하고 헐뜯는다면, 당신은 신의 사랑에 지배되고 있지 않은 것이다. 만약 당신이 마음속으로 다른 이들을 끊임없이 책망하고 비난하고 있다면, 사심 없는 사랑은 당신에게 이해되지 않는다.

강하고 편견 없고 온화한 생각을 하도록 당신의 정신을 훈련하라. 순수성과 동정심을 갖도록 당신의 마음을 훈련하라. 침묵을 잘 지키고, 진실하고 흠 없는 말을 하도록 당신의 혀를 훈련하라. 그렇게 하면 당신은 신성함과 평화의 길로 들어서게 되며, 불멸의 사랑을 결국 깨닫게 될 것이다.

29일 아침

진정한 번영을 실현하고자 한다면, 다른 많은 사람들이 그랬던 것처럼, 당신이 올바르게 일을 하면 모든 일이 잘못 될 거라는 고정관념에 빠지지 말라. '경쟁'이란 단어가, 정의를 최고의 덕목으로 생각하는 당신의 믿음을 흔들지 못하게 하라. 나는 '경쟁의 법칙'에 대해 사람들이 어떤 말을 하든 개의치 않는다. 세상에는 불변의 법칙이 있다. 이 법칙은 정의로운 사람의 마음과 인생에서 언젠가는 경쟁의 법칙을 모두 몰아내고 말 것이다. 이 불변의 법칙을 알게 된 후로, 나는 모든 부정직한 행위를 평온한 마음으로 지켜 볼 수 있다. 그런 행위가 어디서 확실한 파멸을 맞게 될지 알기 때문이다.

어떤 상황에서든 당신이 옳다고 믿는 것을 실천하라. 그리고 세상을 지탱하는 불변의 법칙을, 우주에 내재하는 신성한 힘을 신뢰하라. 그러면 그 힘은 절대로 당신을 버리지 않을 것이며, 항상 당신을 보호할 것이다.

29일 저녁

다른 이의 슬픔에 공감하고 그들을 돕는 가운데 자신을 완전히 잊으라. 그러면 성스러운 행복이 당신을 모든 슬픔과 고통에서 해방시킬 것이다.

"우선 좋은 생각을 갖고, 그 다음엔 좋은 말을 하고, 그리고 나서 좋은 행동을 함으로써 나는 천국에 들어갔다." 당신 역시 똑같은 과정으로 천국에 들어갈 수 있다.

다른 사람들의 번영에 마음을 쓰는 가운데 자아를 잃어버려라. 당신의 모든 행위 중에 자아를 잊으라. 그것이 풍요로운 행복의 비결이다. 이기심이 발동하지 않도록 항상 경계하라. 마음에서 우러나온 희생이라는 성스러운 교훈을 충실히 배우라. 그럼으로써 당신은 행복의 최정상에 올라 영원한 생명의 빛나는 옷을 입고 우주적 기쁨의 찬란한 빛 속에 항상 머물게 될 것이다.

30일 아침

농부는 자기 땅을 갈아서 거기에 씨앗을 심고 나면, 그는 자신이 할 수 있는 모든 일이 끝났다는 것과, 이제부터는 자연의 힘을 신뢰해야 하고 수확의 계절이 오기까지 시간의 흐름을 참을성 있게 기다려야 한다는 것, 그리고 자기가 아무리 기대해 봐야 결과에 영향을 미칠 수 없다는 것을 알고 있다. 마찬가지로 진리를 깨달은 사람은 결과에 대한 기대를 전혀 하지 않고, 선, 순수, 사랑과 평화의 씨를 뿌리는 사람으로 살아간다. 그는 적당한 때에 결실을 맺게 하는 위대한 법칙이 모든 것을 지배하고 있다는 것과 그 법칙은 보존의 근원이자 파괴의 근원임을 알고 있다.

30일 저녁

덕 있는 사람들은 자기 자신을 조사하고 점검하며, 자신의 격정과 감정을 감시한다. 이런 방법으로 그들은 자제력을 얻고 점차 평정심을 획득한다. 그리고 이와 더불어 영향력, 능력, 탁월함, 지속적인 기쁨, 충만하고 완전한 삶도 성취한다.

자기 자신을 이기는 사람, 보다 큰 자각과 보다 큰 자제력, 그리고 보다 깊은 평정심을 얻기 위해 날마다 노력하는 사람만이 평화를 발견한다.

고요한 마음이 있는 곳에 힘과 안정이 있고 거기에 사랑과 지혜가 있다. 그곳엔 자아에 대항해서 무수한 싸움을 성공적으로 수행한 사람이 있다. 그는 자신의 약점들을 극복하기 위해 오랫동안 남몰래 애써 노력하여 마침내 승리한 사람이다.

31일 아침

우리가 누군가에게 동정심을 주면 우리 자신의 마음에서 동정심의 크기가 더 커지며 우리의 삶은 더 풍부해지고 비옥해진다. 다른 사람에게 준 동정심은 받는 이에게 축복이며, 억누른 동정심은 받을 사람의 경우 축복의 상실이다. 인간은 자신의 동정심을 증대하고 확대하는 정도만큼 이상적인 삶과 완전한 행복에 더 가까이 접근한다. 그리고 냉혹하고 모진 생각이나 잔인한 생각이 침투해서 마음을 불변의 유쾌함으로부터 벗어나게 하는 일이 절대로 없을 정도로 마음이 원숙해질 때, 참으로 그때서야 인간은 풍요롭고 신성한 축복을 누린다.

31일 저녁

자기 마음이 정욕과 증오와 어두운 욕망으로부터 자유로워진 사람은 감미로운 휴식과 심오한 행복을 누린다. 그리고 마음속에 쓰라린 생각의 그림자가 전혀 남아 있지 않고, 무한한 동정심과 사랑으로 세상을 바라보는 사람은 어떤 예외나 구별도 두지 않고, "살아있는 모든 존재에게 평화를" 기원하는 축복의 숨결을 마음속 가장 깊은 곳에서 호흡할 수 있다. 그런 사람은 절대로 빼앗길 수 없는 행복한 결말에 도달한다. 바로 이것이 삶의 완성이요 평화의 충만이며 완전한 행복의 달성이기 때문이다.